普通高等教育"十四五"会计与财务管理专业系列教材

财务舞弊审计理论与实务

主　编　刘小梅　任昊源　靳　辉
副主编　郝蓉蓉　牛　景　徐　聪　程彩燕

内容简介

本书分为两大部分。第一部分主要介绍财务舞弊审计理论知识,让学生从理论视角学习财务舞弊审计相关内容,具体内容包括财务舞弊审计概述、财务舞弊审计的职业规范与法律要求、财务舞弊风险因素识别、财务舞弊审计的基本流程及技术策略、财务舞弊审计报告、财务舞弊防范机制、数字经济背景下的财务舞弊审计。第二部分为财务舞弊审计实务,让学生从实务与案例视角了解财务舞弊审计相关知识的运用。本书思路清晰,重点突出;实践性强,便于应用;案例翔实,启发教学。本书既可作为高等学校审计学等专业的财务舞弊审计课程教材,也可供从事审计实务工作的人士学习和参考。

图书在版编目(CIP)数据

财务舞弊审计理论与实务 / 刘小梅,任昊源,靳辉主编. — 西安:西安交通大学出版社,2025.5.
ISBN 978 - 7 - 5693 - 4046 - 4
Ⅰ.F239.41
中国国家版本馆 CIP 数据核字第 2025E6E724 号

书　　名	财务舞弊审计理论与实务 CAIWU WUBI SHENJI LILUN YU SHIWU
主　　编	刘小梅　任昊源　靳　辉
责任编辑	史菲菲
责任校对	李逢国
封面设计	任加盟
出版发行	西安交通大学出版社 (西安市兴庆南路1号　邮政编码 710048)
网　　址	http://www.xjtupress.com
电　　话	(029)82668357　82667874(市场营销中心) (029)82668315(总编办)
传　　真	(029)82668280
印　　刷	西安五星印刷有限公司
开　　本	787mm×1092mm　1/16　印张 14.75　字数 312千字
版次印次	2025年5月第1版　2025年5月第1次印刷
书　　号	ISBN 978 - 7 - 5693 - 4046 - 4
定　　价	45.00元

如发现印装质量问题,请与本社市场营销中心联系。
订购热线:(029)82665248　(029)82667874
投稿热线:(029)82665379
读者信箱:511945393@qq.com

版权所有　侵权必究

前言

本教材获西京学院研究生教材建设项目(项目编号:2024YJC-05)资助。

历史大潮,浩浩荡荡。这是一个变革的时代,这是一个创新的时代,教育改革与教育理念的迭代正在成为人类共识。随着世界经济蓬勃发展与共生共荣,专业人才的地位与作用日益突出。会计、审计等专业人才作为市场经济人才的重要组成部分,对中国经济的崛起发挥了极为重要的作用。党中央为加强对经济领域的领导,于2018年3月组建中国共产党中央审计委员会。中央审计委员会的成立,是加强党对审计工作领导的重要举措,构建了集中统一、全面覆盖、权威高效的审计监督体系,更好地发挥审计监督作用。财务造假是资本市场的一大顽疾,不仅影响上市公司的整体形象,破坏市场诚信基础,更扰乱了市场经济秩序。强化财务舞弊审计工作,是防范和查处企业财务造假的重要方式。因此,基于审计硕士专业学位(MAud)、会计硕士专业学位(MPAcc)的专业属性,人才培养过程必须理论联系实际,必须强调培养学生分析和解决实际问题的能力,而高质量的教材建设与案例教学方法的有效应用则成为人才培养质量的关键决定因素。

精品教材,薪火相传。长期以来,作为MAud、MPAcc等专业学位的核心课程,财务舞弊审计课程可选教材较少,目前财务舞弊审计教材主要侧重于理论研究,而侧重于实务指导和案例讨论的教材较少。这使得学生在面对实践性的问题时难以适应,解决问题的能力不足,使专业学位教育偏离了初衷。同时,财务舞弊审计教学枯燥,导致学生的综合能力难以适应审计职业发展的需求。为此,我们深刻认识到高质量教材建设在专业学位人才培养中的重要使命,高质量的教材是课程建设的"设计师""智囊团"。我们投入精力进行财务舞弊审计方面的教材建设,是对专业学位教材建设的丰富与完善。本教材力求满足学生对财务舞弊审计理论与案例专题学习的需求。

日拱一卒，功不唐捐。本教材在编写过程中，力求"集百家之长，成一家之言"，吸纳国内外财务舞弊审计理论与案例的最新研究成果，试图体现以下特点：

（1）思路清晰，重点突出。本教材牢牢把握财务舞弊审计的主线，在理论方面沿着财务舞弊审计工作开展思路进行介绍，在案例方面从财务舞弊审计涉及的不同报表项目和舞弊风险角度进行介绍。该方式使得本教材脉络清晰，重点突出，同时强调了理论与实务融合导向。

（2）实践性强，便于应用。本教材从财务舞弊审计的理论出发，同时分析现实中财务舞弊审计的工作思路与方法，并提出可供参考的解决措施，具有较强的应用价值，这些内容正是财务舞弊审计实务教学中的重点与难点。

（3）案例翔实，启发教学。本教材根据中国证监会的处罚报告改编了大量的财务舞弊审计案例，供学生阅读，并结合案例列出相关问题，启发学生思考，以便于教师采用案例教学和启发式教学方法，同时这些案例为教师与学生的教学相长提供了丰富的素材。

本教材由西京学院CPA教育中心编写，刘小梅、任昊源和靳辉担任主编，郝蓉蓉、牛景、徐聪和程彩燕担任副主编。具体编写分工如下：第一章和第二章由牛景执笔，第三章和第四章由靳辉执笔，第五章和第六章由任昊源执笔，第七章及第八章第七节和第八节由刘小梅执笔，第八章第一节至第三节由陕西师范大学计划财务处程彩燕执笔，第八章第四节至第六节由徐聪执笔，第八章第九节至第十一节由郝蓉蓉执笔。此外，西京学院审计专业研究生郭丽珊、梁莹莹、翁禄辰、林津宇、荀钊洋、朱施伟、张凯和高博源等参与本书的图表美化工作。

本教材适合高等学校MAud、MPAcc等专业学位研究生及高年级本科生使用，也可作为高等学校教师和实务界人士从事财务舞弊审计研究的参考书。

本教材涉及财务舞弊审计的诸多领域，使得教材篇幅短、内涵多，又因编者学识有限，难免存在疏漏之处，恳请读者指正。

联系邮箱：kjxy@xijing.edu.cn。

编　者

2025年1月

目录

第一章　财务舞弊审计概述 …… 001
第一节　财务舞弊相关概述 …… 002
第二节　财务舞弊审计相关概述 …… 007

第二章　财务舞弊审计的职业规范与法律要求 …… 010
第一节　财务舞弊审计的职业道德规范 …… 011
第二节　财务舞弊审计的职业行为规范 …… 014
第三节　财务舞弊审计的法律要求 …… 028

第三章　财务舞弊风险因素识别 …… 048
第一节　财务舞弊迹象与手段 …… 049
第二节　财务舞弊识别方法 …… 052
第三节　编制虚假财务报告的舞弊风险因素分析 …… 059
第四节　侵占资产的舞弊风险因素分析 …… 062

第四章　财务舞弊审计的基本流程及技术策略 …… 064
第一节　财务舞弊审计的基本流程 …… 065
第二节　财务舞弊审计的技术策略 …… 070

第五章　财务舞弊审计报告 …… 079
第一节　财务舞弊审计报告的要素和内容 …… 080
第二节　财务舞弊审计报告的格式与编制要求 …… 088
第三节　世界主要国家和地区的财务舞弊审计报告 …… 090

第六章　财务舞弊防范机制 ……… 103
第一节　提升会计人员职业道德水平 ……… 104
第二节　完善公司治理结构 ……… 108
第三节　健全公司内部控制 ……… 113
第四节　加强审计监督力度 ……… 119

第七章　数字经济背景下的财务舞弊审计 ……… 122
第一节　数字经济与审计变革 ……… 123
第二节　数字经济背景下财务舞弊审计的革新 ……… 128

第八章　财务舞弊审计案例 ……… 136
第一节　货币资金舞弊审计案例 ……… 136
第二节　应收票据舞弊审计案例 ……… 144
第三节　存货舞弊审计案例 ……… 154
第四节　在建工程舞弊审计案例 ……… 163
第五节　长期股权投资舞弊审计案例 ……… 166
第六节　营业收入舞弊审计案例 ……… 175
第七节　营业成本舞弊审计案例 ……… 184
第八节　政府补助舞弊审计案例 ……… 201
第九节　关联方交易舞弊审计案例 ……… 211
第十节　减值准备及会计差错舞弊审计案例 ……… 219
第十一节　商誉舞弊审计案例 ……… 223

参考文献 ……… 228

第一章
财务舞弊审计概述

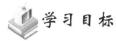

学习目标

1. 理解财务舞弊的内涵；
2. 理解财务舞弊的动因；
3. 掌握财务舞弊审计的特征；
4. 掌握财务舞弊审计和财务报表审计的区别。

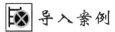

对财务造假等违法行为紧盯不放、严惩不贷

2024年1月19日，证监会举行新闻发布会，围绕市场关注的热点问题进行了回应，表示2023年证监会聚焦信息披露违法等重点案件，重拳惩治违法，坚持"零容忍"打击不动摇，切实让行政执法"长牙带刺"。

证监会处罚委办公室主任介绍了资本市场行政处罚的情况。2023年全系统共审结案件350余件，处罚责任主体千余人（家）次，罚没款金额60余亿元。特别是对紫晶存储案、泽达易盛案、易见股份案、奇信股份案等市场影响恶劣、社会关注度高的财务造假案件依法从严从重惩处，有力整肃净化市场环境。下一步，证监会将继续保持"严"的行政执法主基调，坚持"零容忍"，锚定"高质量"，在行政处罚案件审理工作中，把握好法律规定的证券违法行为构成要件，从严追究违法行为的法律责任。对财务造假、欺诈发行、中介机构失职缺位等违法行为紧盯不放、严惩不贷，强化震慑助力打假防假；对操纵市场、内幕交易等行为严格规范精准执法，助力维护公平交易秩序；积极支持刑事司法和民事赔偿等工作，构建"长牙带刺"立体追责体系，为资本市场高质量发展保驾护航。

谈及打击财务造假案件，证监会处罚委办公室主任表示，打击财务造假案件一直以来是证监会执法工作的重点，证监会曾先后依法严厉查处了康美药业、康得新、獐子岛等重大财务造假案件。新《中华人民共和国证券法》实施以来，证监会对宜华生活、豫金刚石、紫晶存储、泽达易盛等影响恶劣的财务造假案件从严从重打击，违法成本大幅提升，震慑效果更加彰显，有力净化了市场生态。

证监会处罚委办公室主任表示，下一步证监会将依法加大对财务造假案件的惩处力度，同时坚持"一案双查"，对未勤勉尽责的中介机构一并查处，坚决打破造假"生态圈"。需要指出的是，行政处罚只是追责的起点，证监会将持续加大与公检法各部门的联动，综合运用行政监管措施、行政处罚、民事赔偿、刑事追责、诚信惩戒和退市监管、自律管理等手段构建起"立体追责"体系，形成各司其职、有机衔接、齐抓共治的工作格局，不断提高违法成本，提升广大投资者对执法工作的获得感和投资安全感。

资料来源：证监会.2024年1月19日新闻发布会[EB/OL].(2024-01-19)[2024-08-20].http://www.csrc.gov.cn/csrc/c100029/c7458464/content.shtml.

案例思考

1. 证监会对财务造假"零容忍"的态度体现了什么样的社会价值导向？
2. 构建"立体追责"体系对防范和打击财务舞弊具有什么重要意义？

第一节 财务舞弊相关概述

一、舞弊和财务舞弊的内涵

（一）舞弊的内涵

舞弊是一个宽泛的概念，不同的审计主体根据自身的审计目标对舞弊的界定存在差异。

从内部审计角度看，《国际内部审计专业实务框架》[①]指出，舞弊是指任何以欺骗、隐瞒或违背信用为特征的非法行为。这些行为不依靠暴力或胁迫。个人或组织为获取金钱、财产或服务，为避免付款或提供服务，或为获得个人或组织私利等目的都有可能舞弊。中国内部审计协会发布的《第2204号内部审计具体准则——对舞弊行为进行检查和报告》[②]第二条指出，舞弊是指组织内、外人员采用欺骗等违法违规手段，损害或者谋取组织利益，同时可能为个人带来不正当利益的行为。

从社会审计角度看，美国注册会计师协会第16号审计准则[③]指出，舞弊指故意编造虚假的财务报告，可能是漏列或错误地反映事项与经济业务的结果，篡改、伪造记录或文件，从记录或文件中删除重要的信息，记录没有实现的交易，蓄意乱用会计原则以及为管理人员、雇员或第三方的利益随意侵吞资产。中国注册会计师协会发布的《中国注册会计师审计准则第1141

[①] 由国际内部审计师协会(IIA)于2009年发布，历经2017年、2024年两次重大修订，修订版于2025年1月9日生效。

[②] 中国内部审计协会于2013年8月28日发布《第2204号内部审计具体准则——对舞弊行为进行检查和报告》，该准则于2014年1月1日起施行。

[③] AICPA SAS No.16, Consideration of Fraud in a financial statement audit, 1977.

号——财务报表审计中与舞弊相关的责任》[①]第十条指出,舞弊是指被审计单位的管理层、治理层、员工或第三方使用欺骗手段获取不当或非法利益的故意行为。

从国家审计角度看,《中华人民共和国国家审计准则》[②]更多关注重大违法行为,认为重大违法行为是指被审计单位和相关人员违反法律法规、涉及金额比较大、造成国家重大经济损失或者对社会造成重大不良影响的行为。而重大违法行为是舞弊行为中更为严重的行为。

无论是内部审计、社会审计,还是国家审计,都存在一个共同点,即认为舞弊与"故意""欺骗""不正当利益"等内容相关。同时,由于不同审计主体的审计目标及关注点的差异,对舞弊范围的界定也存在差异。内部审计对舞弊范围的界定更加广泛,包括组织内外各种损害组织利益的违法违规行为;社会审计对舞弊的界定更加强调与财务报表的虚假编制相关;国家审计更加关注重大违法行为。

(二)财务舞弊的内涵

财务舞弊作为舞弊的一种,是指企业管理层违背公认的会计原则,故意编制和披露虚假财务信息,以欺骗财务报告使用者的故意行为,以及企业管理层、治理层、员工或第三方侵吞公司资产的违法违规行为。

财务舞弊通常分为两种类型:一类是对财务信息作出虚假报告,另一类是侵占资产。无论是编制虚假财务报告,还是侵占资产,均涉及实施财务舞弊的动机、机会以及借口。在财务舞弊动机方面,如果管理层为实现预期利润目标或财务结果(可能是不现实的)而承受来自被审计单位内部或外部的压力,则可能存在编制虚假财务报告的动机或压力,在未能实现财务目标可能对管理层产生严重后果的情况下尤其如此。类似地,被审计单位的人员也可能由于入不敷出等原因而产生侵占资产的动机。在财务舞弊机会方面,如果被审计单位的人员可以凌驾于内部控制之上,如处于重要职位或知悉内部控制特定缺陷,则可能存在实施舞弊的机会。在财务舞弊借口方面,某些人员可能有能力为实施的舞弊行为寻找貌似合理的借口。某些人员持有某种态度,或具有某种特点或道德观,使其故意实施不诚实的行为。然而,即使是诚实的人,在对其施加足够压力的情况下,也可能实施舞弊。

二、财务舞弊的特征

(一)财务舞弊的行为主体具有广泛性

财务舞弊行为主体的范围很广,可能是企业的管理层、治理层、员工或第三方。涉及管理层或治理层一个或多个成员的舞弊通常被称为"管理层舞弊",只涉及员工的舞弊通常被称为

[①] 根据《财政部关于印发〈中国注册会计师审计准则第1211号——重大错报风险的识别和评估〉等准则的通知》,《中国注册会计师审计准则第1141号——财务报表审计中与舞弊相关的责任》于2022年12月22日修订,并于2023年7月1日起施行。

[②] 《中华人民共和国国家审计准则》于2010年9月1日发布,并于2011年1月1日起施行。

"员工舞弊"。从纵向层面来看,企业财务舞弊的行为主体分布于企业经营管理的不同层级,包括高层、中层和基层。从横向层面来看,企业财务舞弊的行为主体分布于不同的职能部门、不同的业务环节。因此,财务舞弊的行为主体具有广泛性。

(二)财务舞弊的性质为故意行为

无论何种财务舞弊,其性质是一种故意行为。我们在实务中要注意舞弊和错误的区别。舞弊与错误有本质的区别。错误是指导致财务报表错报的非故意行为。错误的主要情形包括:为编制财务报表而收集和处理数据时发生失误,由于疏忽和误解有关事实而作出不恰当的会计估计,在运用与确认、计量、分类或列报(包括披露)相关的会计政策时发生失误。因此,区分舞弊和错误的标准是导致错报的行为是否出于故意。若错报的行为出于故意,则为舞弊;错报的行为出于非故意,则为错误。

(三)财务舞弊的行为具有隐蔽性

财务舞弊行为是行为主体经过精心策划,提前进行预谋,采用伪造签字、虚假复印、业务虚假构造、系统性造假等手段实施的一种故意行为,具有一定的隐蔽性,发生后一般不易被察觉,需要采用专门的技术与方法进行检查。

(四)财务舞弊的目的是获取不当利益

无论何种财务舞弊行为,都有可能涉及企业内部或与外部第三方的串谋,属于违法违规行为,而舞弊行为的目的则是为特定个人或利益集团获取不当或非法利益。获取这种不当利益最终会损害企业、投资人及其他利益相关者的利益。

三、财务舞弊的动因

国外关于财务舞弊动因理论的研究比较成熟,主要理论有:①舞弊冰山理论,即舞弊二因素理论;②舞弊三角理论,即舞弊三因素理论;③舞弊 GONE 理论,即舞弊四因素理论;④舞弊风险因子理论,即舞弊多因素理论;⑤舞弊 CRIME 理论,即舞弊五因素理论。

(一)舞弊冰山理论

20 世纪 70 年代,加拿大会计学家林德奎斯特(Lindquist)将心理学中的冰山理论引入管理学当中,并由此提出了著名的财务舞弊冰山理论,它同时也被称为舞弊二因素理论。舞弊冰山理论把舞弊看作海面上的冰山,露在海平面上的只是冰山一角,更庞大、更危害的部分则藏在海平面之下(见图 1-1)。该理论从结构和行为两方面考察舞弊,冰山以上的部分就是可观察到的结构部分,即容易被人们所发现的组织管理问题;而冰山以下的部分则是难以被观察到的行为部分,这一部分通常带有主观和个性化色彩,更容易被刻意隐藏起来。舞弊冰山理论说明,一个公司是否可能发生财务舞弊,不仅取决于其内部控制制度是否健全和严密,更取决于该公司是否存在财务压力,是否有潜在的败德可能性。该理论强调:在舞弊风险因素中,个性化的行为因素更为危险,必须多加注意。审计人员在进行审计时,不仅应对内部控制、内部管理等结构方面的内容进行关注与评价,而且更应注重个体行为因素的影响,用职业判断分析和挖掘人性方面的舞弊危险[①]。

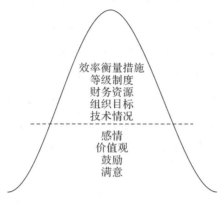

图 1-1 舞弊冰山理论图

(二)舞弊三角理论

舞弊三角理论由美国著名会计学家阿尔布雷克特(Albrecht)等于 1986 年首次提出。该理论认为企业发生财务舞弊主要有舞弊机会、舞弊压力、舞弊借口三个因素(见图 1-2)。这三项必须同时具备,缺一不可。其中,舞弊机会是指企业能够进行财务舞弊而不被发现或能够逃脱惩罚的时机,譬如企业缺乏完善的内部管理制度或缺乏发现舞弊行为的制度等;舞弊压力是指驱使企业或个人作出舞弊行为的动机,譬如经济压力或工作压力等;舞弊借口是指舞弊者必须找到一个看似合理的理由说服自己对舞弊行为的认同感。舞弊三角理论说明,防范和治理财务舞弊既要通过加强内部控制消除舞弊机会,还应通过消除"压力"和"自我合理化借口"来抑制舞弊[②]。

图 1-2 舞弊三角理论图

[①] 孙青霞,韩传模. 会计舞弊识别研究经典文献导读[M]. 北京:经济科学出版社,2012.
[②] ALBRECHT W S, ROMNEY M B. Red-flagging management fraud: a validation[J]. Advances in Accounting,1986,3:323-333.

(三)舞弊 GONE 理论

GONE 理论由博洛尼亚(Bologna)等人在总结舞弊三角理论的基础上于 1993 年提出。该理论认为财务舞弊因素由贪婪(greed:G)、机会(opportunity:O)、需求(need:N)、暴露(exposure:E)四个因子组成。其中,贪婪和需求以行为人视角来看,即个人因利益的渴望产生贪婪之心,为获得巨额利益有了舞弊的念头;而机会和暴露则从组织视角来看,当内控和监管失效时,舞弊就有了机会,这时企业的精心策划和外部审计、监管组织的包庇或失职则使舞弊被发现的可能性减小,同时舞弊暴露后如果惩罚程度较小,则会增加再次舞弊的可能性。GONE 理论将三角理论中舞弊的动机解释为舞弊者的"需求",将合理化的借口解释为行为人道德价值取向有关的"贪婪",另外补充了"暴露"因素,确保舞弊动因理论能够对外部环境因素进行充分考虑①。

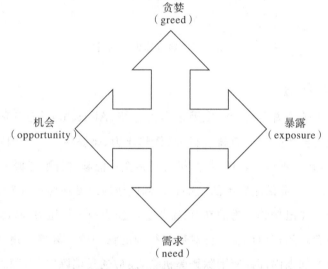

图 1-3 舞弊 GONE 理论图

(四)舞弊风险因子理论

在 GONE 理论的基础上,博洛尼亚和林德奎斯特于 1995 年提出舞弊风险因子理论。该理论认为,企业进行舞弊行为的动因主要分为个别风险因子与一般风险因子。其中,一般风险因子又可以细分为三部分,即财务舞弊的机会、被发现的可能性以及被发现后受到惩罚的性质与程度,主要基于组织角度;而个别风险因子通常从个人角度入手,组织并不能对其进行有效控制,它通常情况下指的是动机与道德品质。而上述两种风险因子交叉,便会滋生舞弊行为②,如图 1-4 所示。

---

① BOLOGNA G J,LINDQUIST R J,WELLS J T. The accountant's handbook of fraud and commercial crime[M]. New York:John Wiley & Sons Inc. ,1993.

② BOLOGNA G J,LINDQUIST R J. Fraud auditing and forensic accounting:new tools and techniques [M]. 2nd ed. New York:John Wiley & Sons Inc. ,1995.

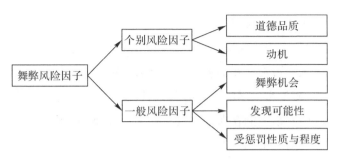

图 1-4 舞弊风险因子理论图

(五)舞弊 CRIME 理论

扎比霍拉哈·瑞扎伊(Zabihollah Rezaee)提出了 CRIME 理论来解释财务报告舞弊成因。"C"代表"cooks",其含义是大多数财务报告舞弊是在首席执行官(CEO)、首席财务官(CFO)、董事长、财务总监和公司实际控制人参与、鼓励下发生的,是其针对财务报告玩的"数字游戏";"R"代表"recipes",其含义是财务报告舞弊手段复杂多样,通常包括虚增资产和收入、低估负债和费用等手段,并且一般舞弊案例都是从中期财务报表开始的;"I"代表"incentives",其含义是"动机",上市公司财务报告舞弊基本的动机是分析师对其盈利预测而带来的压力,而纯粹利己主义、精神失常或意识形态上的动机则很少见;"M"代表"monitoring",其含义是降低舞弊可能性的直接和间接机制,直接机制以董事会、监管机构、审计委员会和外部审计为主,间接机制以投资者、证券分析师和投资银行等为主;"E"代表"end result",其含义是财务报告舞弊的不良后果。

第二节 财务舞弊审计相关概述

一、舞弊审计和财务舞弊审计的内涵

(一)舞弊审计的内涵

舞弊审计是审计工作的重要内容之一。由于对舞弊行为关注角度的不同,不同审计主体对舞弊审计的界定存在差异。

从社会审计角度出发,中国注册会计师协会认为注册会计师要承担在财务报表审计中与舞弊相关的责任,其对舞弊的审计应实现的目标是:识别和评估舞弊导致的财务报表重大错报风险;通过设计和实施恰当的应对措施,针对评估的舞弊导致的重大错报风险,获取充分、适当的审计证据;恰当应对审计过程中识别出的舞弊或舞弊嫌疑。

从内部审计角度出发,中国内部审计协会认为内部审计机构和内部审计人员应保持应有的职业谨慎,在实施的审计活动中关注可能发生的舞弊行为,并对舞弊行为进行检查和报告。但由于内部审计并非专为检查舞弊而进行,即使审计人员以应有的职业谨慎执行了必要的审

计程序,也不能保证发现所有的舞弊行为。

从国家审计角度出发,《中华人民共和国国家审计准则》要求审计人员执行审计业务时,应当保持职业谨慎,充分关注可能存在的重大违法行为。审计人员检查重大违法行为,应当评估被审计单位和相关人员实施重大违法行为的动机、性质、后果和违法构成,重点了解可能与重大违法行为有关的事项,判断可能存在重大违法行为的性质,并确定检查重点,对发现的重大违法行为的线索,要做好对应措施。

(二)财务舞弊审计的内涵

财务舞弊审计作为舞弊审计的类型之一,是指由独立的内部或外部机构根据委托或授权,对企业、事业单位、政府组织等可能存在的财务舞弊行为进行的专项审计。

财务舞弊审计更多强调审计人员以财务报告中的舞弊风险的评估为切入点,运用职业怀疑和分析程序对财务舞弊风险因素进行识别,并进一步设计审计程序,收集能够解除其对舞弊怀疑的充分、适当的审计证据,据此出具审计报告。

二、财务舞弊审计的特征

财务舞弊审计与财务报表审计在审计依据、审计关注点、审计方法、审计证据来源、审计人员素质要求等方面均存在区别,有其自身的特征[①]。

(一)财务舞弊审计的依据不同

财务报表审计以国家公认的会计准则和审计准则作为依据,审计人员侧重于调查会计经营活动中偏离会计和审计准则的特殊业务活动;而在财务舞弊审计程序中审计人员更加关注的是财务舞弊行为人的舞弊原因、舞弊方法与过程及对内部控制环节的薄弱性调查等,其依据更加广泛。

(二)财务舞弊审计的关注点不同

对财务报表审计而言,审计过程中被审计单位财务报表中漏报或错报的严重程度即所执行的审计重要性原则,而这一程度在特定环境下可能会对财务报表使用者的经营方针或决定产生影响。审计人员在审计计划制订过程中,通过确定审计的重要性水平,可以确定实质性测试可接受范围内的差错。而在财务舞弊审计过程中,舞弊行为一旦被发现,无论程度是否严重,都被认为需要加以重视。如一些大型企业,旗下资产上亿元,审查出十万元的资产不实,尽管这只占总资产的千分之一,但这十万元是某会计人员通过非法途径挪用的,因此企业必须及时查处,关注内部控制的重要环节,否则舞弊造成的损失会产生不良后果。

(三)财务舞弊审计的方法不同

财务报表审计的顺序是先编制审计计划,之后测试被审计单位的内控水平并进行评估,在

---

① 唐华.舞弊审计与财务报表审计审计程序差异分析[J].财会通讯,2015(19):99-101.

评估水平基础上确立实施审计程序的审计方法,一般均为抽样调查方法,在使用适当的方式获得审计证据后编制工作底稿,最后提出审计建议并出具报告。制订审计计划在财务舞弊审计中也是重要的一个步骤,但它不是最初实施的程序。财务舞弊审计中审计人员首先进行盘查,采用种种特定的审计调查方法,通过对已发现的舞弊行为的分析来评估舞弊风险大小,再针对性地安排相关审计工作,实施审计程序。

(四)财务舞弊审计的证据来源不同

在财务报表的审计过程中获取的证据大部分是财务报表的数据资料。不同于财务报表审计,财务舞弊审计的证据获取不局限于财务数据,还包括公司公共文件审查内容、公司内部文件审查内容和会见当事人的访谈记录等。财务报表审计搜集的审计证据大多数是肯定性的,审计人员更加信服准确性大、有说服力的证据。而在财务舞弊审计中审计人员搜集的证据是否定性的,即试图证明某一会计报表项目中存在舞弊,审计人员应保证自己所作出的审计结论证据充分,以免失去职业信誉。

(五)财务舞弊审计对人员素质要求不同

对财务报表进行审计的审计人员通常在通过专业阶段学习或获得相关资格考试证书后即被批准从事审计工作,并且认真实施审计准则所规定的审计程序等,从而合理规避工作风险及减轻审计责任。而成为合格的财务舞弊审计人员的前提是曾经担任过普通财务报表的审计工作,有着丰富的审计经验,在某一特殊领域,如国家法令法规、税法准则、企业管理等方面有特长,拥有超凡的怀疑假设精神与职业判断水平。

复习思考题

1. 舞弊的内涵是什么?
2. 财务舞弊的内涵是什么?
3. 财务舞弊的特征有哪些?
4. 舞弊冰山理论的内容是什么?
5. 舞弊三角理论的内容是什么?
6. 舞弊 GONE 理论的内容是什么?
7. 舞弊风险因子理论的内容是什么?
8. 舞弊 CRIME 理论的内容是什么?
9. 舞弊审计的内涵是什么?
10. 财务舞弊审计的内涵是什么?
11. 财务舞弊审计与财务报表审计有何区别?

第二章 财务舞弊审计的职业规范与法律要求

学习目标

1. 掌握财务舞弊审计的职业道德规范；
2. 熟悉财务舞弊审计的职业行为规范；
3. 掌握财务舞弊的法律责任；
4. 掌握财务舞弊审计的法律要求。

导入案例

《注册会计师行业诚信建设纲要》对行业诚信建设提出新要求

诚信是注册会计师行业的核心价值，是行业的立业之本和发展之要。2023年3月，财政部印发《注册会计师行业诚信建设纲要》（以下简称《纲要》），对注册会计师行业诚信建设进行全面系统部署，以期全面助力社会信用体系建设。

会计行业不仅需要高超的专业知识，还需具备高尚的诚信道德素养。财政部有关负责人介绍："此次《纲要》的制定出台，就是为了适应新形势新要求，对整个会计行业诚信建设进行全面统筹谋划，明确未来一段时间会计行业诚信建设的方向，对行业诚信建设提出新的要求。"

近年来财政部持续加强会计行业诚信建设，基本形成了符合我国市场经济特点的行业诚信建设体系。但从近年来曝光的一些审计失败案例来看，行业诚信建设与新时代高质量发展和全面建设社会主义现代化强国要求不匹配、不协调、不适应的矛盾仍然突出。

这主要表现为：诚信标准尚不健全；覆盖行业全过程、全链条的诚信监控体系尚未形成，诚信信息采集和披露机制尚不完备，行业从业人员诚信信息仍有缺失；守信激励和失信惩戒机制尚不健全，尚未实现共享和公开相关信息并实施联合惩戒；诚信教育机制尚未覆盖行业服务全环节，履约践诺、诚实守信的诚信文化氛围尚未全面形成。

第二章 财务舞弊审计的职业规范与法津要求

为解决这些问题,《纲要》专门提出,要着力构建诚信建设长效机制,建立健全贯穿会计师事务所及其从业人员全生命周期的诚信管理体制机制。同时进一步健全会计诚信标准,将诚信贯穿于职业道德规范和执业准则规则,规范化构建行业诚信建设长效机制,维护信用信息安全和信息主体权益。

同时《纲要》的出台也是有效落实党中央、国务院有关加强社会信用体系建设决策部署的重要举措。

2021年,国务院办公厅印发《国务院办公厅关于进一步规范财务审计秩序促进注册会计师行业健康发展的意见》,提出要加强会计行业日常监管和信用管理,加大典型案例曝光力度,在全社会、全行业形成警示效应,有效整治财务审计秩序,整肃行业风气。

2023年,中共中央办公厅、国务院办公厅印发《关于进一步加强财会监督工作的意见》,明确要求"加强行业诚信建设,健全行业诚信档案,把诚信建设要求贯穿行业管理和服务工作各环节"。

"印发《纲要》对于加强行业诚信建设,更好地发挥行业维护社会公平正义、规范市场经济秩序、保障国家经济安全等作用,培育和践行社会主义核心价值观等都具有重要意义。"财政部有关负责人说。

资料来源:万静.诚信建设将贯穿会计师考试注册培训各环节[N].法治日报,2023-04-07(7).

 案例思考

1. 注册会计师行业诚信建设对构建社会主义市场经济秩序有什么重要意义?
2. 注册会计师行业诚信建设如何进行?

第一节 财务舞弊审计的职业道德规范

在财务舞弊审计中,审计人员在职业活动中应遵循诚信、客观公正、独立性、专业胜任能力和保密等职业道德规范。

一、诚信原则

(一)诚信的含义

诚信,即诚实守信,指一个人的言行与思想一致,不虚假,能履行与别人的约定而取得别人的信任。"诚"更多地指"内诚于心","信"则侧重于"外信于人"。

(二)财务舞弊审计中诚信原则的要求

在财务舞弊审计过程中,审计人员应当遵循诚信原则,在所有的职业活动中保持正直、诚实守信。诚信是我国社会主义核心价值观的重要组成部分,是社会主义道德建设的重要内容,是构建社会主义和谐社会的重要纽带,同时也是社会主义市场经济运行的基础。诚信是审计行业存在和发展的基石,在职业道德规范中居于首要地位。

在财务舞弊审计过程中,审计人员应当诚实、守信,不应有下列行为:

(1)歪曲事实;

(2)隐瞒审计发现的问题;

(3)进行缺少证据支持的判断;

(4)做误导性的或者含糊的陈述。

在财务舞弊审计过程中,审计人员应当廉洁、正直,不应有下列行为:

(1)利用职权谋取私利;

(2)屈从于外部压力,违反原则。

二、客观公正原则

(一)客观公正的含义

客观,是指按照事物的本来面目去考察,不添加个人的偏见。公正,是指公平、正直、不偏袒。

(二)财务舞弊审计中客观公正原则的要求

在财务舞弊审计过程中,审计人员应当实事求是,不得由于偏见、利益冲突而影响职业判断。审计人员实施财务舞弊审计业务前,应当采取下列步骤对客观性进行评估:

(1)识别可能影响客观性的因素;

(2)评估可能影响客观性因素的严重程度;

(3)向审计项目负责人报告客观性受损可能造成的影响。

审计人员应当识别下列可能影响客观性的因素:

(1)审计本人曾经参与过的业务活动;

(2)与被审计单位存在直接利益关系;

(3)与被审计单位存在长期合作关系;

(4)与被审计单位管理层有密切的私人关系;

(5)遭受来自组织内部和外部的压力;

(6)审计范围受到限制;

(7)其他。

审计项目负责人应当采取下列措施保障财务舞弊审计的客观性:

(1)提高审计人员的职业道德水准;

(2)选派适当的审计人员参加审计项目,并进行适当分工;

(3)采用工作轮换的方式安排审计项目及审计组;

(4)建立适当、有效的激励机制；

(5)制定并实施系统、有效的审计质量控制制度、程序和方法；

(6)当审计人员的客观性受到严重影响，且无法采取适当措施降低影响时，停止实施有关业务，并及时向董事会或者最高管理层报告。

三、独立性原则

(一)独立性的含义

独立性，是指不受外来力量控制、支配，按照一定之规行事，包括实质上的独立性和形式上的独立性。实质上的独立性是一种内心状态，使得审计人员在提出结论时不受损害职业判断的因素影响，诚信行事，遵循客观公正原则，保持职业怀疑。形式上的独立性是一种外在表现，使得一个理性且掌握充分信息的第三方，在权衡所有相关事实和情况后，认为团队成员没有损害诚信原则、客观公正原则或对其产生职业怀疑。

(二)财务舞弊审计中独立性原则的要求

在财务舞弊审计过程中，审计人员应当遵循独立性原则，从实质上和形式上保持独立性，不得因任何利害关系影响其客观公正。财务舞弊审计要保持其独立性以确保审计的公正性、客观性。避免各种不必要的干预，不为相关当事人的利益所左右是保持财务舞弊审计独立性的必要条件和正当要求。

四、专业胜任能力原则

(一)专业胜任能力的含义

专业胜任能力是指审计人员具有专业知识、技能和实践经验，能够经济、有效地完成客户委托的业务，包括专业胜任能力的获取和专业胜任能力的保持。

(二)财务舞弊审计中专业胜任能力原则的要求

在财务舞弊审计过程中，审计人员应当具备下列履行职责所需的专业知识、职业技能和实践经验：

(1)审计、会计、财务、税务、经济、金融、统计、管理、内部控制、风险管理、法律和信息技术等专业知识，以及与组织业务活动相关的专业知识；

(2)语言文字表达、问题分析、审计技术应用、人际沟通、组织管理等职业技能；

(3)必要的实践经验及相关职业经历。

审计人员应当通过后续教育和职业实践等途径，了解、学习和掌握相关法律法规、专业知识、技术方法和审计实务的发展变化，保持和提升专业胜任能力。审计人员实施财务舞弊审计业务时，应当保持职业谨慎，合理运用职业判断。

五、保密原则

(一)保密的含义

保密是指保守事物的秘密,不让秘密泄露的行为。审计人员从事审计职业活动必须建立在为客户、为工作单位等利益相关方信息保密的基础上。遵循保密原则可以促进信息在审计人员与客户、审计人员与工作单位之间的自由传输。

(二)财务舞弊审计中保密原则的要求

审计人员应当遵循保密原则,对职业活动中获知的涉密信息保密。如果审计人员遵循保密原则,信息提供者通常可以放心地向审计人员提供其从事职业活动所需的信息,而不必担心该信息被其他方获知,这有利于审计人员更好地维护公众利益。根据该原则,审计人员应当遵守下列要求:

(1)警觉无意中泄密的可能性,包括在社会交往中无意中泄密的可能性,特别要警觉无意中向关系密切的商业伙伴或近亲属泄密的可能性;

(2)对所在单位内部的涉密信息保密;

(3)对职业活动中获知的涉及国家安全的信息保密;

(4)对拟承接的客户向其披露的涉密信息保密;

(5)在未经客户授权的情况下,不得向所在单位以外的第三方披露其所获知的涉密信息,除非法律法规或职业准则规定审计人员在这种情况下有权利或义务进行披露;

(6)不得利用因职业关系而获知的涉密信息为自己或第三方谋取利益;

(7)不得在职业关系结束后利用或披露因该职业关系获知的涉密信息;

(8)采取适当措施,确保下级员工以及为审计人员提供建议和帮助的人员履行保密义务。

第二节 财务舞弊审计的职业行为规范

一、财务舞弊审计的国内准则规范

(一)中国注册会计师审计准则中关于财务舞弊审计的职业行为规定

2022年12月22日财政部发布新修订的《中国注册会计师审计准则第1141号——财务报表审计中与舞弊相关的责任》,该准则自2023年7月1日起施行。该准则对注册会计师在财务报表审计中如何规范实施对舞弊的审计进行了详细的规定。具体内容包括五章,共计五十二条。

1. 总则:明确界定注册会计师在舞弊审计中承担的责任

财务报表的错报可能由于舞弊或错误所致。舞弊和错误的区别在于,导致财务报表发生错报的行为是故意行为还是非故意行为。舞弊是一个宽泛的法律概念,但注册会计师关注的是导致财务报表发生重大错报的舞弊。尽管注册会计师可能怀疑被审计单位存在舞弊,甚至在极少数情况下识别出发生的舞弊,但注册会计师并不对舞弊是否已实际发生作出法律意义上的判定。

被审计单位治理层和管理层对防止或发现舞弊负有主要责任。管理层在治理层的监督下,高度重视对舞弊的防范和遏制是非常重要的。对舞弊进行防范可以减少舞弊发生的机会;对舞弊进行遏制,即发现和惩罚舞弊行为,能够警示被审计单位人员不要实施舞弊。对舞弊的防范和遏制需要管理层营造诚实守信和合乎道德的文化,并且这一文化能够在治理层的有效监督下得到强化。治理层的监督包括考虑管理层凌驾于控制之上或对财务报告过程施加其他不当影响的可能性,例如,管理层为了影响分析师对被审计单位业绩和盈利能力的看法而操纵利润。

在按照审计准则的规定执行审计工作时,注册会计师有责任对财务报表整体是否不存在舞弊或错误导致的重大错报获取合理保证。由于审计的固有限制,即使注册会计师按照审计准则的规定恰当计划和执行了审计工作,也不可避免地存在财务报表中的某些重大错报未被发现的风险。

在舞弊导致错报的情况下,固有限制的潜在影响尤其重大。舞弊导致的重大错报未被发现的风险,大于错误导致的重大错报未被发现的风险。其原因是舞弊可能涉及精心策划和蓄意实施以进行隐瞒(如伪造证明或故意漏记交易),或者故意向注册会计师提供虚假陈述。如果涉及串通舞弊,注册会计师可能更加难以发现蓄意隐瞒的企图。串通舞弊可能导致原本虚假的审计证据被注册会计师误认为具有说服力。

注册会计师发现舞弊的能力取决于舞弊者实施舞弊的技巧、舞弊者操纵会计记录的频率和范围、舞弊者操纵的每笔金额的大小、舞弊者在被审计单位的职位级别、串通舞弊的程度等因素。即使可以识别出实施舞弊的潜在机会,但对于诸如会计估计等判断领域的错报,注册会计师也难以确定这类错报是舞弊还是错误导致的。管理层舞弊导致的重大错报未被发现的风险,大于员工舞弊导致的重大错报未被发现的风险。其原因是管理层往往可以利用职务之便,直接或间接操纵会计记录,提供虚假的财务信息,或凌驾于为防止其他员工实施类似舞弊而建立的控制之上。在获取合理保证时,注册会计师有责任在整个审计过程中保持职业怀疑,考虑管理层凌驾于控制之上的可能性,并认识到对发现错误有效的审计程序未必对发现舞弊有效。该准则的规定旨在帮助注册会计师识别和评估舞弊导致的重大错报风险,以及设计用以发现这类错报的审计程序。

根据法律法规或相关职业道德要求,对于被审计单位的违反法律法规行为(包括舞弊),注册会计师可能承担额外责任。这些责任可能与该准则和其他审计准则不同,或超出了该准则和其他审计准则的规定,例如,应对识别出的或怀疑存在的违反法律法规行为,包括要求与管理层和治理层专门进行沟通,评价其对违反法律法规行为所作应对的适当性,并确定是否需要采取进一步行动;向其他注册会计师(例如,在集团财务报表审计中)沟通识别出的或怀疑存在的违反法律法规行为;对识别出的或怀疑存在的违反法律法规行为的记录要求。对额外责任的履行,可能提供与注册会计师按照该准则和其他审计准则执行工作相关的进一步信息(如与管理层和治理层诚信相关的信息)。

2. 职业怀疑:在整个审计过程中保持对舞弊的职业怀疑

注册会计师应当在整个审计过程中保持职业怀疑,认识到存在舞弊导致的重大错报的可能性,而不应受到以前对管理层、治理层正直和诚信形成的判断的影响。除非存在相反的理由,注册会计师可以将文件和记录作为真品。但如果在审计过程中识别出的情况使注册会计师认为文件可能是伪造的或文件中的某些条款已发生变动但未告知注册会计师,注册会计师应当作出进一步调查。如果管理层或治理层对询问作出的答复相互之间不一致或与其他信息不一致,注册会计师应当对这种不一致加以调查。

3. 具体要求:详细规定注册会计师在舞弊审计中的工作内容

(1)项目组内部的讨论。项目组成员之间应当进行讨论,并由项目合伙人确定将哪些事项向未参与讨论的项目组成员通报。项目组内部讨论的重点应当包括财务报表易于发生舞弊导致的重大错报的方式和领域,包括舞弊可能如何发生。在讨论过程中,项目组成员不应假定管理层和治理层是正直和诚信的。

(2)风险评估程序和相关活动。注册会计师应按照规定实施风险评估程序和相关活动,以了解被审计单位及其环境、适用的财务报告编制基础和被审计单位内部控制体系时,注册会计师应当实施相关审计程序,以获取用以识别舞弊导致的重大错报风险的信息。

注册会计师应当向管理层询问:管理层对财务报表可能存在舞弊导致的重大错报风险的评估,包括评估的性质、范围和频率等;管理层对舞弊风险的识别和应对过程,包括管理层识别出的或注意到的特定舞弊风险,或可能存在舞弊风险的各类交易、账户余额或披露;管理层就其对舞弊风险的识别和应对过程向治理层的通报;管理层就其经营理念和道德观念向员工的通报。注册会计师应当询问管理层和被审计单位内部的其他人员(如适用),以确定其是否知悉任何影响被审计单位的舞弊事实、舞弊嫌疑或舞弊指控。如果被审计单位设有内部审计,注册会计师应当询问内部审计人员,以确定其是否知悉任何影响被审计单位的舞弊事实、舞弊嫌疑或舞弊指控,并获取这些人员对舞弊风险的看法。除非治理层全部成员参与管理被审计单位,注册会计师应当了解治理层如何监督管理层对舞弊风险的识别和应对过程,以及为降低舞弊风险而建立的控制。除非治理层全部成员参与管理被审计单位,注册会计师应当询问治理层,以确定其是否知悉任何影响被审计单位的舞弊事实、舞弊嫌疑或舞弊指控。治理层对这些询问的答复,还可在一定程度上作为管理层答复的佐证信息。

注册会计师应当评价在实施分析程序时识别出的异常或偏离预期的关系(包括与收入账

户有关的关系),是否表明存在舞弊导致的重大错报风险。注册会计师应当考虑获取的其他信息是否表明存在舞弊导致的重大错报风险。注册会计师应当评价通过其他风险评估程序和相关活动获取的信息,是否表明存在舞弊风险因素。存在舞弊风险因素并不必然表明发生了舞弊,但在舞弊发生时通常存在舞弊风险因素,因此,舞弊风险因素可能表明存在舞弊导致的重大错报风险。

(3)识别和评估舞弊导致的重大错报风险。注册会计师应当在财务报表层次和各类交易、账户余额、披露的认定层次识别和评估舞弊导致的重大错报风险。在识别和评估舞弊导致的重大错报风险时,注册会计师应当基于收入确认存在舞弊风险的假定,评价哪些类型的收入、收入交易或认定将导致舞弊风险。如果认为收入确认存在舞弊风险的假定不适用于业务的具体情况,从而未将收入确认作为舞弊导致的重大错报风险领域,注册会计师应当按照规定形成相应的审计工作底稿。注册会计师应当将评估的舞弊导致的重大错报风险作为特别风险。如果此前未识别与此类风险相关的控制,注册会计师应当识别被审计单位用于应对该特别风险的控制,评价控制的设计,并确定控制是否得到执行。

(4)应对评估的舞弊导致的重大错报风险。注册会计师应当针对评估的舞弊导致的财务报表层次重大错报风险确定总体应对措施。在针对评估的舞弊导致的财务报表层次重大错报风险确定总体应对措施时,注册会计师应当:在分派和督导项目组成员时,考虑承担重要业务职责的项目组成员所具备的知识、技能和能力,并考虑舞弊导致的重大错报风险的评估结果;评价被审计单位对会计政策(特别是涉及主观计量和复杂交易的会计政策)的选择和运用,是否可能表明管理层通过操纵利润对财务信息作出虚假报告;在选择审计程序的性质、时间安排和范围时,增加审计程序的不可预见性。注册会计师应当设计和实施进一步审计程序,审计程序的性质、时间安排和范围应当能够应对评估的舞弊导致的认定层次重大错报风险。例如,针对舞弊导致的认定层次重大错报风险,注册会计师应当考虑实施函证程序以获取更多的相互印证的信息。

管理层处于实施舞弊的独特地位,其原因是管理层有能力通过凌驾于控制之上操纵会计记录并编制虚假财务报表,而这些控制却看似有效运行。尽管管理层凌驾于控制之上的风险水平因被审计单位而异,但所有被审计单位都存在这种风险。由于管理层凌驾于控制之上的行为发生方式不可预见,这种风险属于舞弊导致的重大错报风险,从而也是一种特别风险。无论对管理层凌驾于控制之上的风险的评估结果如何,注册会计师都应当设计和实施审计程序,用以:测试日常会计核算过程中作出的会计分录以及编制财务报表过程中作出的其他调整是否适当;复核会计估计是否存在偏向,并评价产生这种偏向的环境是否表明存在舞弊导致的重大错报风险;对于超出被审计单位正常经营过程的重大交易,或基于对被审计单位及其环境的了解以及在审计过程中获取的其他信息而显得异常的重大交易,评价其商业理由(或缺乏商业理由)是否表明被审计单位从事交易的目的是对财务信息作出虚假报告或掩盖侵占资产的行为。

在设计和实施审计程序,以测试日常会计核算过程中作出的会计分录以及编制财务报表过程中作出的其他调整是否适当时,注册会计师应当:向参与财务报告过程的人员询问与处理会计分录和其他调整相关的不恰当或异常的活动;选择在报告期末作出的会计分录和其他调整;考虑是否有必要测试整个会计期间的会计分录和其他调整。在复核会计估计是否存在偏向时,注册会计师应当:评价管理层在作出会计估计时所作的判断和决策是否反映出管理层的某种偏向(即使判断和决策孤立地看是合理的),从而可能表明存在舞弊导致的重大错报风险,如果存在偏向,注册会计师应当从整体上重新评价会计估计;追溯复核与以前年度财务报表反映的重大会计估计相关的管理层判断和假设。

(5)评价审计证据。在就财务报表与所了解的被审计单位的情况是否一致形成总体结论时,注册会计师应当评价在临近审计结束时实施的分析程序,是否表明存在此前尚未识别的舞弊导致的重大错报风险。如果识别出某项错报,注册会计师应当评价该项错报是否表明存在舞弊。如果存在舞弊的迹象,鉴于舞弊不太可能是孤立发生的事项,注册会计师应当评价该项错报对审计工作其他方面的影响,特别是对管理层声明可靠性的影响。如果识别出某项错报,并有理由认为该项错报是或可能是舞弊导致的,且涉及管理层,特别是涉及较高层级的管理层,无论该项错报是否重大,注册会计师都应当重新评价对舞弊导致的重大错报风险的评估结果,以及该结果对旨在应对评估的风险的审计程序的性质、时间安排和范围的影响。在重新考虑此前获取的审计证据的可靠性时,注册会计师还应当考虑相关的情形是否表明可能存在涉及员工、管理层或第三方的串通舞弊。如果确认财务报表存在舞弊导致的重大错报,或无法确定财务报表是否存在舞弊导致的重大错报,注册会计师应当评价这两种情况对审计的影响。

(6)无法继续执行审计业务。如果舞弊或舞弊嫌疑导致出现错报,致使注册会计师遇到对其继续执行审计业务的能力产生怀疑的异常情形,注册会计师应当:确定适用于具体情况的职业责任和法律责任,包括是否需要向审计业务委托人或监管机构报告;在相关法律法规允许的情况下,考虑是否需要解除业务约定。如果决定解除业务约定,注册会计师应当采取下列措施:与适当层级的管理层和治理层讨论解除业务约定的决定和理由;考虑是否存在职业责任或法律责任,需要向审计业务委托人或监管机构报告解除业务约定的决定和理由。

(7)书面声明。注册会计师应当就下列事项向管理层和治理层(如适用)获取书面声明:管理层和治理层认可其设计、执行和维护内部控制以防止和发现舞弊的责任;管理层和治理层已向注册会计师披露了管理层对舞弊导致的财务报表重大错报风险的评估结果;管理层和治理层已向注册会计师披露了已知的涉及管理层、在内部控制中承担重要职责的员工以及其他人员(在舞弊行为导致财务报表出现重大错报的情况下)的舞弊或舞弊嫌疑;管理层和治理层已向注册会计师披露了从现任和前任员工、分析师、监管机构等方面获知的、影响财务报表的舞弊指控或舞弊嫌疑。

(8)与管理层和治理层的沟通。如果识别出舞弊或获取的信息表明可能存在舞弊,除非法律法规禁止,注册会计师应当及时与适当层级的管理层沟通此类事项,以便管理层告知对防止和发现舞弊事项负有主要责任的人员。如果确定或怀疑舞弊涉及下列人员,注册会计师应当及时与治理层沟通此类事项,除非治理层全部成员参与管理被审计单位:管理层,在内部控制中承担重要职责的员工,其他人员(在舞弊行为导致财务报表重大错报的情况下)。如果怀疑舞弊涉及管理层,除非法律法规禁止,注册会计师应当与治理层沟通这一怀疑,并与其讨论为完成审计工作所必需的审计程序的性质、时间安排和范围。如果根据判断认为还存在与治理层职责相关的、涉及舞弊的其他事项,除非法律法规禁止,注册会计师应当就此与治理层沟通。

(9)向被审计单位之外的适当机构报告舞弊。如果识别出或怀疑存在舞弊,注册会计师应当确定法律法规或相关职业道德要求是否:要求注册会计师向被审计单位之外的适当机构作出报告;规定了相关责任,基于该责任,注册会计师向被审计单位之外的适当机构报告在具体情形下可能是适当的。

(二)中国内部审计准则中关于财务舞弊审计的职业行为规定

中国内部审计协会于2013年8月28日发布《第2204号内部审计具体准则——对舞弊行为进行检查和报告》,该准则自2014年1月1日起施行。该准则对内部审计机构及人员在审计活动中对舞弊行为进行检查和报告进行了规定。具体内容包括六章,共计二十条。该准则对舞弊检查范围的界定更加广泛,包括组织内外各种损害组织利益的违法违规行为,包括了对财务舞弊行为的检查,但不限于财务舞弊行为的检查。

1.一般原则

组织管理层对舞弊行为的发生承担责任。建立、健全并有效实施内部控制,预防、发现及纠正舞弊行为是组织管理层的责任。内部审计机构和内部审计人员应当保持应有的职业谨慎,在实施的审计活动中关注可能发生的舞弊行为,并对舞弊行为进行检查和报告。

内部审计机构和内部审计人员在检查和报告舞弊行为时,应当从下列方面保持应有的职业谨慎:①具有识别、检查舞弊的基本知识和技能,在实施审计项目时警惕相关方面可能存在的舞弊风险;②根据被审计事项的重要性、复杂性以及审计成本效益,合理关注和检查可能存在的舞弊行为;③运用适当的审计职业判断,确定审计范围和审计程序,以检查、发现和报告舞弊行为;④发现舞弊迹象时,应当及时向适当管理层报告,提出进一步检查的建议。由于内部审计并非专为检查舞弊而进行,即使审计人员以应有的职业谨慎执行了必要的审计程序,也不能保证发现所有的舞弊行为。

损害组织经济利益的舞弊,是指组织内、外人员为谋取自身利益,采用欺骗等违法违规手段使组织经济利益遭受损害的不正当行为。它具体包括下列情形:①收受贿赂或者回扣;②将正常情况下可以使组织获利的交易事项转移给他人;③贪污、挪用、盗窃组织资产;④使组织为虚假的交易事项支付款项;⑤故意隐瞒、错报交易事项;⑥泄露组织的商业秘密;⑦其他损害组织经济利益的舞弊行为。

谋取组织经济利益的舞弊,是指组织内部人员为使本组织获得不当经济利益而其自身也可能获得相关利益,采用欺骗等违法违规手段,损害国家和其他组织或个人利益的不正当行为。它具体包括下列情形:①支付贿赂或者回扣;②出售不存在或者不真实的资产;③故意错报交易事项、记录虚假的交易事项,使财务报表使用者误解而作出不适当的投融资决策;④隐瞒或者删除应当对外披露的重要信息;⑤从事违法违规的经营活动;⑥偷逃税款;⑦其他谋取组织经济利益的舞弊行为。

内部审计人员在检查和报告舞弊行为时,应当特别注意做好保密工作。

2. 评估舞弊发生的可能性

内部审计人员在审查和评价业务活动、内部控制和风险管理时,应当从以下方面对舞弊发生的可能性进行评估:①组织目标的可行性;②控制意识和态度的科学性;③员工行为规范的合理性和有效性;④业务活动授权审批制度的有效性;⑤内部控制和风险管理机制的有效性;⑥信息系统运行的有效性。

内部审计人员除考虑内部控制的固有局限外,还应当考虑下列可能导致舞弊发生的情况:①管理人员品质不佳;②管理人员遭受异常压力;③业务活动中存在异常交易事项;④组织内部个人利益、局部利益和整体利益存在较大冲突。

内部审计人员应当根据可能发生的舞弊行为的性质,向组织适当管理层报告,同时就需要实施的舞弊检查提出建议。

3. 舞弊的检查

舞弊的检查是指实施必要的检查程序,以确定舞弊迹象所显示的舞弊行为是否已经发生。内部审计人员进行舞弊检查时,应当根据下列要求进行:①评估舞弊涉及的范围及复杂程度,避免向可能涉及舞弊的人员提供信息或者被其所提供的信息误导;②设计适当的舞弊检查程序,以确定舞弊者、舞弊程度、舞弊手段及舞弊原因;③在舞弊检查过程中,与组织适当管理层、专业舞弊调查人员、法律顾问及其他专家保持必要的沟通;④保持应有的职业谨慎,以避免损害相关组织或者人员的合法权益。

4. 舞弊的报告

舞弊的报告是指内部审计人员以书面或者口头形式向组织适当管理层或者董事会报告舞弊检查情况及结果。在舞弊检查过程中,出现下列情况时,内部审计人员应当及时向组织适当管理层报告:①可以合理确信舞弊已经发生,并需要深入调查;②舞弊行为已经导致对外披露的财务报表严重失实;③发现犯罪线索,并获得了应当移送司法机关处理的证据。

内部审计人员完成必要的舞弊检查程序后,应当从舞弊行为的性质和金额两方面考虑其严重程度,并出具相应的审计报告。审计报告的内容主要包括舞弊行为的性质、涉及人员、舞弊手段及原因、检查结论、处理意见、提出的建议及纠正措施。

(三)《中华人民共和国国家审计准则》中关于财务舞弊审计的职业行为规定

2010年9月1日,审计署发布了《中华人民共和国国家审计准则》,该准则自2011年1月1日起施行。该准则专门对重大违法行为的检查进行了规定,对重大违法行为的检查涉及对财务舞弊行为的检查。

1.对重大违法行为保持职业谨慎

审计人员执行审计业务时,应当保持职业谨慎,充分关注可能存在的重大违法行为。重大违法行为是指被审计单位和相关人员违反法律法规、涉及金额比较大、造成国家重大经济损失或者对社会造成重大不良影响的行为。

2.对重大违法行为实施检查

审计人员检查重大违法行为,应当评估被审计单位和相关人员实施重大违法行为的动机、性质、后果和违法构成。

审计人员调查了解被审计单位及其相关情况时,可以重点了解可能与重大违法行为有关的下列事项:①被审计单位所在行业发生重大违法行为的状况;②有关的法律法规及其执行情况;③监管部门已经发现和了解的与被审计单位有关的重大违法行为的事实或者线索;④可能形成重大违法行为的动机和原因;⑤相关的内部控制及其执行情况;⑥其他情况。

审计人员可以通过关注下列情况,判断可能存在的重大违法行为:①具体经济活动中存在的异常事项;②财务和非财务数据中反映出的异常变化;③有关部门提供的线索和群众举报;④公众、媒体的反映和报道;⑤其他情况。

审计人员根据被审计单位实际情况、工作经验和审计发现的异常现象,判断可能存在重大违法行为的性质,并确定检查重点。审计人员在检查重大违法行为时,应当关注重大违法行为的高发领域和环节。

3.对重大违法行为线索的应对

发现重大违法行为的线索,审计组或者审计机关可以采取下列应对措施:①增派具有相关经验和能力的人员;②避免让有关单位和人员事先知晓检查的时间、事项、范围和方式;③扩大检查范围,使其能够覆盖重大违法行为可能涉及的领域;④获取必要的外部证据;⑤依法采取保全措施;⑥提请有关机关予以协助和配合;⑦向政府和有关部门报告;⑧其他必要的应对措施。

二、财务舞弊审计的国际准则规范

(一)国际审计与鉴证准则理事会[①]发布的相关准则

1.国际审计与鉴证准则理事会发布的相关准则概述

国际审计与鉴证准则理事会发布的 ISA 240、ISA 315 和 ISA 330 三个准则共同构成了审计师在识别、评估和应对财务舞弊风险方面的核心指导框架。

---

① 国际审计与鉴证准则理事会(The International Auditing and Assurance Standards Board,IAASB)是国际会计师联合会下设的国际审计与鉴证准则制定机构,主要职责包括:制定高质量的审计、审阅、其他鉴证、质量控制和相关服务方面的准则,为公众利益服务,并推动各国准则与国际准则的趋同,提高世界会计师业务的质量和一致性,强化公众对财务报告的信心等。

(1) ISA 240 专注于与舞弊相关的具体责任,指导审计师如何在财务报表审计中应对舞弊风险。

(2) ISA 315 提供了全面的风险评估方法,帮助审计师识别和评估重大错报风险。

(3) ISA 330 则指导审计师如何有效应对已识别的风险,设计和实施恰当的审计程序。

这些准则的综合应用能够帮助审计师系统性地执行审计工作,提高发现财务舞弊的可能性。在实际审计工作中,审计师需要根据具体情况灵活运用这些准则,以适应不同的审计环境和客户特点。

值得注意的是,这些准则并非一成不变,而是持续更新的动态文件,反映了审计实务的最新发展。审计师应当定期查阅 IAASB 的官方网站[①],以获取这些准则的最新版本和解释性指引。

2. 国际审计与鉴证准则理事会发布的相关准则的演变

一般而言,准则的演变主要由以下因素推动。

(1) 技术进步:如大数据分析、人工智能等新技术的应用,改变了审计方法和风险评估过程。

(2) 商业环境变化:全球化、新兴业务模式和复杂金融工具的出现,要求审计准则与时俱进。

(3) 重大财务丑闻:如安然事件、世界通信案等,促使监管机构和准则制定者加强对舞弊风险的关注。

(4) 监管要求的变化:各国监管机构对审计质量的要求不断提高,推动了国际准则的完善。

(5) 审计实务中的经验教训:从实际审计工作中汲取的教训和最佳实践,不断融入准则的更新中。

这些准则的发展历程可以通过如表 2-1 所示的时间线简要展示。

表 2-1　三个准则的发展历程

准则	最初发布时间	最近主要/重大修订时间	生效日期
ISA 240	2004 年	2009 年 12 月	2009 年 12 月 15 日或之后
ISA 315	2003 年	2019 年 12 月	2021 年 12 月 15 日或之后
ISA 330	2004 年	2009 年 12 月	2009 年 12 月 15 日或之后

这一发展历程反映了审计准则随着时间的推移不断演进,以应对新的挑战和机遇。审计师需要持续关注这些变化,确保其审计实务始终符合最新的国际标准。

3. 国际审计与鉴证准则理事会发布的相关准则的具体内容

(1) ISA 240:财务报表审计中与舞弊相关的审计师责任。

① 舞弊的定义和特征:区分舞弊和错误,舞弊的动机、压力和机会。

---

① 详见 https://www.iaasb.org/。

②审计师的责任:保持职业怀疑态度,与治理层和管理层讨论,识别和评估舞弊导致的重大错报风险。

③应对舞弊风险的程序:收入确认的特别考虑,管理层凌驾于内部控制之上的风险。

④评估审计证据:分析程序在审计结束阶段的运用,识别异常或意外的关系。

⑤书面声明:从管理层和治理层获取有关舞弊的书面声明。

⑥与监管机构的沟通:在适当情况下向监管机构报告舞弊。

(2)ISA 315:识别和评估重大错报风险。

①风险评估程序:询问管理层和其他相关人员,分析程序,观察和检查。

②了解被审计单位及其环境:行业、监管和其他外部因素,被审计单位的性质,会计政策的选择和运用,被审计单位的目标、战略和相关经营风险。

③了解内部控制:控制环境,被审计单位的风险评估过程,信息系统和沟通控制活动,对控制的监督。

④识别和评估重大错报风险:在财务报表层面,在认定层面。

⑤特殊考虑:信息技术(IT)的使用,小型实体的特殊考虑。

(3)ISA 330:应对评估的风险。

①总体应对措施:强调职业怀疑的重要性,指派更有经验的人员或具有特殊技能的人员,提高监督程度。

②进一步审计程序:控制测试,实质性程序。

③控制测试的性质、时间和范围:测试控制运行的有效性,依赖以前审计中获取的审计证据的程度。

④实质性程序的性质、时间和范围:针对特定认定的程序,外部确认程序的使用,期末截止测试和分析程序。

⑤审计证据的充分性和适当性:评估所实施程序的结果,未能获取充分、适当的审计证据时的考虑。

⑥对财务报表整体的评价:分析程序的运用,评估未更正错报的影响。

(二)美国注册会计师协会①发布的相关准则:SAS 99

1. SAS 99 准则概述

SAS 99(《审计准则第99号——财务报表审计中对舞弊的考虑》)是美国注册会计师协会于2002年10月发布的一项重要准则,自2002年12月15日之后开始的审计中生效。这一准则

---

① 美国注册会计师协会(American Institute of Certified Public Accountants,AICPA)是美国全国性会计职业组织,主要职责包括:制定准则和规则,包括制定审计准则、编表和审阅准则、其他鉴证准则、质量控制准则、咨询服务和纳税实务准则以及职业行为守则;组织注册会计师考试和阅卷;进行后续教育;促进与督促准则和规划的实施。

的出台是对安然事件等重大财务舞弊案件的直接响应,旨在加强审计实务中对舞弊的关注。尽管 SAS 99 是美国特有的准则,但它与国际审计准则(如 ISA 240)有诸多共同点。两者均强调审计人员在识别和应对舞弊风险方面的责任,以及保持职业怀疑态度的重要性。SAS 99 的独特之处在于它显著扩展了审计人员考虑舞弊的责任范围,引入了更为结构化和主动的舞弊风险评估方法。

该准则的实施对审计实务产生了深远影响,主要体现在以下几个方面:

(1)促使审计方法发生重大变化,尤其是在风险评估和应对策略方面。

(2)推动了审计工具和技术的发展,以更有效地识别潜在舞弊指标。

(3)强化了职业怀疑态度的培养和团队讨论的重要性。

(4)为后续审计准则和实务的发展奠定了基础。

总的来说,SAS 99 为理解美国在财务舞弊审计方面的要求提供了重要参考,成为美国审计实务中应对舞弊风险的基石。它不仅改变了审计人员的工作方式,也提高了整个行业对舞弊风险的警惕性,从而有助于提升财务报告的可靠性和投资者的信心。

2. SAS 99 准则的具体内容

准则的主要内容如下。

(1)舞弊的定义和特征:明确区分舞弊和错误,强调舞弊的两种主要类型为财务报告舞弊和资产盗用。

(2)舞弊三角理论:压力/动机,机会,态度/合理化。

(3)职业怀疑态度:强调审计人员在整个审计过程中保持职业怀疑态度的重要性,要求审计人员以开放和质疑的心态评估审计证据。

(4)审计团队的讨论:要求审计团队成员就财务报表如何和在何处可能容易受到舞弊的影响进行讨论,强调要包括经验丰富的审计人员参与讨论。

(5)获取信息以识别舞弊风险:询问管理层、审计委员会和其他人员,考虑分析程序结果,考虑其他信息来源。

(6)识别舞弊风险:评估舞弊风险因素,识别和评估舞弊风险。

(7)应对已识别的舞弊风险:作出对舞弊风险的总体反应,设计和实施针对特定账户余额、交易类别和披露的审计程序。

(8)评估审计证据:分析程序,评估误导性财务报告的风险,与管理层和其他人员沟通。

(9)文档记录:要求记录对舞弊风险的讨论,记录已识别和评估的舞弊风险,记录对这些风险的反应。

(10)与管理层、审计委员会和其他人员的沟通:及时沟通已识别的舞弊或可能存在舞弊的信息,向审计委员会报告重大弱点。

(11)特别考虑事项:对收入确认的特别关注,管理层凌驾于控制之上的风险。

(12)对小型实体的考虑:认识到小型实体可能面临的特殊挑战和风险。

(三)上市公司会计监督委员会①的相关准则:AS 2401

1. AS 2401 准则概述

AS 2401 准则是上市公司会计监督委员会针对美国上市公司审计中舞弊考虑而制定的重要准则。该准则于 2003 年首次发布,是对《萨班斯-奥克斯利法案》的直接回应,旨在加强对财务舞弊的审计监管。随后,该准则经历了多次更新,以适应不断变化的商业环境和新兴的舞弊风险。

该准则的主要目标是指导审计师在财务报表审计中有效地识别、评估和应对舞弊风险。AS 2401 准则与其他类似准则(如 AICPA 的 SAS 99 和 IAASB 的 ISA 240)相比,有以下特点:

(1)对管理层凌驾于控制之上风险的考虑更为深入;
(2)对收入确认舞弊风险的假定更为明确和严格;
(3)文档要求更为详细和具体;
(4)更强调与审计委员会的沟通。

2. AS 2401 准则的具体内容

AS 2401 准则的具体内容如下。

(1)舞弊的定义和特征:明确将舞弊定义为有意的错报或遗漏,并区分了财务报告舞弊和资产盗用两种主要类型的舞弊。

(2)职业怀疑态度:强调审计师在整个审计过程中保持高度职业怀疑态度的重要性,要求审计师以质疑的心态评估所有审计证据。

(3)审计团队讨论:要求审计团队成员,尤其是关键成员,就财务报表可能受到舞弊影响的方式进行深入讨论。

(4)舞弊风险识别:指导审计师通过多种渠道识别舞弊风险,包括询问管理层和治理层、执行分析程序、考虑其他信息来源等。

(5)舞弊风险评估:详细说明如何评估已识别的舞弊风险因素,确定可能导致重大错报的舞弊风险。

(6)应对措施:提供设计和实施针对特定舞弊风险的审计程序的指导,包括总体应对措施和具体审计程序。

(7)审计证据评估:要求审计师持续评估获得的审计证据,特别关注可能指示舞弊的异常交易或关系。

---

① 上市公司会计监管委员会(Public Company Accounting Oversight Board,PCAOB)根据美国《萨班斯-奥克斯利法案》创立。美国证券交易委员会授权该委员会制定审计准则,该委员会拥有会计师事务所注册权、日常监督权、调查和处罚权,负责检查和处理上市公司与会计师之间的会计处理分歧。为消除会计师事务所对其的影响,该委员会的运行经费不再由会计师事务所承担,而改为由上市公司分担。

(8)沟通要求:规定了与管理层、审计委员会和其他相关方及时沟通舞弊相关发现的要求。

(9)文档记录:详细说明了舞弊风险相关的文档要求,包括团队讨论、风险识别和评估过程,以及应对措施的记录。

(10)特别关注领域:特别强调了对收入确认舞弊风险的关注,以及如何应对管理层凌驾于内部控制之上的风险。

在实际应用中,AS 2401准则要求审计师在保持高度职业怀疑态度的同时,也要考虑如何与客户保持良好的专业关系。这需要审计师在执业过程中保持微妙的平衡。AS 2401准则的实施对提高上市公司审计质量、增强投资者信心具有重要作用。随着商业环境和技术的不断发展,PCAOB也在持续更新和完善这一准则。例如,近年来,AS 2401准则更加关注数字化环境下的舞弊风险,如网络安全威胁和复杂的数据操纵。审计师需要及时了解AS 2401准则的最新变化,确保审计工作始终符合最新要求;同时,将AS 2401准则与其他相关准则(如涉及风险评估和内部控制的准则)结合使用,可以更全面地应对财务舞弊风险。

(四)国际内部审计师协会[①]的实务公告:实务公告1210.A2-1

1. 实务公告1210.A2-1相关概述

国际内部审计师协会发布的实务公告1210.A2-1是指导内部审计师发现舞弊的重要文件。这份实务公告旨在补充《国际内部审计专业实务框架》,为内部审计师提供更详细的指导。

这份实务公告的重要性在于:明确了内部审计师在舞弊风险管理中的角色,强调了预防和检测的重要性;提供了实用的指导,帮助内部审计师在日常工作中更有效地应对舞弊风险;促进了内部审计与组织其他部门(如法律、合规、风险管理)在舞弊防控方面的协作;增强了内部审计在公司治理中的价值,尤其是在舞弊风险管理方面。

与外部审计准则(如PCAOB的AS 2401或IAASB的ISA 240)相比,IIA的实务公告更侧重于内部审计的特殊角色和持续性监督功能。它强调了内部审计师在日常工作中持续评估舞弊风险的重要性,而不仅仅局限于年度财务报表审计。

2. 实务公告1210.A2-1的具体内容

实务公告1210.A2-1的主要内容如下。

(1)舞弊的定义:明确界定了舞弊的概念,将其描述为任何非法行为,涉及欺骗、隐瞒或违背信任。这不限于金钱利益,还包括其他形式的不当得利。

(2)内部审计师的职责:具备足够的知识评估舞弊风险;保持职业谨慎,警惕可能存在的舞弊迹象;将重大舞弊风险纳入审计目标;评估组织的舞弊风险管理流程。

[①] 国际内部审计师协会(Institute of Internal Auditors,IIA)是由内部审计人员组成的国际性审计职业团体,其前身是美国的内部审计师协会,于1941年成立。

(3)舞弊风险评估:指导内部审计师评估组织面临的舞弊风险,包括识别潜在的舞弊方案和风险因素。

(4)舞弊迹象的识别:提供了常见舞弊迹象的列表,帮助内部审计师在日常工作中保持警惕。

(5)舞弊调查:虽然内部审计师通常不直接负责调查舞弊,但实务公告提供了在发现潜在舞弊时应采取的步骤。

(6)报告和沟通:详细说明了如何向适当的管理层和治理机构报告舞弊相关发现。

(7)预防和检测控制:指导内部审计师评估和改进组织的舞弊预防和检测控制。

(8)持续教育:强调内部审计师需要不断更新其舞弊相关知识和技能。

(9)与外部各方的协调:提供了与外部审计师、监管机构和执法部门协调的指南。

(10)文档要求:详细说明了在处理舞弊相关事务时的文档记录要求。

内部审计师在应用这一实务公告时,需要考虑其组织的具体情况,包括行业特点、监管环境、组织文化等因素。同时,随着新技术和新型舞弊方式的出现,内部审计师也需要不断更新其知识和技能,以有效应对不断变化的舞弊风险。

(五)各准则的主要内容对比

总的来说,IAASB 的 ISA 240、PCAOB 的 AS 2401、AICPA 的 SAS 99 以及 IIA 的实务公告 1210.A2-1 这些准则在核心原则上有很多共同点,但在具体要求和侧重点上有所不同。外部审计准则(ISA 240、AS 2401、SAS 99)更侧重于财务报表审计中的舞弊考虑,而 IIA 的实务公告则更注重内部审计在组织持续舞弊风险管理中的作用。审计师在实际工作中需要根据具体情况和适用的准则来设计和执行审计程序。表 2-2 为这四个准则在四个关键方面的主要内容对比。

表 2-2 四个准则的主要内容对比

准则	舞弊风险评估方法	审计程序设计	舞弊迹象识别	与治理层沟通
ISA 240 (IAASB)	强调审计团队讨论的重要性,要求评估舞弊风险因素,包括动机/压力、机会和态度/合理化,特别关注收入确认和管理层凌驾于控制之上的风险	提供了应对评估的舞弊风险的总体方法和具体程序,强调不可预测性在审计程序设计中的重要性,包括对日志分录和其他调整的测试	提供了舞弊风险因素和可能表明舞弊的情况的详细清单,强调对异常或不寻常交易的关注,包括对管理层回应的评估	要求及时与治理层沟通识别舞弊或舞弊嫌疑,包括对管理层诚信或能力的任何重大疑虑,强调沟通的及时性和适当性

续表

准则	舞弊风险评估方法	审计程序设计	舞弊迹象识别	与治理层沟通
AS 2401（PCAOB）	类似于ISA 240，但更详细地规定了风险评估程序，要求审计师考虑公司的规模、复杂性和所有权特征，强调对异常或意外关系的关注	详细规定了针对特定舞弊风险的审计程序，特别强调对收入确认的审计程序，要求执行对管理层估计的追溯性复核	类似于ISA 240，但更详细地列举了舞弊迹象，特别关注文件的真实性和内容，强调对分析程序结果的解释	类似于ISA 240，但更强调与审计委员会的沟通，要求讨论审计师对公司舞弊风险的评估，包括对重大内部控制缺陷的沟通
SAS 99（AICPA）	引入"舞弊三角"概念（压力、机会、态度/合理化），要求审计师考虑广泛的信息来源进行风险评估，强调职业怀疑态度在风险评估中的作用	提供了广泛的审计程序示例，强调将舞弊风险因素整合到审计程序中，包括对会计政策的评估，特别是在主观和复杂的领域	提供了广泛的舞弊风险因素和舞弊迹象清单，强调对员工行为和生活方式变化的关注，包括对客户关系和供应商关系异常的考虑	详细规定了与治理层沟通的内容和时间，强调双向沟通的重要性，包括对舞弊风险管理计划的讨论
IIA 1210.A2-1	侧重于持续性的风险评估过程，强调内部审计师在评估组织整体舞弊风险管理流程中的角色，鼓励使用舞弊风险评估工具和技术	侧重于持续监控和定期评估的程序，包括对舞弊预防和检测控制的评估，强调数据分析和持续审计技术的使用	提供了针对不同类型舞弊的具体迹象，强调内部审计师在日常工作中持续识别舞弊迹象的重要性，包括对组织文化和道德氛围的考虑	强调内部审计师在组织的舞弊风险沟通中的独特角色，包括定期向审计委员会报告舞弊风险评估结果，强调在发现重大舞弊时的及时沟通

第三节　财务舞弊审计的法律要求

一、财务舞弊审计的国内法律要求

（一）财务舞弊的法律责任

企业的财务舞弊行为不仅涉及违反《中华人民共和国会计法》，还涉及违反《中华人民共和国刑法》的相关规定，具有严重的法律后果。

1.《中华人民共和国会计法》中关于财务舞弊法律责任的相关规定

(1)财务舞弊法律责任的基本规定(《中华人民共和国会计法》第四十条)。

违反《中华人民共和国会计法》规定,有下列行为之一的,由县级以上人民政府财政部门责令限期改正,给予警告、通报批评,对单位可以并处二十万元以下的罚款,对其直接负责的主管人员和其他直接责任人员可以处五万元以下的罚款;情节严重的,对单位可以并处二十万元以上一百万元以下的罚款,对其直接负责的主管人员和其他直接责任人员可以处五万元以上五十万元以下的罚款;属于公职人员的,还应当依法给予处分:

①不依法设置会计账簿的;

②私设会计账簿的;

③未按照规定填制、取得原始凭证或者填制、取得的原始凭证不符合规定的;

④以未经审核的会计凭证为依据登记会计账簿或者登记会计账簿不符合规定的;

⑤随意变更会计处理方法的;

⑥向不同的会计资料使用者提供的财务会计报告编制依据不一致的;

⑦未按照规定使用会计记录文字或者记账本位币的;

⑧未按照规定保管会计资料,致使会计资料毁损、灭失的;

⑨未按照规定建立并实施单位内部会计监督制度或者拒绝依法实施的监督或者不如实提供有关会计资料及有关情况的;

⑩任用会计人员不符合会计法规定的。

有前款所列行为之一,构成犯罪的,依法追究刑事责任。

会计人员有第一款所列行为之一,情节严重的,五年内不得从事会计工作。

有关法律对第一款所列行为的处罚另有规定的,依照有关法律的规定办理。

(2)伪造、变造会计资料以及隐匿或故意销毁会计资料的法律责任(《中华人民共和国会计法》第四十一条)。

伪造、变造会计凭证、会计账簿,编制虚假财务会计报告,隐匿或者故意销毁依法应当保存的会计凭证、会计账簿、财务会计报告的,由县级以上人民政府财政部门责令限期改正,给予警告、通报批评,没收违法所得,违法所得二十万元以上的,对单位可以并处违法所得一倍以上十倍以下的罚款,没有违法所得或者违法所得不足二十万元的,可以并处二十万元以上二百万元以下的罚款;对其直接负责的主管人员和其他直接责任人员可以处十万元以上五十万元以下的罚款,情节严重的,可以处五十万元以上二百万元以下的罚款;属于公职人员的,还应当依法给予处分;其中的会计人员,五年内不得从事会计工作;构成犯罪的,依法追究刑事责任。

(3)授意、指使、强令财务舞弊的法律责任(《中华人民共和国会计法》第四十二条)。

授意、指使、强令会计机构、会计人员及其他人员伪造、变造会计凭证、会计账簿,编制虚假财务会计报告或者隐匿、故意销毁依法应当保存的会计凭证、会计账簿、财务会计报告的,由县级以上人民政府财政部门给予警告、通报批评,可以并处二十万元以上一百万元以下的罚款;情节严重的,可以并处一百万元以上五百万元以下的罚款;属于公职人员的,还应当依法给予处分;构成犯罪的,依法追究刑事责任。

2.《中华人民共和国刑法》中关于财务舞弊的法律责任

企业的财务舞弊行为,无论是编制虚假财务报告还是侵占资产,可能涉及违反《中华人民共和国刑法》的规定。以下列举《中华人民共和国刑法》中涉及的相关主要条款罪名。

(1)虚报注册资本罪(《中华人民共和国刑法》第一百五十八条)。

申请公司登记使用虚假证明文件或者采取其他欺诈手段虚报注册资本,欺骗公司登记主管部门,取得公司登记,虚报注册资本数额巨大、后果严重或者有其他严重情节的,处三年以下有期徒刑或者拘役,并处或者单处虚报注册资本金额百分之一以上百分之五以下罚金。

单位犯前款罪的,对单位判处罚金,并对其直接负责的主管人员和其他直接责任人员,处三年以下有期徒刑或者拘役。

(2)虚假出资、抽逃出资罪(《中华人民共和国刑法》第一百五十九条)。

《中华人民共和国公司法》第二百五十二条和第二百五十三条明确规定:如果公司的发起人或股东虚假出资,未交付或未按期交付作为出资的货币或非货币财产,公司登记机关将责令其改正,并可以处以五万元以上二十万元以下的罚款;若情节严重,罚款的金额会是虚假出资或未出资金额的百分之五以上百分之十五以下。直接负责的主管人员和其他直接责任人员,也会被处以一万元以上十万元以下的罚款。如果公司的发起人或股东在公司成立后抽逃其出资,除了责令改正外,还将被处以所抽逃出资金额百分之五以上百分之十五以下的罚款。对直接负责的主管人员和其他直接责任人员,罚款金额在三万元以上三十万元以下。

公司发起人、股东违反公司法的规定未交付货币、实物或者未转移财产权,虚假出资,或者在公司成立后又抽逃其出资,数额巨大、后果严重或者有其他严重情节的,处五年以下有期徒刑或者拘役,并处或者单处虚假出资金额或者抽逃出资金额百分之二以上百分之十以下罚金。

单位犯前款罪的,对单位判处罚金,并对其直接负责的主管人员和其他直接责任人员,处五年以下有期徒刑或者拘役。

(3)欺诈发行证券罪(《中华人民共和国刑法》第一百六十条)。

在招股说明书、认股书、公司、企业债券募集办法等发行文件中隐瞒重要事实或者编造重大虚假内容,发行股票或者公司、企业债券、存托凭证或者国务院依法认定的其他证券,数额巨大、后果严重或者有其他严重情节的,处五年以下有期徒刑或者拘役,并处或者单处罚金;数额特别巨大、后果特别严重或者有其他特别严重情节的,处五年以上有期徒刑,并处罚金。

控股股东、实际控制人组织、指使实施前款行为的,处五年以下有期徒刑或者拘役,并处或者单处非法募集资金金额百分之二十以上一倍以下罚金;数额特别巨大、后果特别严重或者有其他特别严重情节的,处五年以上有期徒刑,并处非法募集资金金额百分之二十以上一倍以下罚金。

单位犯前两款罪的,对单位判处非法募集资金金额百分之二十以上一倍以下罚金,并对其直接负责的主管人员和其他直接责任人员,依照第一款的规定处罚。

(4) 违规披露、不披露重要信息罪(《中华人民共和国刑法》第一百六十一条)。

依法负有信息披露义务的公司、企业向股东和社会公众提供虚假的或者隐瞒重要事实的财务会计报告,或者对依法应当披露的其他重要信息不按照规定披露,严重损害股东或者其他人利益,或者有其他严重情节的,对其直接负责的主管人员和其他直接责任人员,处五年以下有期徒刑或者拘役,并处或者单处罚金;情节特别严重的,处五年以上十年以下有期徒刑,并处罚金。

前款规定的公司、企业的控股股东、实际控制人实施或者组织、指使实施前款行为的,或者隐瞒相关事项导致前款规定的情形发生的,依照前款的规定处罚。

犯前款罪的控股股东、实际控制人是单位的,对单位判处罚金,并对其直接负责的主管人员和其他直接责任人员,依照第一款的规定处罚。

(5) 妨害清算罪(《中华人民共和国刑法》第一百六十二条)。

公司、企业进行清算时,隐匿财产,对资产负债表或者财产清单作虚伪记载或者在未清偿债务前分配公司、企业财产,严重损害债权人或者其他人利益的,对其直接负责的主管人员和其他直接责任人员,处五年以下有期徒刑或者拘役,并处或者单处二万元以上二十万元以下罚金。

(6) 隐匿、故意销毁会计凭证、会计账簿、财务会计报告罪(《中华人民共和国刑法》第一百六十二条之一)。

隐匿或者故意销毁依法应当保存的会计凭证、会计账簿、财务会计报告,情节严重的,处五年以下有期徒刑或者拘役,并处或者单处二万元以上二十万元以下罚金。

单位犯前款罪的,对单位判处罚金,并对其直接负责的主管人员和其他直接责任人员,依照前款的规定处罚。

(7) 虚假破产罪(《中华人民共和国刑法》第一百六十二条之二)。

公司、企业通过隐匿财产、承担虚构的债务或者以其他方法转移、处分财产,实施虚假破产,严重损害债权人或者其他人利益的,对其直接负责的主管人员和其他直接责任人员,处五年以下有期徒刑或者拘役,并处或者单处二万元以上二十万元以下罚金。

(8) 非国家工作人员受贿罪(《中华人民共和国刑法》第一百六十三条)。

公司、企业或者其他单位的工作人员,利用职务上的便利,索取他人财物或者非法收受他人财物,为他人谋取利益,数额较大的,处三年以下有期徒刑或者拘役,并处罚金;数额巨大或者有其他严重情节的,处三年以上十年以下有期徒刑,并处罚金;数额特别巨大或者有其他特别严重情节的,处十年以上有期徒刑或者无期徒刑,并处罚金。

公司、企业或者其他单位的工作人员在经济往来中,利用职务上的便利,违反国家规定,收受各种名义的回扣、手续费,归个人所有的,依照前款的规定处罚。

国有公司、企业或者其他国有单位中从事公务的人员和国有公司、企业或者其他国有单位委派到非国有公司、企业以及其他单位从事公务的人员有前两款行为的,依照刑法第三百八十五条、第三百八十六条的规定定罪处罚。

(9)对非国家工作人员行贿罪(《中华人民共和国刑法》第一百六十四条)。

为谋取不正当利益,给予公司、企业或者其他单位的工作人员以财物,数额较大的,处三年以下有期徒刑或者拘役,并处罚金;数额巨大的,处三年以上十年以下有期徒刑,并处罚金。

单位犯前款罪的,对单位判处罚金,并对其直接负责的主管人员和其他直接责任人员,依照第一款的规定处罚。

行贿人在被追诉前主动交代行贿行为的,可以减轻处罚或者免除处罚。

(10)对外国公职人员、国际公共组织官员行贿罪(《中华人民共和国刑法》第一百六十四条)。

为谋取不正当商业利益,给予外国公职人员或者国际公共组织官员以财物的,数额较大的,处三年以下有期徒刑或者拘役,并处罚金;数额巨大的,处三年以上十年以下有期徒刑,并处罚金。

单位犯前款罪的,对单位判处罚金,并对其直接负责的主管人员和其他直接责任人员,依照第一款的规定处罚。

行贿人在被追诉前主动交代行贿行为的,可以减轻处罚或者免除处罚。

(11)徇私舞弊低价折股、出售国有资产罪(《中华人民共和国刑法》第一百六十九条)。

国有公司、企业或者其上级主管部门直接负责的主管人员,徇私舞弊,将国有资产低价折股或者低价出售,致使国家利益遭受重大损失的,处三年以下有期徒刑或者拘役;致使国家利益遭受特别重大损失的,处三年以上七年以下有期徒刑。

其他公司、企业直接负责的主管人员,徇私舞弊,将公司、企业资产低价折股或者低价出售,致使公司、企业利益遭受重大损失的,依照前款的规定处罚。

(12)背信损害上市公司利益罪(《中华人民共和国刑法》第一百六十九条之一)。

上市公司的董事、监事、高级管理人员违背对公司的忠实义务,利用职务便利,操纵上市公司从事下列行为之一,致使上市公司利益遭受重大损失的,处三年以下有期徒刑或者拘役,并处或者单处罚金;致使上市公司利益遭受特别重大损失的,处三年以上七年以下有期徒刑,并处罚金:

①无偿向其他单位或者个人提供资金、商品、服务或者其他资产的;

②以明显不公平的条件,提供或者接受资金、商品、服务或者其他资产的;

③向明显不具有清偿能力的单位或者个人提供资金、商品、服务或者其他资产的;

④为明显不具有清偿能力的单位或者个人提供担保,或者无正当理由为其他单位或者个人提供担保的;

⑤无正当理由放弃债权、承担债务的;

⑥采用其他方式损害上市公司利益的。

上市公司的控股股东或者实际控制人,指使上市公司董事、监事、高级管理人员实施前款行为的,依照前款的规定处罚。

犯前款罪的上市公司的控股股东或者实际控制人是单位的,对单位判处罚金,并对其直接负责的主管人员和其他直接责任人员,依照第一款的规定处罚。

(13)骗取贷款、票据承兑、金融票证罪(《中华人民共和国刑法》第一百七十五条之一)。

以欺骗手段取得银行或者其他金融机构贷款、票据承兑、信用证、保函等,给银行或者其他金融机构造成重大损失的,处三年以下有期徒刑或者拘役,并处或者单处罚金;给银行或者其他金融机构造成特别重大损失或者有其他特别严重情节的,处三年以上七年以下有期徒刑,并处罚金。

单位犯前款罪的,对单位判处罚金,并对其直接负责的主管人员和其他直接责任人员,依照前款的规定处罚。

(14)伪造、变造金融票证罪(《中华人民共和国刑法》第一百七十七条)。

有下列情形之一,伪造、变造金融票证的,处五年以下有期徒刑或者拘役,并处或者单处二万元以上二十万元以下罚金;情节严重的,处五年以上十年以下有期徒刑,并处五万元以上五十万元以下罚金;情节特别严重的,处十年以上有期徒刑或者无期徒刑,并处五万元以上五十万元以下罚金或者没收财产:

①伪造、变造汇票、本票、支票的;

②伪造、变造委托收款凭证、汇款凭证、银行存单等其他银行结算凭证的;

③伪造、变造信用证或者附随的单据、文件的;

④伪造信用卡的。

单位犯前款罪的,对单位判处罚金,并对其直接负责的主管人员和其他直接责任人员,依照前款的规定处罚。

(15)伪造、变造股票或者公司、企业债券罪(《中华人民共和国刑法》第一百七十八条)。

伪造、变造股票或者公司、企业债券,数额较大的,处三年以下有期徒刑或者拘役,并处或者单处一万元以上十万元以下罚金;数额巨大的,处三年以上十年以下有期徒刑,并处二万元以上二十万元以下罚金。

单位犯前款罪的,对单位判处罚金,并对其直接负责的主管人员和其他直接责任人员,依照前款的规定处罚。

(16)擅自发行股票或者公司、企业债券罪(《中华人民共和国刑法》第一百七十九条)。

未经国家有关主管部门批准,擅自发行股票或者公司、企业债券,数额巨大、后果严重或者有其他严重情节的,处五年以下有期徒刑或者拘役,并处或者单处非法募集资金金额百分之一以上百分之五以下罚金。

单位犯前款罪的,对单位判处罚金,并对其直接负责的主管人员和其他直接责任人员,处五年以下有期徒刑或者拘役。

(17)内幕交易、泄露内幕信息罪;利用未公开信息交易罪(《中华人民共和国刑法》第一百八十条)。

证券、期货交易内幕信息的知情人员或者非法获取证券、期货交易内幕信息的人员,在涉及证券的发行,证券、期货交易或者其他对证券、期货交易价格有重大影响的信息尚未公开前,买入或者卖出该证券,或者从事与该内幕信息有关的期货交易,或者泄露该信息,或者明示、暗示他人从事上述交易活动,情节严重的,处五年以下有期徒刑或者拘役,并处或者单处违法所得一倍以上五倍以下罚金;情节特别严重的,处五年以上十年以下有期徒刑,并处违法所得一倍以上五倍以下罚金。

单位犯前款罪的,对单位判处罚金,并对其直接负责的主管人员和其他直接责任人员,处五年以下有期徒刑或者拘役。

内幕信息、知情人员的范围,依照法律、行政法规的规定确定。

证券交易所、期货交易所、证券公司、期货经纪公司、基金管理公司、商业银行、保险公司等金融机构的从业人员以及有关监管部门或者行业协会的工作人员,利用因职务便利获取的内幕信息以外的其他未公开的信息,违反规定,从事与该信息相关的证券、期货交易活动,或者明示、暗示他人从事相关交易活动,情节严重的,依照第一款的规定处罚。

(18)逃税罪(《中华人民共和国刑法》第二百零一条)。

纳税人采取欺骗、隐瞒手段进行虚假纳税申报或者不申报,逃避缴纳税款数额较大并且占应纳税额百分之十以上的,处三年以下有期徒刑或者拘役,并处罚金;数额巨大并且占应纳税额百分之三十以上的,处三年以上七年以下有期徒刑,并处罚金。

扣缴义务人采取前款所列手段,不缴或者少缴已扣、已收税款,数额较大的,依照前款的规定处罚。

对多次实施前两款行为,未经处理的,按照累计数额计算。

有第一款行为,经税务机关依法下达追缴通知后,补缴应纳税款,缴纳滞纳金,已受行政处罚的,不予追究刑事责任;但是,五年内因逃避缴纳税款受过刑事处罚或者被税务机关给予二次以上行政处罚的除外。

(19)抗税罪(《中华人民共和国刑法》第二百零二条)。

以暴力、威胁方法拒不缴纳税款的,处三年以下有期徒刑或者拘役,并处拒缴税款一倍以上五倍以下罚金;情节严重的,处三年以上七年以下有期徒刑,并处拒缴税款一倍以上五倍以下罚金。

(20)逃避追缴欠税罪(《中华人民共和国刑法》第二百零三条)。

纳税人欠缴应纳税款,采取转移或者隐匿财产的手段,致使税务机关无法追缴欠缴的税款,数额在一万元以上不满十万元的,处三年以下有期徒刑或者拘役,并处或者单处欠缴税款一倍以上五倍以下罚金;数额在十万元以上的,处三年以上七年以下有期徒刑,并处欠缴税款一倍以上五倍以下罚金。

(21)骗取出口退税罪、偷税罪(《中华人民共和国刑法》第二百零四条)。

以假报出口或者其他欺骗手段,骗取国家出口退税款,数额较大的,处五年以下有期徒刑或者拘役,并处骗取税款一倍以上五倍以下罚金;数额巨大或者有其他严重情节的,处五年以上十年以下有期徒刑,并处骗取税款一倍以上五倍以下罚金;数额特别巨大或者有其他特别严重情节的,处十年以上有期徒刑或者无期徒刑,并处骗取税款一倍以上五倍以下罚金或者没收财产。

纳税人缴纳税款后,采取前款规定的欺骗方法,骗取所缴纳的税款的,依照刑法第二百零一条的规定定罪处罚;骗取税款超过所缴纳的税款部分,依照前款的规定处罚。

(22)虚开增值税专用发票、用于骗取出口退税、抵扣税款发票罪(《中华人民共和国刑法》第二百零五条)。

虚开增值税专用发票或者虚开用于骗取出口退税、抵扣税款的其他发票的,处三年以下有期徒刑或者拘役,并处二万元以上二十万元以下罚金;虚开的税款数额较大或者有其他严重情节的,处三年以上十年以下有期徒刑,并处五万元以上五十万元以下罚金;虚开的税款数额巨大或者有其他特别严重情节的,处十年以上有期徒刑或者无期徒刑,并处五万元以上五十万元以下罚金或者没收财产。

单位犯本条规定之罪的,对单位判处罚金,并对其直接负责的主管人员和其他直接责任人员,处三年以下有期徒刑或者拘役;虚开的税款数额较大或者有其他严重情节的,处三年以上十年以下有期徒刑;虚开的税款数额巨大或者有其他特别严重情节的,处十年以上有期徒刑或者无期徒刑。

虚开增值税专用发票或者虚开用于骗取出口退税、抵扣税款的其他发票,是指有为他人虚开、为自己虚开、让他人为自己虚开、介绍他人虚开行为之一的。

(23)虚开发票罪(《中华人民共和国刑法》第二百零五条之一)。

虚开《中华人民共和国刑法》第二百零五条规定以外的其他发票,情节严重的,处二年以下有期徒刑、拘役或者管制,并处罚金;情节特别严重的,处二年以上七年以下有期徒刑,并处罚金。

单位犯前款罪的,对单位判处罚金,并对其直接负责的主管人员和其他直接责任人员,依照前款的规定处罚。

(24)伪造、出售伪造的增值税专用发票罪(《中华人民共和国刑法》第二百零六条)。

伪造或者出售伪造的增值税专用发票的,处三年以下有期徒刑、拘役或者管制,并处二万元以上二十万元以下罚金;数量较大或者有其他严重情节的,处三年以上十年以下有期徒刑,并处五万元以上五十万元以下罚金;数量巨大或者有其他特别严重情节的,处十年以上有期徒刑或者无期徒刑,并处五万元以上五十万元以下罚金或者没收财产。

单位犯本条规定之罪的,对单位判处罚金,并对其直接负责的主管人员和其他直接责任人员,处三年以下有期徒刑、拘役或者管制;数量较大或者有其他严重情节的,处三年以上十年以下有期徒刑;数量巨大或者有其他特别严重情节的,处十年以上有期徒刑或者无期徒刑。

(25)非法出售增值税专用发票罪(《中华人民共和国刑法》第二百零七条)。

非法出售增值税专用发票的,处三年以下有期徒刑、拘役或者管制,并处二万元以上二十万元以下罚金;数量较大的,处三年以上十年以下有期徒刑,并处五万元以上五十万元以下罚金;数量巨大的,处十年以上有期徒刑或者无期徒刑,并处五万元以上五十万元以下罚金或者没收财产。

(26)非法购买增值税专用发票、购买伪造的增值税专用发票罪;虚开增值税专用发票罪、出售伪造的增值税专用发票罪、非法出售增值税专用发票罪(《中华人民共和国刑法》第二百零八条)。

非法购买增值税专用发票或者购买伪造的增值税专用发票的,处五年以下有期徒刑或者拘役,并处或者单处二万元以上二十万元以下罚金。

非法购买增值税专用发票或者购买伪造的增值税专用发票又虚开或者出售的,分别依照刑法第二百零五条、第二百零六条、第二百零七条的规定定罪处罚。

(27)非法制造、出售非法制造的用于骗取出口退税、抵扣税款发票罪(《中华人民共和国刑法》第二百零九条第一款)。

伪造、擅自制造或者出售伪造、擅自制造的可以用于骗取出口退税、抵扣税款的其他发票的,处三年以下有期徒刑、拘役或者管制,并处二万元以上二十万元以下罚金;数量巨大的,处三年以上七年以下有期徒刑,并处五万元以上五十万元以下罚金;数量特别巨大的,处七年以上有期徒刑,并处五万元以上五十万元以下罚金或者没收财产。

(28)非法制造、出售非法制造的发票罪(《中华人民共和国刑法》第二百零九条第二款)。

伪造、擅自制造或者出售伪造、擅自制造的《中华人民共和国刑法》第二百零九条第一款规定以外的其他发票的,处二年以下有期徒刑、拘役或者管制,并处或者单处一万元以上五万元以下罚金;情节严重的,处二年以上七年以下有期徒刑,并处五万元以上五十万元以下罚金。

(29)非法出售用于骗取出口退税、抵扣税款发票罪(《中华人民共和国刑法》第二百零九条第三款)。

非法出售可以用于骗取出口退税、抵扣税款的其他发票的,依照《中华人民共和国刑法》第二百零九条第一款的规定处罚。

(30)非法出售发票罪(《中华人民共和国刑法》第二百零九条第四款)。

非法出售《中华人民共和国刑法》第二百零九条第三款规定以外的其他发票的,依照第二款的规定处罚。

(31)持有伪造的发票罪(《中华人民共和国刑法》第二百一十条之一)。

明知是伪造的发票而持有,数量较大的,处二年以下有期徒刑、拘役或者管制,并处罚金;数量巨大的,处二年以上七年以下有期徒刑,并处罚金。

单位犯前款罪的,对单位判处罚金,并对其直接负责的主管人员和其他直接责任人员,依照前款的规定处罚。

(32)盗窃罪(《中华人民共和国刑法》第二百六十四条)。

盗窃公私财物,数额较大的,或者多次盗窃、入户盗窃、携带凶器盗窃、扒窃的,处三年以下有期徒刑、拘役或者管制,并处或者单处罚金;数额巨大或者有其他严重情节的,处三年以上十年以下有期徒刑,并处罚金;数额特别巨大或者有其他特别严重情节的,处十年以上有期徒刑或者无期徒刑,并处罚金或者没收财产。

(33)诈骗罪(《中华人民共和国刑法》第二百六十六条)。

诈骗公私财物,数额较大的,处三年以下有期徒刑、拘役或者管制,并处或者单处罚金;数额巨大或者有其他严重情节的,处三年以上十年以下有期徒刑,并处罚金;数额特别巨大或者有其他特别严重情节的,处十年以上有期徒刑或者无期徒刑,并处罚金或者没收财产。刑法另有规定的,依照规定。

(34)侵占罪(《中华人民共和国刑法》第二百七十条)。

将代为保管的他人财物非法占为己有,数额较大,拒不退还的,处二年以下有期徒刑、拘役或者罚金;数额巨大或者有其他严重情节的,处二年以上五年以下有期徒刑,并处罚金。

将他人的遗忘物或者埋藏物非法占为己有,数额较大,拒不交出的,依照前款的规定处罚。

本条罪,告诉的才处理。

(35)职务侵占罪;贪污罪(《中华人民共和国刑法》第二百七十一条)。

公司、企业或者其他单位的工作人员,利用职务上的便利,将本单位财物非法占为己有,数额较大的,处三年以下有期徒刑或者拘役,并处罚金;数额巨大的,处三年以上十年以下有期徒刑,并处罚金;数额特别巨大的,处十年以上有期徒刑或者无期徒刑,并处罚金。

国有公司、企业或者其他国有单位中从事公务的人员和国有公司、企业或者其他国有单位委派到非国有公司、企业以及其他单位从事公务的人员有前款行为的,依照刑法第三百八十二条、第三百八十三条的规定定罪处罚。

(36)挪用资金罪;挪用公款罪(《中华人民共和国刑法》第二百七十二条)。

公司、企业或者其他单位的工作人员,利用职务上的便利,挪用本单位资金归个人使用或者借贷给他人,数额较大、超过三个月未还的,或者虽未超过三个月,但数额较大、进行营利活动的,或者进行非法活动的,处三年以下有期徒刑或者拘役;挪用本单位资金数额巨大的,处三年以上七年以下有期徒刑;数额特别巨大的,处七年以上有期徒刑。

国有公司、企业或者其他国有单位中从事公务的人员和国有公司、企业或者其他国有单位委派到非国有公司、企业以及其他单位从事公务的人员有前款行为的,依照刑法第三百八十四条的规定定罪处罚。

有第一款行为,在提起公诉前将挪用的资金退还的,可以从轻或者减轻处罚。其中,犯罪较轻的,可以减轻或者免除处罚。

(37)对单位行贿罪(《中华人民共和国刑法》第三百九十一条)。

为谋取不正当利益,给予国家机关、国有公司、企业、事业单位、人民团体以财物的,或者在经济往来中,违反国家规定,给予各种名义的回扣、手续费的,处三年以下有期徒刑或者拘役,并处罚金;情节严重的,处三年以上七年以下有期徒刑,并处罚金。

单位犯前款罪的,对单位判处罚金,并对其直接负责的主管人员和其他直接责任人员,依照前款的规定处罚。

(38)单位行贿罪(《中华人民共和国刑法》第三百九十三条)。

单位为谋取不正当利益而行贿,或者违反国家规定,给予国家工作人员以回扣、手续费,情节严重的,对单位判处罚金,并对其直接负责的主管人员和其他直接责任人员,处三年以下有期徒刑或者拘役,并处罚金;情节特别严重的,处三年以上十年以下有期徒刑,并处罚金。因行贿取得的违法所得归个人所有的,依照刑法第三百八十九条、第三百九十条的规定定罪处罚。

(二)财务舞弊审计的国内法律规定

财务舞弊审计可能由不同的审计主体执行,审计主体在审计过程中要考虑《中华人民共和国注册会计师法》[①]、《中华人民共和国审计法》[②]和《审计署关于内部审计工作的规定》[③]等相关法律规定的要求。

1.《中华人民共和国注册会计师法》中关于财务舞弊审计的相关要求

注册会计师承办审查企业会计报表、出具审计报告的法定业务,在执行审计业务过程中要考虑对财务舞弊执行相关审计程序。

(1)注册会计师的审计业务范围。

注册会计师承办下列审计业务:

①审查企业会计报表,出具审计报告;

②验证企业资本,出具验资报告;

[①] 根据2014年8月31日第十二届全国人民代表大会常务委员会第十次会议《关于修改〈中华人民共和国保险法〉等五部法律的决定》修正。

[②] 根据2021年10月23日第十三届全国人民代表大会常务委员会第三十一次会议《关于修改〈中华人民共和国审计法〉的决定》第二次修正,自2022年1月1日起施行。

[③] 2018年1月12日审计署令第11号公布,自2018年3月1日起施行。

③办理企业合并、分立、清算事宜中的审计业务,出具有关的报告;

④法律、行政法规规定的其他审计业务。

注册会计师依法执行审计业务出具的报告,具有证明效力。

(2)注册会计师执行审计业务时的禁止行为。

注册会计师执行审计业务,必须按照执业准则、规则确定的工作程序出具报告。注册会计师执行审计业务出具报告时,不得有下列行为:

①明知委托人对重要事项的财务会计处理与国家有关规定相抵触,而不予指明;

②明知委托人的财务会计处理会直接损害报告使用人或者其他利害关系人的利益,而予以隐瞒或者作不实的报告;

③明知委托人的财务会计处理会导致报告使用人或者其他利害关系人产生重大误解,而不予指明;

④明知委托人的会计报表的重要事项有其他不实的内容,而不予指明。

对委托人有上述所列行为,注册会计师按照执业准则、规则应当知道的,适用上述规定。

注册会计师不得有下列行为:

①在执行审计业务期间,在法律、行政法规规定不得买卖被审计单位的股票、债券或者不得购买被审计单位或者个人的其他财产的期限内,买卖被审计单位的股票、债券或者购买被审计单位或者个人所拥有的其他财产;

②索取、收受委托合同约定以外的酬金或者其他财物,或者利用执行业务之便,谋取其他不正当的利益;

③接受委托催收债款;

④允许他人以本人名义执行业务;

⑤同时在两个或者两个以上的会计师事务所执行业务;

⑥对其能力进行广告宣传以招揽业务;

⑦违反法律、行政法规的其他行为。

(3)法律责任。

会计师事务所违反上述规定的,由省级以上人民政府财政部门给予警告,没收违法所得,可以并处违法所得一倍以上五倍以下的罚款;情节严重的,并可以由省级以上人民政府财政部门暂停其经营业务或者予以撤销。

注册会计师违反上述规定的,由省级以上人民政府财政部门给予警告;情节严重的,可以由省级以上人民政府财政部门暂停其执行业务或者吊销注册会计师证书。

会计师事务所、注册会计师违反上述规定,故意出具虚假的审计报告、验资报告,构成犯罪的,依法追究刑事责任。

2.《中华人民共和国审计法》中关于财务舞弊审计的相关要求

审计机关在针对不同审计业务时,要考虑对涉及财务舞弊行为的重大违法行为进行检查。

(1)审计机关的业务范围。

审计机关的审计业务范围包括以下方面:

①审计机关对本级各部门(含直属单位)和下级政府预算的执行情况和决算以及其他财政收支情况,进行审计监督。

②审计署在国务院总理领导下,对中央预算执行情况、决算草案以及其他财政收支情况进行审计监督,向国务院总理提出审计结果报告。地方各级审计机关分别在省长、自治区主席、市长、州长、县长、区长和上一级审计机关的领导下,对本级预算执行情况、决算草案以及其他财政收支情况进行审计监督,向本级人民政府和上一级审计机关提出审计结果报告。

③审计署对中央银行的财务收支,进行审计监督。

④审计机关对国家的事业组织和使用财政资金的其他事业组织的财务收支,进行审计监督。

⑤审计机关对国有企业、国有金融机构和国有资本占控股地位或者主导地位的企业、金融机构的资产、负债、损益以及其他财务收支情况,进行审计监督。遇有涉及国家财政金融重大利益情形,为维护国家经济安全,经国务院批准,审计署可以对上述规定以外的金融机构进行专项审计调查或者审计。

⑥审计机关对政府投资和以政府投资为主的建设项目的预算执行情况和决算,对其他关系国家利益和公共利益的重大公共工程项目的资金管理使用和建设运营情况,进行审计监督。

⑦审计机关对国有资源、国有资产,进行审计监督。审计机关对政府部门管理的和其他单位受政府委托管理的社会保险基金、全国社会保障基金、社会捐赠资金以及其他公共资金的财务收支,进行审计监督。

⑧审计机关对国际组织和外国政府援助、贷款项目的财务收支,进行审计监督。

⑨根据经批准的审计项目计划安排,审计机关可以对被审计单位贯彻落实国家重大经济社会政策措施情况进行审计监督。

⑩除《中华人民共和国审计法》规定的审计事项外,审计机关对其他法律、行政法规规定应当由审计机关进行审计的事项,依照《中华人民共和国审计法》和有关法律、行政法规的规定进行审计监督。

(2)审计机关的权限。

审计机关有权要求被审计单位按照审计机关的规定提供财务、会计资料以及与财政收支、财务收支有关的业务、管理等资料,包括电子数据和有关文档。被审计单位不得拒绝、拖延、谎报。被审计单位负责人应当对本单位提供资料的及时性、真实性和完整性负责。审计机关对取得的电子数据等资料进行综合分析,需要向被审计单位核实有关情况的,被审计单位应当予以配合。

审计机关进行审计时,有权检查被审计单位的财务、会计资料以及与财政收支、财务收支有关的业务、管理等资料和资产,有权检查被审计单位信息系统的安全性、可靠性、经济性,被审计单位不得拒绝。

审计机关进行审计时,有权就审计事项的有关问题向有关单位和个人进行调查,并取得有关证明材料。有关单位和个人应当支持、协助审计机关工作,如实向审计机关反映情况,提供有关证明材料。审计机关经县级以上人民政府审计机关负责人批准,有权查询被审计单位在金融机构的账户。

审计机关进行审计时,被审计单位不得转移、隐匿、篡改、毁弃财务、会计资料以及与财政收支、财务收支有关的业务、管理等资料,不得转移、隐匿、故意毁损所持有的违反国家规定取得的资产。审计机关对被审计单位违反上述规定的行为,有权予以制止;必要时,经县级以上人民政府审计机关负责人批准,有权封存有关资料和违反国家规定取得的资产。审计机关对被审计单位正在进行的违反国家规定的财政收支、财务收支行为,有权予以制止。

(3)法律责任。

被审计单位违反《中华人民共和国审计法》规定,拒绝、拖延提供与审计事项有关的资料的,或者提供的资料不真实、不完整的,或者拒绝、阻碍检查、调查、核实有关情况的,由审计机关责令改正,可以通报批评,给予警告;拒不改正的,依法追究法律责任。

被审计单位违反《中华人民共和国审计法》规定,转移、隐匿、篡改、毁弃财务、会计资料以及与财政收支、财务收支有关的业务、管理等资料,或者转移、隐匿、故意毁损所持有的违反国家规定取得的资产,审计机关认为对直接负责的主管人员和其他直接责任人员依法应当给予处分的,应当向被审计单位提出处理建议,或者移送监察机关和有关主管机关、单位处理,有关机关、单位应当将处理结果书面告知审计机关;构成犯罪的,依法追究刑事责任。

对本级各部门(含直属单位)和下级政府违反预算的行为或者其他违反国家规定的财政收支行为,审计机关、人民政府或者有关主管机关、单位在法定职权范围内,依照法律、行政法规的规定,区别情况采取下列处理措施:①责令限期缴纳应当上缴的款项;②责令限期退还被侵占的国有资产;③责令限期退还违法所得;④责令按照国家统一的财务、会计制度的有关规定进行处理;⑤其他处理措施。

审计人员滥用职权、徇私舞弊、玩忽职守或者泄露、向他人非法提供所知悉的国家秘密、工作秘密、商业秘密、个人隐私和个人信息的,依法给予处分;构成犯罪的,依法追究刑事责任。

3.《审计署关于内部审计工作的规定》中关于财务舞弊审计的相关要求

内部审计机构在执行内部审计过程中,涉及对财务舞弊行为的检查。

(1)内部审计机构的职责。

内部审计机构或者履行内部审计职责的内设机构应当按照国家有关规定和本单位的要求,履行下列职责:

①对本单位及所属单位贯彻落实国家重大政策措施情况进行审计;

②对本单位及所属单位发展规划、战略决策、重大措施以及年度业务计划执行情况进行审计;

③对本单位及所属单位财政财务收支进行审计;

④对本单位及所属单位固定资产投资项目进行审计;

⑤对本单位及所属单位的自然资源资产管理和生态环境保护责任的履行情况进行审计;

⑥对本单位及所属单位的境外机构、境外资产和境外经济活动进行审计;

⑦对本单位及所属单位经济管理和效益情况进行审计;

⑧对本单位及所属单位内部控制及风险管理情况进行审计;

⑨对本单位内部管理的领导人员履行经济责任情况进行审计;

⑩协助本单位主要负责人督促落实审计发现问题的整改工作;

⑪对本单位所属单位的内部审计工作进行指导、监督和管理;

⑫国家有关规定和本单位要求办理的其他事项。

(2)内部审计机构权限。

内部审计机构或者履行内部审计职责的内设机构应有下列权限:

①要求被审计单位按时报送发展规划、战略决策、重大措施、内部控制、风险管理、财政财务收支等有关资料(含相关电子数据,下同),以及必要的计算机技术文档;

②参加单位有关会议,召开与审计事项有关的会议;

③参与研究制定有关的规章制度,提出制定内部审计规章制度的建议;

④检查有关财政财务收支、经济活动、内部控制、风险管理的资料、文件和现场勘察实物;

⑤检查有关计算机系统及其电子数据和资料;

⑥就审计事项中的有关问题,向有关单位和个人开展调查和询问,取得相关证明材料;

⑦对正在进行的严重违法违规、严重损失浪费行为及时向单位主要负责人报告,经同意作出临时制止决定;

⑧对可能转移、隐匿、篡改、毁弃会计凭证、会计账簿、会计报表以及与经济活动有关的资料,经批准,有权予以暂时封存;

⑨提出纠正、处理违法违规行为的意见和改进管理、提高绩效的建议;

⑩对违法违规和造成损失浪费的被审计单位和人员,给予通报批评或者提出追究责任的建议;

⑪对严格遵守财经法规、经济效益显著、贡献突出的被审计单位和个人,可以向单位党组织、董事会(或者主要负责人)提出表彰建议。

(3)责任追究。

被审计单位有下列情形之一的,由单位党组织、董事会(或者主要负责人)责令改正,并对直接负责的主管人员和其他直接责任人员进行处理:

①拒绝接受或者不配合内部审计工作的;
②拒绝、拖延提供与内部审计事项有关的资料,或者提供资料不真实、不完整的;
③拒不纠正审计发现问题的;
④整改不力、屡审屡犯的;
⑤违反国家规定或者本单位内部规定的其他情形。

内部审计机构或者履行内部审计职责的内设机构和内部审计人员有下列情形之一的,由单位对直接负责的主管人员和其他直接责任人员进行处理;涉嫌犯罪的,移送司法机关依法追究刑事责任:

①未按有关法律法规、《审计署关于内部审计工作的规定》和内部审计职业规范实施审计导致应当发现的问题未被发现并造成严重后果的;
②隐瞒审计查出的问题或者提供虚假审计报告的;
③泄露国家秘密或者商业秘密的;
④利用职权谋取私利的;
⑤违反国家规定或者本单位内部规定的其他情形。

内部审计人员因履行职责受到打击、报复、陷害的,单位党组织、董事会(或者主要负责人)应当及时采取保护措施,并对相关责任人员进行处理;涉嫌犯罪的,移送司法机关依法追究刑事责任。

二、财务舞弊审计的国外法律规定

(一)美国的相关法律规定

美国作为全球金融市场的领导者,其财务舞弊审计法规体系非常完善,主要包括《萨班斯-奥克斯利法案》《多德-弗兰克法案》《SEC规则》这三个关键法规。这三个法规框架共同构成了美国防范财务舞弊的核心法律体系。其中,《萨班斯-奥克斯利法案》为整体框架和基本要求,《多德-弗兰克法案》针对金融行业的特殊问题,《SEC规则》提供了更详细的操作指南和执法依据。它们相互补充,形成了一个全面的财务舞弊防控体系。

这个体系不仅影响了美国国内的企业和审计实践,还对全球的财务报告和审计标准产生了深远影响。许多国家在制定本国法规时,都参考了美国的这些法律框架。

然而,这个体系也面临挑战,如合规成本高、可能抑制企业创新等。因此,监管机构需要在强化监管和维护市场活力之间寻找平衡。未来,随着新技术和新商业模式的出现,这些法规可能还需要进一步调整和完善。

1.《萨班斯-奥克斯利法案》

此法案于 2002 年颁布,是对安然、世界通信等重大财务舞弊案件的直接回应,旨在加强公司财务报告的准确性和可靠性,保护投资者利益。此法案的施行显著提高了财务报告的可靠性和透明度,增加了公司和审计师的合规成本,为其他国家的类似立法提供了模板。其主要内容如下:

(1)建立上市公司会计监督委员会,负责监管审计师;

(2)加强公司内部控制,要求管理层对财务报告内部控制进行评估和报告;

(3)要求 CEO 和 CFO 对财务报告的准确性和完整性进行认证;

(4)加强审计委员会的独立性和职责;

(5)提高对公司高管的问责制,加大对财务舞弊的处罚力度;

(6)要求审计师轮换和禁止提供某些非审计服务。

2.《多德-弗兰克法案》

此法案于 2010 年颁布,是对 2008 年金融危机的回应,旨在改革华尔街,保护消费者免受复杂金融产品的侵害。此法案的施行增加了金融机构的透明度和问责制,为识别和预防金融舞弊提供了新的工具。此法案中与财务舞弊审计相关的主要内容如下:

(1)加强对系统重要性金融机构的监管;

(2)要求对某些金融公司进行压力测试;

(3)建立举报人奖励计划,鼓励举报证券违法违规行为;

(4)要求公司披露 CEO 薪酬与中位数员工薪酬的比率;

(5)加强对信用评级机构的监管。

3.《SEC 规则》

此规则要求美国证券交易委员会持续制定和更新规则,以执行联邦证券法。《SEC 规则》为执法提供了具体的法律依据,并指导公司和审计师在财务报告和披露方面的具体行为。与财务舞弊审计相关的主要规则如下:

(1)规则 10b-5:禁止任何与证券交易相关的欺诈行为;

(2)规则 13a-15 和 15d-15:要求公司维持充分的披露控制和程序;

(3)规则 13a-14 和 15d-14:要求 CEO 和 CFO 认证季度和年度报告;

(4)规则 12b-20:要求披露必要的额外信息,以确保所需披露不具误导性;

(5)规则 13b2-2:禁止高管和董事对审计师作出虚假陈述或误导性陈述。

(二)欧盟的相关法律规定

欧盟第 8 号指令,又称为"法定审计指令",最初于 2006 年颁布,旨在提高财务报表审计质量,增强投资者信心。2014 年,欧盟对该指令进行了重大修订,以应对 2008 年全球金融危机后暴露的问题。它对财务舞弊审计的影响有：提高审计师独立性，降低舞弊风险，要求审计师更积极地识别和报告潜在舞弊，同时加强对审计质量的监管，有助于及时发现舞弊行为。该指令的施行提高了财务报告的可信度，增强了审计行业的独立性和专业性，但也增加了审计成本，对中小型审计事务所造成一定压力。相比美国《萨班斯-奥克斯利法案》，欧盟法规更注重平衡监管与市场效率，同时欧盟法规对审计师轮换的要求更为严格。

其主要内容如下：

1. 审计师独立性

(1)强化审计师轮换制度，要求公共利益实体每10年更换审计师。

(2)限制非审计服务，以减少利益冲突。

2. 审计质量

(1)引入更严格的质量控制标准。

(2)要求审计师对财务报表舞弊保持高度警惕。

3. 监管体系

(1)建立欧盟审计监管机构委员会，协调成员国间的审计监管。

(2)加强对跨境审计的监管。

4. 透明度要求

审计师需发布年度透明度报告，披露质量控制系统、独立性政策等信息。

5. 公共利益实体审计

对银行、保险公司等公共利益实体的审计提出更高要求。

(三)英国的相关法律规定

英国的《2006年公司法》(*Companies Act 2006*)和《2010年反贿赂法》(*Bribery Act 2010*)两个法案共同构建了更全面的公司治理和反舞弊法律框架，提高了公司管理层和审计师对财务舞弊的警惕性，促进了更严格的内部控制和合规文化的形成。它们的实施显著提高了企业对财务舞弊和贿赂风险的认识，促进了更严格的公司治理和内部控制体系的建立，但也挑战跨境执法的复杂性和对中小企业的合规压力。相比美国的《反海外腐败法》，英国反贿赂法的适用范围更广，不限于贿赂外国官员，同时其对公司的合规要求更为严格，强调预防性措施。

1.《2006年公司法》

《2006年公司法》是英国最全面的公司立法，旨在现代化和简化公司法。该法案整合并更新了之前的公司法规，对公司治理、董事责任和财务报告等方面进行了全面规定。《2006年公司法》通过加强董事责任，增加了舞弊行为的法律风险；提高了财务报告的透明度，有助于及时发现潜在舞弊；加强了审计师的独立性，提高了审计质量。该法中关于财务舞弊审计的主要内容如下：

(1)董事责任:明确规定了董事对公司财务报表的责任,并要求董事确保财务报表真实公允地反映公司状况;

(2)审计要求:规定了哪些公司需要进行法定审计,小型公司可以豁免审计,但必须满足特定条件;

(3)审计师独立性:强调了审计师的独立性要求,规定了审计师的任命、解聘和辞职程序;

(4)财务报告透明度:要求公司在年度报告中披露更多信息,包括董事薪酬报告。

2.《2010年反贿赂法》

该法案于2011年7月1日生效,是英国打击商业贿赂的里程碑式立法,旨在加强英国的反贿赂法律框架。此法案扩大了审计师需要关注的舞弊风险范围,特别是跨国公司的贿赂风险,要求审计师评估公司的反贿赂程序是否充分,并增加了对公司内部控制和合规程序的审计重要性。其主要内容如下。

(1)贿赂罪行定义:明确定义了行贿、受贿、贿赂外国公职人员等罪行;

(2)商业组织责任:引入"未能防止贿赂"的新罪行,要求商业组织采取适当程序防止贿赂;

(3)域外效力:该法案具有广泛的域外管辖权,适用于在英国境外发生的贿赂行为;

(4)惩罚措施:对个人和公司违法行为设置了严厉的刑事处罚,包括无上限罚款和监禁。

(四)日本的相关法律规定

《日本金融商品交易法》和《日本公司法》共同构建了更为完善的公司治理和财务监管体系,从内部控制和外部监督两个方面加强了对财务舞弊的防范,提高了公司管理层、审计师和股东对财务舞弊的警觉性。这些法律的实施,提高了日本上市公司的财务报告质量和可信度,改善了公司治理水平,增强了投资者信心,但实施成本高,特别是对中小企业造成负担。相比美国的《萨班斯-奥克斯利法案》,《日本金融商品交易法》的实施更为灵活,考虑了日本企业的特点,同时《日本公司法》在公司治理结构选择上提供了更多灵活性。

1.《日本金融商品交易法》

《日本金融商品交易法》2006年颁布,2008年全面实施,被称为《日本版萨班斯-奥克斯利法案》(J-SOX),旨在提高上市公司财务报告的可靠性和透明度。此法的实施增强了对内部控制的重视,有助于预防和及时发现舞弊;提高了财务报告频率,减少了财务舞弊的操作空间;同时加强了外部审计师的作用,提高了审计质量。其主要内容如下。

(1)内部控制报告制度:要求上市公司管理层评估并报告财务报告相关内部控制的有效性,需要外部审计师对内部控制报告进行审计;

(2)季度报告制度:引入季度财务报告要求,提高信息披露频率;

(3)罚则规定:对虚假陈述和内幕交易等违法行为加大处罚力度;

(4)公司治理要求:强化董事会和审计委员会的监督职责。

2.《日本公司法》

《日本公司法》2005年全面修订,2006年5月实施,旨在现代化公司治理结构,增强企业竞争力。此法的实施通过改善公司治理结构,减少了舞弊发生的机会;增强了股东监督权,有助于及时发现潜在舞弊行为;加强了对董事责任的追究,增加了舞弊行为的法律风险。其主要内容如下。

(1)公司治理结构:引入委员会设置公司制度,允许公司选择适合的治理结构;强化外部董事的作用。

(2)股东权利保护:增加股东提案权和代表诉讼权,改善少数股东权益保护措施。

(3)信息披露要求:加强对大股东和关联交易的披露要求。

(4)董事责任:明确规定董事对公司的忠实义务和善管注意义务。

复习思考题

1. 财务舞弊审计的职业道德规范有哪些?
2. 中国注册会计师审计准则中关于财务舞弊审计的规定有哪些?
3. 中国内部审计准则中关于财务舞弊审计的规定有哪些?
4. 《中华人民共和国国家审计准则》中关于财务舞弊审计的规定有哪些?
5. 《中华人民共和国会计法》中关于财务舞弊的法律责任的规定有哪些?
6. 《中华人民共和国刑法》中关于财务舞弊的法律责任的规定有哪些?
7. 《中华人民共和国注册会计师法》中关于财务舞弊审计的法律要求有哪些?
8. 《中华人民共和国审计法》中关于财务舞弊审计的法律要求有哪些?
9. 《审计署关于内部审计工作的规定》中关于财务舞弊审计的法律要求有哪些?
10. 财务舞弊审计的相关国际准则规范有哪些?主要内容包括什么?
11. 财务舞弊审计的相关国外法律规定有哪些?主要内容包括什么?

第三章
财务舞弊风险因素识别

学习目标

1. 掌握财务舞弊迹象的表现;
2. 掌握财务舞弊的手段;
3. 掌握财务舞弊的识别方法;
4. 掌握编制虚假财务报告的舞弊风险因素的分析方法;
5. 掌握侵占资产的舞弊风险因素的分析方法。

导入案例

出重拳严惩上市公司财务造假

财务造假问题,令人深恶痛绝。国务院办公厅 2021 年 8 月 23 日发布《国务院办公厅关于进一步规范财务审计秩序促进注册会计师行业健康发展的意见》,引发高度关注。

打击财务造假,监管力量要形成合力。在上市公司财务信息披露方面,证监部门是重要监管力量;在注册会计师和会计师事务所监管方面,财政部门挑大梁;在行业自律方面,注册会计师协会构成屏障。该文件要求,加强监管部门之间、政府部门和行业协会之间的沟通协作,强化信息共享,形成监管合力。也就是说,打击财务造假不能各自在一条线上单打独斗,而要群策群力,形成"一张网、一盘棋"。

打击财务造假,市场力量也要成为合力。财政部有关负责人指出,近年来发生的财务造假和审计失败案例,大部分涉及银行函证不实。银行函证是注册会计师审计的核心程序,对识别财务造假、防范审计风险起着至关重要的作用。该文件强调,要明确其他单位向注册会计师出具不实证明的法律责任。对财务造假说"不",应成为跨行业的共识与底线,要确保审计链条上每一环节都干干净净。

该文件还要求,合理区分财务造假的企业会计责任和会计师事务所审计责任。这意味着,一旦出现财务造假问题,不能一概而论地让审计机构"背锅"。实际上,公司治理层、管理层等多方都会影响财务报告结果,只靠审计环节来根除财务造假问题并不现实。

打击财务造假,有合力才有威力。只有立足全局,各环节严防死守,有关部门和机构都攥紧拳头一起出击,真正形成合力,才能让财务造假者感到"肉疼"。

资料来源:央视财经评论员.打击财务造假有合力才有威力[EB/OL].(2021-08-24)[2024-09-20]. http://m.news.cctv.com/2021/08/24/ARTIKB3biSZBkgDNeDVHLCLF210824.shtml.

案例思考

1. 如何引导注册会计师在面对企业财务造假压力时坚守职业操守?
2. 在财务舞弊风险因素识别中,如何明确企业会计责任和会计师事务所审计责任的边界?

第一节 财务舞弊迹象与手段

一、财务舞弊的迹象

财务舞弊的迹象包括会计记录中的差异、审计证据不一致或缺失、审计人员与管理层之间的关系紧张或异常、其他方面。

(一)会计记录中的差异

(1)对交易的记录不完整或不及时,或对交易的金额、会计期间、分类或被审计单位会计政策的记录不恰当;

(2)账户余额或交易缺乏证据支持或未经授权;

(3)在最后时间编制的对财务成果产生重大影响的调整分录;

(4)有证据表明员工对系统或记录的访问权限不符合其职权范围;

(5)向审计人员传递的有关舞弊指控的消息或投诉。

(二)审计证据不一致或缺失

(1)文件丢失;

(2)文件存在改动迹象;

(3)预期存在文件原件的情况下,仅能获取复印件或电子版本;

(4)调节表中包含无法解释的重大项目;

(5)资产负债表项目、财务趋势或重要财务比率或关系发生异常变动,例如,应收账款的增长比收入增长快;

(6)管理层或员工对审计人员的询问或实施分析程序的结果作出的答复或解释不一致、含糊不清或不合理;

(7)被审计单位的记录与询证函回函之间存在异常差异;

(8)应收账款记录中存在大量的贷方分录和其他调整;

(9)应收账款明细账与总账或客户对账单与应收账款明细账之间存在难以解释的或解释不当的差异;

(10)作废的支票或支票存根丢失或根本不存在,而通常情况下,被审计单位会对作废的支票或支票存根实施某些控制或存在其他支持性文件,例如,作废的支票与银行单据一起被退回至被审计单位,或者作废的支票存根上注明"作废"标记,或者作废的支票存根与作废的支票保存在一起;

(11)大额存货或实物资产丢失;

(12)难以获取电子证据或电子证据缺失(不符合被审计单位的记录保存惯例或政策);

(13)询证函回函数量低于或高于预期;

(14)无法为本期的系统变更和系统配置工作提供关键的系统开发、程序变更测试以及系统实施活动方面的证据。

(三)审计人员与管理层之间的关系紧张或异常

(1)管理层不允许审计人员接触可能提供审计证据的某些记录、设备、特定员工、客户、供应商或其他人员;

(2)管理层对解决复杂或有争议的问题施加不合理的时间限制;

(3)管理层对审计工作的开展表示不满,或威胁项目组成员,特别是有关审计人员对审计证据作出的关键评价或与管理层之间潜在意见分歧的解决等事项;

(4)被审计单位在向审计人员提供其要求的信息时发生不正常的拖延;

(5)管理层不愿意配合审计人员接触重要的电子文档,使其不能运用计算机辅助审计技术进行测试;

(6)管理层不允许审计人员接触关键的信息技术操作人员(包括系统安全、系统操作和系统开发人员)及设备;

(7)管理层不愿意对财务报表披露作出补充或修改,以使其更加完整、易懂;

(8)管理层不愿意及时处理已识别出的内部控制缺陷。

(四)其他方面

(1)管理层不愿意让审计人员与治理层单独会谈;

(2)会计政策似乎与行业惯例存在差异;

(3)会计估计变更频繁,且似乎并非由所处环境的变化所致;

(4)违反被审计单位行为守则的行为被容忍。

二、财务舞弊的手段

(一)财务报告舞弊的手段

编制虚假财务报告涉及为欺骗财务报表使用者而作出的故意错报(包括对财务报表金额

或披露的遗漏）。这可能是管理层通过操纵利润来影响财务报表使用者对被审计单位业绩和盈利能力的看法而造成的。此类利润操纵可能从一些小的行为，或对假设的不恰当调整和对管理层判断的不恰当改变开始。压力和动机可能使这些行为上升到编制虚假财务报告的程度。由于承受迎合市场预期的压力或追求以业绩为基础的个人报酬最大化，管理层可能故意通过编制存在重大错报的财务报表而导致虚假财务报告。在某些被审计单位，管理层可能有动机大幅降低利润以降低税负，或虚增利润以向银行融资。

管理层可能通过以下方式编制虚假财务报告：

(1)对编制财务报表所依据的会计记录或支持性文件进行操纵、弄虚作假(包括伪造)或篡改；

(2)在财务报表中错误表达或故意漏记事项、交易或其他重要信息；

(3)故意地错误使用与金额、分类或列报相关的会计原则。

编制虚假财务报告通常涉及管理层凌驾于控制之上，而这些控制却看似有效运行。

管理层通过凌驾于控制之上实施舞弊的手段主要包括：

(1)作出虚假会计分录，特别是在临近会计期末时，从而操纵经营成果或实现其他目的；

(2)不恰当地调整对账户余额作出估计时使用的假设和判断；

(3)在财务报表中漏记、提前或推迟确认报告期内发生的事项和交易；

(4)遗漏、掩盖或歪曲适用的财务报告编制基础要求的披露或为实现公允反映所需的披露；

(5)隐瞒可能影响财务报表金额的事实；

(6)构造复杂交易，以歪曲财务状况或经营成果；

(7)篡改与重大和异常交易相关的记录和条款。

(二)侵占资产舞弊的手段

侵占资产包括盗窃被审计单位资产，通常的做法是员工盗窃金额相对较小且不重要的资产。侵占资产也可能涉及管理层，他们通常更能够通过难以发现的手段掩饰或隐瞒侵占资产的行为。侵占资产可以通过以下方式实现：

(1)贪污收到的款项。例如，侵占收到的应收账款或将与已注销账户相关的收款转移至个人银行账户。

(2)盗窃实物资产或无形资产。例如，盗窃存货以自用或出售，盗窃废料以再销售，通过向被审计单位竞争者泄露技术资料与其串通以获取回报。

(3)使被审计单位对未收到的商品或未接受的劳务付款。例如，向虚构的供应商支付款项，供应商向采购人员提供回扣以作为其提高采购价格的回报，向虚构的员工支付工资。

(4)将被审计单位资产挪为私用。例如，将被审计单位的资产作为个人或关联方贷款的抵押。

侵占资产通常伴随着虚假或误导性的记录或文件,其目的是隐瞒资产丢失或未经适当授权而被抵押的事实。

表3-1列出了部分上市公司财务舞弊手段。

表3-1 国内外典型上市公司财务舞弊手段

公司名称	财务舞弊手段
安然公司	将负债转移到表外特殊目的的实体;将减少的资产销售给其控制的特殊目的实体来确认收入;进行循环交易,例如在确认销售收入和利润后将资产还给安然公司的交易;进行大量的其他关联方交易
东芝公司	公司在完工百分比法(例如合同成本的总金额低估、合同损失没有及时记录)、运营费用记录(例如通过操纵标准成本与实际成本之间的差额分配方法来操纵利润)、存货估值(例如延期记录运营费用)等方面采用不恰当的会计处理,在2008财年第二季度至2014财年第三季度总计虚报了2 248亿日元的税前利润
欣泰电气	欣泰电气通过外部借款、使用自有资金或伪造银行单据的方式虚构应收账款的收回,在年末、半年末等会计期末冲减应收款项(大部分在下一会计期期初冲回),致使其在向中国证监会报送的IPO(首次公开募股)申请文件中相关财务数据存在虚假记载
康美药业	通过仿造、变造增值税发票等方式虚增营业收入;通过财务不记账、虚假记账,伪造、变造大额定期存单或银行对账单,配合营业收入造假伪造回款等方式,虚增货币资金;将前期未纳入报表的6个工程项目纳入表内,虚增固定资产、在建工程、投资性房地产

备注:资料来源于证监会的相关处罚报告及财经类网站。

第二节 财务舞弊识别方法

一、红旗标志法

红旗标志法,也称舞弊风险因素法,是寻找和分析舞弊信号很重要的方法。该方法以一整套文字表达的方式,指出在这种条件下舞弊发生率会比较高,而标志是在总结以往舞弊的基础上得出的。阿尔布雷克特(Albrecht)和罗姆尼(Romney)通过问卷调查方式确定了一些财务报告舞弊的征兆。通过调查,他们研究了发现财务报告舞弊的注册会计师和未能发现财务报告舞弊的注册会计师对87个"红旗"的看法。结果表明:首席执行官特征、控制环境、过度复杂的公司结构和重大关联交易等,都是重要的红旗标志。而诸如公司经营业绩恶化等许多针对公司财务的指标,却并不显著,也并不可测。这是第一次实证检验财务报告舞弊红旗标志的研究。后期学者将红旗标志法应用于实证研究以及舞弊案例的研究,对财务舞弊中的红旗标志进行总结。

2002年7月31日中国注册会计师协会专门印发的《审计技术提示第1号——财务欺诈

风险》中提供了9大类54项财务欺诈风险,从财务稳定性、公司治理、内部控制等角度列示了导致公司舞弊的因素。这9大类财务舞弊因素包括:

(1)财务稳定性或盈利能力受到威胁;

(2)管理当局承受异常压力;

(3)管理当局受到个人经济利益驱使;

(4)特殊的行业或经营性质;

(5)特殊的交易或事项;

(6)公司治理缺陷;

(7)内部控制缺陷;

(8)管理当局态度不端或缺乏诚信;

(9)管理当局与注册会计师的关系异常或紧张。

2012年12月28日中国证监会在《关于做好首次公开发行股票公司2012年度财务报告专项检查工作的通知》(发行监管函〔2012〕551号)中列出12项粉饰业绩或财务造假信号:

(1)以自我交易的方式实现收入、利润的虚假增长。即首先通过虚构交易(例如,支付往来款项、购买原材料等)将大额资金转出,再将上述资金设法转入发行人客户,最终以销售交易的方式将资金转回。

(2)发行人或关联方与其客户或供应商以私下利益交换等方法进行恶意串通以实现收入、盈利的虚假增长。如直销模式下,与客户串通,通过期末集中发货提前确认收入,或放宽信用政策,以更长的信用周期换取收入增加;经销或加盟商模式下,加大经销商或加盟商铺货数量,提前确认收入等。

(3)关联方或其他利益相关方代发行人支付成本、费用或者采用无偿或不公允的交易价格向发行人提供经济资源。

(4)保荐机构及其关联方、PE(私募股权)投资机构及其关联方、PE投资机构的股东或实际控制人控制或投资的其他企业在申报期内最后一年与发行人发生大额交易从而导致发行人在申报期内最后一年收入、利润出现较大幅度增长。

(5)利用体外资金支付货款,少计原材料采购数量及金额,虚减当期成本,虚构利润。

(6)采用技术手段或其他方法指使关联方或其他法人、自然人冒充互联网或移动互联网客户与发行人(即互联网或移动互联网服务企业)进行交易以实现收入、盈利的虚假增长等。

(7)将本应计入当期成本、费用的支出混入存货、在建工程等资产项目的归集和分配过程以达到少计当期成本费用的目的。

(8)压低员工薪金,阶段性降低人工成本粉饰业绩。

(9)推迟正常经营管理所需费用开支,通过延迟成本费用发生期间,增加利润,粉饰报表。

(10)期末对欠款坏账、存货跌价等资产减值可能估计不足。

(11)推迟在建工程转固时间或外购固定资产达到预期可使用状态时间等,延迟固定资产开始计提折旧时间。

(12)其他可能导致公司财务信息披露失真、粉饰业绩或财务造假的情况。

此外,《2020年ACFE全球舞弊调查报告》显示,在职务舞弊行为被发现之前,舞弊实施者经常显示出某些特征,即红旗标志,至少有85%的案例中出现过一个红旗标志,有49%的案例中出现了多个红旗标志。识别舞弊实施者的红旗标志和舞弊行为所显示的行为线索可以帮助组织更有效地检测舞弊行为并最小化其损失。其中最常见的7个红旗标志是:生活方式与收入水平不相称,财务困难,与供应商或客户交往过密,个人职责范围不愿意别人介入,易怒猜忌或防御心强,一意孤行的态度,离婚或家庭问题。上述红旗标志遍布76%的舞弊案例中。舞弊实施者使用频率最高的4种隐匿方法是伪造物理文件、更改物理文件、更改电子文件、伪造电子文件。

二、财务报表分析法

财务报表分析是以财务报表资料及其他相关资料为依据,采用一系列专门的分析技术和方法,对企业等经济组织过去和现在有关筹资活动、投资活动、经营活动、分配活动的盈利能力、营运能力、偿债能力和增长能力状况等进行分析与评价的经济管理活动。审计人员通过对财务报表的分析,有助于识别虚假财务报告。霍华德·施利特(Howard Schilit)讨论了主要财务报表及相关内容,并提供了相应的财务报告舞弊警告信号,其包括资产负债表警告信号、利润表警告信号、现金流量表警告信号和叙述警告信号[①],具体如表3-2、表3-3和表3-4所示。

表3-2 资产负债表和利润表警告信号

序号	警告信号	存在的问题或潜在的骗术
1	现金和现金等价物占总资产比重下降	流动性问题,可能需要借款
2	应收账款增长速度远远超出销售的增长速度	收入确认可能过于激进——过早地记录收入或者放宽了客户支付条款
3	应收账款增长速度远低于销售增长速度	应收账款可能被重新归类为另一个资产类别
4	坏账准备相对于应收账款总额下降	储备不足,以及夸大运营收入
5	未收取的应收账款增长远远快于销售或已收取的应收账款增长	销售收入的更大部分可能来自完成比例法下的销售

---

① 施利特.财务骗术[M].吴谦立,译.上海:上海远东出版社,2003.

续表

序号	警告信号	存在的问题或潜在的骗术
6	库存增长速度远快于销售、销售成本以及应付账款的增长	库存可能已废弃,需要注销;公司可能对某些销售没有记录销售成本
7	库存储备相对于库存下降	储备不足,以及夸大营业运营收入
8	预付费用相比总资产急速上升	可能不恰当地将某些营运费用资本化
9	其他资产相对于总资产上升	可能不恰当地将某些营运费用资本化
10	厂房设备相对于总资产急速上升	可能不适当地将维修费用资本化
11	厂房设备相对于总资产急速下降	没有投资于新的厂房设备
12	厂房设备上升时,累计折旧却下降	没有支取足够的折旧费用——夸大运营收入
13	商誉相对于总资产上升	可能把有形资产重新归类为商誉,以避免将来作为费用
14	商誉上升时,累计的摊提却下降	没有支取足够的摊提费用——夸大运营收入
15	应付账款的增长远远快于销售增长	未来将需要更大的现金流出
16	应付费用相比总资产下降	公司可能释放准备金——夸大运营收入
17	销售收入上升时,递延收入下降	新增业务趋缓或者公司释放部分准备金夸大销售收入
18	销货成本相对于销售迅速增长	价格压力导致毛利率下降
19	销货成本相对于销售迅速下降	公司可能没有从库存中转移所有成本
20	销货成本相对于销售每一季度不断波动	不稳定的毛利率可能意味着会计违规
21	营运费用相对于销售急剧下降	可能不适当地将某些营运费用资本化
22	营运费用相对于销售显著上升	公司效率可能下降,每单位产品成本增加
23	税前收入的重要部分来自一次性所得	担心业务一蹶不振
24	利息费用相对于长期债务实质性上升	预计会有更大的现金流出
25	利息费用相对于长期债务实质性下降	可能不恰当地将某些营运费用资本化
26	软件成本的摊销增长低于资本化的成本	可能不恰当地将某些营运费用资本化

表 3-3 现金流量表警告信号

序号	警告信号	存在的问题或潜在的骗术
1	营业现金流实质性地落后于净收入	盈利数字质量堪忧或者营运资本费用过高
2	公司没有披露营业现金流的详情	公司可能试图隐瞒营业现金来源的问题
3	现金流入主要来源于资产出售、借贷以及新股发行	公司虚弱的表现,尤其是如果现金全部来源于资产出售、借贷以及新股发行

表 3-4 叙述警告信号:脚注、管理层讨论、代理书、审计师的信件

序号	警告信号	存在的问题或潜在的骗术
1	会计准则的变更	企图隐瞒营运问题
2	会计估计的变更	企图隐瞒营运问题
3	会计分类的变更	企图隐瞒营运问题
4	审计师的变更	有风险客户的标记
5	首席财务官或外部律师的变更	有风险客户的标记
6	美国证券交易委员会的调查	可能重新宣布会计结果
7	长期承诺与应急	现金储备潜在漏洞
8	现行或潜在的诉讼	现金储备潜在漏洞
9	自由的会计政策	财务报告可能夸大利润数字
10	误导的管理人员激励机制	可能导致财务报告舞弊以夸大利润、抬高奖金和股票价格
11	薄弱的监控环境	制造滥用财务骗术的机会
12	审计师的忧虑	有风险客户的标志
13	管理层急于推销自己	比低调的管理层更可能行骗
14	完成比例会计方法的使用	销售收入可能被夸大
15	寄出账单,但不急于收款	销售收入可能被夸大
16	过于依赖少部分客户	如果这些客户离开,将对业务造成冲击
17	主要客户的财务问题	主要客户破产,可能会对业务造成冲击
18	为客户融资筹款	销货收入夸大,业务可能比想象中的差
19	客户有权退货	可能过早记录销售收入
20	以物易物	销售收入可能被夸大
21	以股票权证向客户进行支付	销售收入可能被夸大
22	将利息或软件资本化	营业收入可能被夸大
23	没有记录的负债,如股票期权	未来的现金业务可能比想象中的要大,营业收入可能被夸大
24	违反债务契约	银行可能收回贷款,造成现金流枯竭
25	没有独立董事	薄弱的监控环境会制造管理层滥用财务骗术的机会
26	预先支付未来的营运费用	导致未来的运营收入被夸大

三、模型识别法

通过模型识别财务舞弊的方法包括单因素方差分析法、多元判别分析法、离散选择模型、神经网络混合模型、机器学习模型等。

(一)单因素方差分析法

该种方法首先考察舞弊公司和控制样本公司(正常的非舞弊公司,以下同)两个样本组的 11 个指标的欺诈期间与欺诈前一年的差额,并进行正负号的调整后,对舞弊公司来说使之变动方向一致,将各样本指标值转化为(0,1)二元变量,即将指标数值>0 的赋为 1,数值≤0 的赋为 0。其次,将各样本公司在指标系列中出现的正值进行加总,计为变量 n,对该变量在两个样本组间的分布差异进行方差分析,结果显示舞弊组公司在考察的指标系列中出现正值的次数在统计上显著大于正常组公司。在总体误判个数最低的前提下,选择一个 Ⅰ 型错判个数较小(即将会计舞弊公司误判为正常公司的次数)的 n 值作为识别财务报表舞弊的一个依据,大于该 n 值,判断为舞弊,反之为正常。总体准确率为 86%,Ⅰ 型错判率为 20%,Ⅱ 型(即将正常舞弊公司误判为会计舞弊公司的次数)错判率为 7%。

(二)多元判别分析(multivariate discriminant analysis,MDA)法

该方法通过若干指标建立多元回归模型,通过舞弊组公司和正常组公司的相关数据回归得出相关系数的估计值,根据两个样本组同类均值处的线性判别函数值的不同,找出判别点。如果一家公司相关指标数据代入判别模型,判别得分高于判别点的,说明存在财务报表舞弊嫌疑,小于判别点则说明这家公司不存在财务报表舞弊的行为。总体准确率为 70.1%,Ⅰ 型错判率为 33.3%,Ⅱ 型错判率为 26.5%。

(三)离散选择模型(discrete choice models,DCM)

1. 双值因变量的线性概率模型

它是普通线性回归的一种变形,其因变量 Y 是 0-1 型变量。该模型的数学表达式为

$$Y_i = \alpha + \beta X_i + \mu_i$$

式中,$Y_i=1$ 表示公司属于违约公司;$Y_i=0$ 表示公司属于非违约公司;$X_i=(X_{1i},X_{2i},\cdots,X_{ji})\in \mathbf{R}_j$,表示第 i 个样本公司各解释变量的取值;μ_i 表示相互独立且均值为零的随机变量;$\beta=(\beta_1,\beta_2,\cdots,\beta_j)\in \mathbf{R}_j$,表示解释变量对舞弊概率的影响水平;$\alpha$ 表示模型的常数项。

假设 $Y_i=1$ 的概率(即公司违约的概率)为 P_i,则 $Y_i=0$ 的概率(即公司不违约的概率)为 $1-P_i$,于是 $E(Y_i)=1\times P_i+0\times(1-P_i)=P_i$。

又因为 $E(Y_i)=0$,所以 $E(Y_i)=\alpha+\beta X_i$,于是可以把线性概率模型写成以下形式:

$$P_i = \begin{cases} \alpha+\beta X_i; & 0<\alpha+\beta X_i<1 \\ 1; & \alpha+\beta X_i \geq 1 \\ 0; & \alpha+\beta X_i \geq 1 \end{cases}$$

该模型同样也要选择一个判别点,如果一家公司的相关数据代入模型得到的数值大于判别点的说明有财务报表舞弊的嫌疑,否则判定为正常公司。线性概率模型的最大优点就是直观易懂,β_j度量了在保持其他因素不变的情况下,因素X_j的变化导致舞弊概率变化的幅度。β_j的绝对值越大,说明因素X_j在众多影响公司舞弊嫌疑的因素中所起的作用就越大。回判准确率为75.82%,预测准确率为66.67%。

2. 二元 logit 回归模型

该模型是现有文献中使用频率最高的判别模型。财务报告舞弊的识别模型表示如下：

$$P = e^Y/(1+e^Y)$$

$$Y = \alpha_0 + \alpha_1 X_1 + \alpha_2 X_2 + \cdots + \alpha_n X_n + \varepsilon$$

如果一家公司的财务数据代入该模型得出的P大于等于0.5,该公司被判别为舞弊公司,小于0.5则被判为正常公司。

3. 二元 probit 回归模型

贝内什(Beneish)以1987年至1993年间受美国证券交易委员会处罚的74家公司为会计舞弊样本,选用8个财务指标,建立probit回归预测模型,该模型准确率达到75%。他同时也指出了该模型的缺陷:财务数据的歪曲必须是产生于盈余管理而非其他因素;该模型只能鉴别增加收益的盈余管理,对于减少收益的行为则无能为力。

4. 贝叶斯判别法

李延喜等运用贝叶斯判别分析进行横向对比与分类判别,构建了利润操纵和无利润操纵两类分类识别模型。如果一个公司的被选指标计算后$Y_{利润操纵} > Y_{无利润操纵}$,则判定该公司具有利润操纵行为,否则为无利润操纵行为。模型的回代法的正确率为71.4%,交互验证法的正确率为68.6%。

5. 系统聚类分析法

系统聚类分析法先将数据标准化变换后各自成一类,然后每次将最相似的两类合并,合并后重新计算新类与其他类的欧式距离,一直持续到所有对象归为一类为止。

(四)神经网络混合模型

格林(Green)和崔(Choi)利用神经网络模型对财务欺诈进行聚类分析。他们使用三种不同的期望方法构建的模型分别为:单一百分比变化神经网络模型,普通年数总和平均权重神经网络模型,增量年数总和平均权重神经网络模型。第二种模型在混合样本中得到了最高的正确率。蔡志岳和吴世农将BP(反向传播)神经网络与遗传算法相结合,利用混合BP神经网络来识别舞弊。BP神经网络不需要确认自变量与因变量之间的关系是线性的还是非线性的,对变量的分布或彼此之间是否高度相关也无任何要求。混合BP神经网络模型的总体预测正确率和回判正确率都高于二元logit回归模型。

(五)机器学习模型

在基于机器学习的方法中,普拉达(Purda)等使用上市公司财务年报和临时报告的文本信息来区分欺诈报告和真实报告,利用基于文本的方法和 SVM(支持向量机)算法构建模型。实验结果表明,模型有助于识别财务舞弊,同时,在识别过程中,同一家公司之前的报告也会起到基准作用,从而也能够从一家公司发布的一系列报告中识别欺诈性报告。邦尼(El-Bannany)等使用 SVM、逻辑回归、决策树等算法,预测阿拉伯联合酋长国的公司可能发生的财务舞弊行为,结果表明,SVM 在准确率和 F1 分数上优于所有其他分类器。穆罕默德(Mohamed)在欧洲上市公司的财务欺诈数据集上,使用多种集成学习算法检测财务舞弊,包括随机森林、决策树、CatBoost 等算法,最终发现随机森林算法表现最好。

第三节 编制虚假财务报告的舞弊风险因素分析

一、编制虚假财务报告的动机因素分析

(一)财务稳定性或盈利能力受到威胁

财务稳定性或盈利能力受到经济环境、行业状况或被审计单位经营情况的威胁,体现在以下方面:

(1)竞争激烈或市场饱和,且伴随着利润率的下降;

(2)难以应对技术变革、产品过时、利率调整等因素的急剧变化;

(3)客户需求大幅下降,所在行业或总体经济环境中经营失败的情况增多;

(4)经营亏损使被审计单位可能破产、丧失抵押品赎回权或遭恶意收购;

(5)在财务报表显示盈利或利润增长的情况下,经营活动产生的现金流量经常出现负数,或经营活动不能产生现金流入;

(6)高速增长或具有异常的盈利能力,特别是在与同行业其他企业相比时;

(7)新发布的会计准则、法律法规或监管要求。

(二)管理层为满足第三方要求或预期而承受过度压力

管理层为满足第三方要求或预期而承受过度的压力,这些压力来源于以下方面:

(1)投资分析师、机构投资者、重要债权人或其他外部人士对盈利能力或增长趋势存在预期(特别是过分激进的或不切实际的预期),包括管理层在过于乐观的新闻报道和年报信息中作出的预期;

(2)需要进行额外的举债或权益融资以保持竞争力,包括为重大研发项目或资本性支出融资;

(3)满足交易所的上市要求、偿债要求或其他债务合同要求的能力较弱;

(4)报告较差财务成果将对正在进行的重大交易(如企业合并或签订合同)产生可察觉的

或实际的不利影响；

(5)上市公司控股股东存在股权质押；

(6)面临实现对赌协议的业绩承诺。

(三)管理层或治理层的个人财务状况受到被审计单位财务业绩的影响

获取的信息表明，由于下列原因，管理层或治理层的个人财务状况受到被审计单位财务业绩的影响：

(1)在被审计单位中拥有重大经济利益；

(2)其报酬中有相当一部分(如奖金、股票期权、基于盈利能力的支付计划)取决于被审计单位能否实现激进的目标(如在股价、经营成果、财务状况或现金流量方面)；

(3)个人为被审计单位的债务提供了担保；

(4)管理层或经营者为实现治理层制定的财务目标(包括销售收入或盈利能力等激励目标)而承受过度的压力。

二、编制虚假财务报告的机会因素分析

(一)被审计单位所在行业或其业务的性质提供舞弊机会

被审计单位所在行业或其业务的性质为编制虚假财务报告提供了机会，这种机会可能来源于以下几个方面：

(1)从事超出正常经营过程的重大关联方交易，或者与未经审计或由其他会计师事务所审计的关联企业进行重大交易；

(2)被审计单位具有强大的财务实力或能力，使其在特定行业中处于主导地位，能够对与供应商或客户签订的条款或条件作出强制规定，从而可能导致不适当或不公允的交易；

(3)资产、负债、收入或费用建立在重大估计的基础上，这些估计涉及主观判断或不确定性，难以印证；

(4)从事重大、异常或高度复杂的交易(特别是临近期末发生的复杂交易，对该交易是否按照"实质重于形式"原则处理存在疑问)；

(5)在经济环境及文化背景不同的国家或地区从事重大经营或重大跨境经营；

(6)利用商业中介，而此项安排似乎不具有明确的商业理由；

(7)在属于"避税天堂"的国家或地区开立重要银行账户或者设立子公司或分公司进行经营，而此类安排似乎不具有明确的商业理由。

(二)管理层监督失效提供舞弊机会

对管理层的监督由于以下原因失效：

(1)管理层由一人或少数人控制(在非业主管理的实体中)，且缺乏补偿性控制；

(2)治理层对财务报告过程和内部控制实施的监督无效。

(三)组织结构复杂或不稳定提供舞弊机会

组织结构复杂或不稳定,体现在以下几个方面:

(1)难以确定对被审计单位持有控制性权益的组织或个人;

(2)组织结构过于复杂,存在异常的法律实体或管理层级;

(3)高级管理人员、法律顾问或治理层频繁更换。

(四)内部控制缺陷提供舞弊机会

内部控制由于以下原因存在控制缺陷:

(1)被审计单位对内部控制体系的监督工作不充分,包括自动化控制以及针对中期财务报告(如要求对外报告)的控制;

(2)由于会计人员、内部审计人员或信息技术人员不能胜任而频繁更换;

(3)会计系统和信息系统无效,包括内部控制存在值得关注的缺陷的情况。

三、编制虚假财务报告的借口因素分析

编制虚假财务报告的借口因素包括以下方面:

(1)管理层未能有效地传递、执行、支持或贯彻被审计单位的价值观或道德标准,或传递了不适当的价值观或道德标准;

(2)非财务管理人员过度参与或过于关注会计政策的选择或重大会计估计的确定;

(3)被审计单位、高级管理人员或治理层存在违反证券法或其他法律法规的历史记录,或者由于舞弊或违反法律法规而被指控;

(4)管理层过于关注保持或提高被审计单位的股票价格或利润趋势;

(5)管理层向分析师、债权人或其他第三方承诺实现激进的或不切实际的预期;

(6)管理层未能及时纠正发现的值得关注的内部控制缺陷;

(7)为了避税的目的,管理层表现出有意通过使用不适当的方法使报告利润最小化;

(8)高级管理人员缺乏士气;

(9)业主兼经理未对个人事务与公司业务进行区分;

(10)股东人数有限的被审计单位股东之间存在争议;

(11)管理层总是试图基于重要性原则解释处于临界水平的或不适当的会计处理;

(12)管理层与现任或前任注册会计师之间的关系紧张,表现为以下几个方面:

①在会计、审计或报告事项上经常与现任或前任注册会计师产生争议;

②对注册会计师提出不合理的要求,如对完成审计工作或出具审计报告提出不合理的时间限制;

③对注册会计师接触某些人员、信息或与治理层进行有效沟通施加不适当的限制;

④管理层对注册会计师表现出盛气凌人的态度,特别是试图影响注册会计师的工作范围,或者影响对执行审计业务的人员或被咨询人员的选择和保持。

第四节 侵占资产的舞弊风险因素分析

根据舞弊发生时通常存在的三种情况,与侵占资产导致的错报相关的舞弊风险因素也分为三类:动机或压力、机会、态度或借口。当发生侵占资产导致的错报时,企业可能同时存在一些与编制虚假财务报告导致的错报相关的舞弊风险因素。例如,当存在编制虚假财务报告或侵占资产导致的错报时,企业可能存在对管理层的监督失效以及其他内部控制缺陷的情况。以下列示了与侵占资产导致的错报相关的舞弊风险因素。

一、侵占资产舞弊的动机因素分析

侵占资产的动机因素主要包括以下两个方面:

(1)如果接触现金或其他易被侵占(通过盗窃)资产的管理层或员工负有个人债务,可能会产生侵占这些资产的压力;

(2)接触现金或其他易被盗窃资产的员工与被审计单位之间存在的紧张关系可能促使这些员工侵占资产。例如,以下几种情形可能产生紧张关系:

①已知或预期会发生裁员;

②近期或预期员工报酬或福利计划会发生变动;

③晋升、报酬或其他奖励与预期不符。

二、侵占资产舞弊的机会因素分析

(一)资产的某些特性或特定情形增加侵占机会

资产的某些特性或特定情形可能增加其被侵占的可能性。例如,当存在下列资产时,其被侵占的机会将增加:

(1)持有或处理大额现金;

(2)体积小、价值高或需求较大的存货;

(3)易于转手的资产,如无记名债券、钻石或计算机芯片;

(4)体积小、易于销售或不易识别所有权归属的固定资产。

(二)与资产相关的不恰当的控制增加侵占机会

与资产相关的不恰当的控制可能增加资产被侵占的可能性。例如,以下情形可能导致资产被侵占:

(1)职责分离或独立审核不充分;

(2)对高级管理人员的支出(如差旅费及其他报销费用)监督不足;

(3)管理层对负责保管资产的员工监管不足(如对保管处于偏远地区的资产的员工监管不足);

(4)对接触资产的员工选聘不严格;

(5)对资产的记录不充分;

(6)交易(如采购)的授权及批准制度不健全;

(7)现金、投资、存货或固定资产等的实物保管措施不充分;

(8)未对资产作出完整、及时的核对调节;

(9)未对交易作出及时、适当的记录(如销货退回未作冲销处理);

(10)对处于关键控制岗位的员工未实行强制休假制度;

(11)管理层对信息技术缺乏了解,从而使信息技术人员有机会侵占资产;

(12)对自动生成的记录的访问控制(包括对计算机系统日志的控制和复核)不充分。

三、侵占资产舞弊的借口因素分析

侵占资产舞弊的借口因素包括以下方面:

(1)忽视监控或降低与侵占资产相关的风险的必要性;

(2)忽视与侵占资产相关的控制,如凌驾于现有的控制之上或未对已知的内部控制缺陷采取适当的补救措施;

(3)被审计单位人员的行为表明其对被审计单位感到不满,或对被审计单位对待员工的态度感到不满;

(4)被审计单位人员在行为或生活方式方面发生的变化可能表明资产已被侵占;

(5)容忍小额盗窃资产的行为。

复习思考题

1. 财务舞弊的迹象有哪些?
2. 编制虚假财务报告的手段有哪些?
3. 侵占资产的手段有哪些?
4. 如何使用红旗标志法识别财务舞弊?
5. 如何使用财务报表分析法识别财务舞弊?
6. 识别财务舞弊的典型模型有哪些?
7. 编制虚假财务报告的动机因素有哪些?
8. 编制虚假财务报告的机会因素有哪些?
9. 编制虚假财务报告的借口因素有哪些?
10. 侵占资产舞弊的动机因素有哪些?
11. 侵占资产舞弊的机会因素有哪些?
12. 侵占资产舞弊的借口因素有哪些?

第四章
财务舞弊审计的基本流程及技术策略

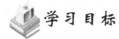

学习目标

1. 掌握财务舞弊审计的基本流程；
2. 掌握财务舞弊审计的通用策略；
3. 掌握财务报告舞弊审计的具体措施；
4. 掌握侵占资产舞弊审计的具体措施。

导入案例

依法整治财务审计秩序

改革开放以来，我国注册会计师行业规模不断扩大，服务范围不断拓展，行业发展总体向好，在维护资本市场秩序和社会公众利益、提升会计信息质量和经济效率等方面发挥了重要作用，但同时也存在会计师事务所"看门人"职责履行不到位、行业监管和执法力度不足等问题，企业财务会计信息失真、上市公司财务造假等现象时有发生。2021年8月23日，国务院办公厅印发的《国务院办公厅关于进一步规范财务审计秩序促进注册会计师行业健康发展的意见》中专门提出依法整治财务审计秩序的相关意见。

依法加强从事证券业务的会计师事务所监管。行业主管部门严格履行职责，充实财会监督检查力量，推动形成专业化执法检查机制，对从事证券业务的会计师事务所开展有效日常监管。出台会计师事务所监督检查办法，突出检查重点，提高检查频次，严格处理处罚，建立自查自纠报告机制，强化会计师事务所责任。完善相关部门对从事证券业务的会计师事务所监管的协作机制，加强统筹协调，形成监管合力，对会计师事务所和上市公司从严监管，依法追究财务造假的审计责任、会计责任。加强财会监督大数据分析，对财务造假进行精准打击。

严肃查处违法违规行为并曝光典型案例。上下联动、依法整治各类违法违规行为，特别是针对当前行业内较为突出的会计师事务所无证经营、注册会计师挂名执业、网络售卖审计报告、超出胜任能力执业、泄露传播涉密敏感信息等,坚决纠正会计师事务所串通舞弊、丧失独立性等违反职业规范和道德规范的重大问题。梳理一批财务会计领域违法违规典型案件,形成各部门共同行动清单,区分不同情况依法依规严肃处理,坚决做到"零容忍",对影响恶劣的重大案件从严从重处罚,对违法违规者形成有效震慑。加大典型案例曝光力度,对全社会、全行业形成警示。

资料来源:国务院办公厅. 国务院办公厅发布关于进一步规范财务审计秩序促进注册会计师行业健康发展的意见:国办发〔2021〕30号[A/OL]. (2021-08-23)[2024-09-10]. https://www.gov.cn/zhengce/zhengceku/2021-08/23/content_5632714.htm.

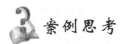
案例思考

1. 如何确保会计师事务所在审计过程中保持独立性,避免利益冲突?
2. 如何有效利用大数据技术来增强对会计师事务所和上市公司的监管?

第一节 财务舞弊审计的基本流程

企业的财务舞弊审计可以委托内部审计部门实施,也可以委托社会审计中的第三方独立审计机构实施。财务舞弊审计的基本流程包括审计计划、审计准备、审计实施、审计报告和审计整改,具体如图4-1所示。内部审计部门或第三方独立审计机构在实施财务舞弊审计的过程中,要对委托方(包括治理层等)负责,将审计报告及整改结果向委托方(包括治理层等)进行报告。

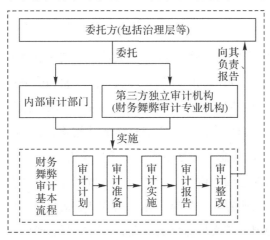

图4-1 财务舞弊审计的基本流程

一、审计计划阶段

审计计划,是指审计人员为完成财务舞弊审计业务,达到预期的审计目的,对审计工作或者具体审计项目作出的安排。审计项目负责人应当根据被审计单位的下列情况,编制财务舞弊项目审计方案：①业务活动概况；②内部控制、风险管理体系的设计及运行情况；③财务、会计资料；④重要的合同、协议及会议记录；⑤上次审计结论、建议及后续审计情况；⑥上次外部审计的审计意见；⑦其他与项目审计方案有关的重要情况。项目审计方案应当包括下列基本内容：①被审计单位、项目的名称；②审计目标和范围；③审计内容和重点；④审计程序和方法；⑤审计组成员的组成及分工；⑥审计起止日期；⑦对专家和外部审计工作结果的利用；⑧其他有关内容。

二、审计准备阶段

在审计准备阶段，审计人员要为财务舞弊审计项目的具体实施准备所需的条件。一是开展审前调查。通过现场查看、面谈交流、资料分析、书面描述、分析程序等方法总体把握财务舞弊审计项目的基本情况，预先判断企业发生舞弊的可能性。二是明确审计内容和范围。在审前调查的基础上，结合被审计单位现状等，确定具体项目的审计内容和审计范围。三是确定审计的开展方式。结合审计资源的投入情况、审计工具的使用情况和审计专业能力情况，灵活选择专项审计方式、持续审计方式或在其他审计项目中协同开展财务舞弊审计的方式。四是确认内外部资源支持情况。对开展财务舞弊审计所需的人力资源、财务资源、技术资源以及外部专家资源等的准备情况进行确认，以确保审计工作的顺利开展。此外，在委托第三方独立审计机构审计时，被审计单位应为第三方独立审计机构开展财务舞弊审计提供所必需的工作条件和权限，确保第三方独立审计机构能够顺利开展审计工作。

三、审计实施阶段

(一)项目组讨论

项目组内部讨论的内容可能包括：①项目组成员认为财务报表（包括单一报表及披露）易于发生舞弊导致的重大错报的方式和领域、管理层可能编制和隐瞒虚假财务报告的方式，以及侵占资产的方式等；②可能表明管理层操纵利润的迹象，以及管理层可能采取的导致虚假财务报告的利润操纵手段；③管理层企图通过晦涩难懂的披露使披露事项无法得到正确理解的风险（例如，包含太多不重要的信息或使用不清晰或模糊的语言）；④已知悉的对被审计单位产生影响的外部和内部因素，这些因素可能产生动机或压力使管理层或其他人员实施舞弊，可能提供实施舞弊的机会，可能表明存在为舞弊行为寻找借口的文化或环境；⑤对接触现金或其他易被侵占资产的员工，管理层对其实施监督的情况；⑥注意到的管理层或员工在行为或生活方式上出现的异常或无法解释的变化；⑦强调在整个审计过程中对舞弊导致重大错报的可能性保持适当关注的重要性；⑧遇到的哪些情形可能表明存在舞弊；⑨如何在拟实施审计程序的性质、时间安排和范围中增加不可预见性；⑩为应对舞弊导致财务报表发生重大错报的可能性而选择实施的审计程序，以及特定类型的审计程序是否比其他审计程序更为有效；⑪审计人员注意到的舞弊指控；⑫管理层凌驾于控制之上的风险。

(二)实施风险评估程序

1. 询问管理层

管理层对内部控制和财务报表的编制承担责任。因此,审计人员向管理层询问其对舞弊风险及旨在防止和发现舞弊的控制的自我评估是恰当的。管理层对上述风险和控制所作评估的性质、范围和频率可能因被审计单位的不同而不同。在某些被审计单位,管理层可能每年进行详细的评估,或将评估作为持续监督的一部分。而在其他一些被审计单位,管理层的评估可能并不十分正式或频繁。管理层评估的性质、范围和频率与审计人员对被审计单位内部环境的了解相关。例如,管理层没有对舞弊风险作出评估,在某些情况下可能意味着管理层对内部控制缺乏重视,对小型被审计单位存在特殊考虑。在某些被审计单位,尤其是小型被审计单位,管理层评估的重点可能是员工舞弊或侵占资产的风险。在拥有多处经营地点的被审计单位,管理层的识别和应对过程可能包括对各经营地点或业务分部的不同程度的监督,管理层可能已经识别出可能存在较高舞弊风险的经营地点或业务分部。

2. 询问被审计单位内部的其他人员

审计人员通过询问管理层可以获取有关员工舞弊导致的财务报表重大错报风险的有用信息。然而,这种询问难以获取有关管理层舞弊导致的财务报表重大错报风险的有用信息。询问被审计单位内部的其他人员可以为这些人员提供机会,使他们能够向审计人员传递一些信息,而这些信息是他们本没有机会与其他人沟通的。审计人员可以就是否存在或可能存在舞弊,直接询问被审计单位内部管理层以外的下列其他人员:①不直接参与财务报告过程的业务人员;②拥有不同级别权限的人员;③参与生成、处理或记录复杂或异常交易的人员及对其进行监督的人员;④内部法律顾问;⑤负责道德事务的主管人员或承担类似职责的人员;⑥负责处理舞弊指控的人员。管理层通常最有条件实施舞弊。因此,在保持职业怀疑评价管理层对询问作出的答复时,审计人员可能认为有必要通过其他信息印证管理层的答复。

3. 询问内部审计人员

在针对舞弊执行审计程序时,审计人员可以询问内部审计的特定活动,例如,内部审计在本期实施的旨在发现舞弊的程序(如有),管理层是否对实施内部审计程序的结果采取了令人满意的应对措施。

4. 了解治理层实施的监督

治理层负责监督被审计单位为监控风险、进行财务控制和遵守法律法规而建立的系统。在许多国家或地区,公司治理实务较为健全,治理层在监督被审计单位对舞弊风险以及应对这些风险的控制的评估中发挥着积极的作用。由于治理层和管理层的责任可能因被审计单位及其所在国家或地区的不同而不同,审计人员了解治理层和管理层各自的责任是很重要的,这样才能了解适当人员所实施的监督。了解治理层实施的监督,可能有助于审计人员了解被审计单位发生管理层舞弊的可能性、应对舞弊风险的控制的充分性以及管理层的胜任能力和诚信程度。审计人员可以通过多种方式进行了解，如参加讨论此类问题的会议、阅读上述会议的会议纪要或询问治理层等。

(三)评价财务舞弊风险因素

舞弊通常都很隐蔽，因而发现舞弊非常困难。然而，审计人员可能识别出表明实施舞弊的动机或压力，或者为实施舞弊提供机会的事项或情况(舞弊风险因素)，例如：为满足第三方的预期以获得额外的权益性融资，可能产生实施舞弊的压力；如果达到不切实际的利润目标可以获得大额奖金，可能产生实施舞弊的动机；无效的内部环境可能产生实施舞弊的机会。舞弊风险因素不能简单地按重要性排序，舞弊风险因素的重要性差别很大。有的舞弊风险因素虽然存在于被审计单位，但特定条件没有表明存在重大错报风险。因此，确定舞弊风险因素是否存在以及是否在评估舞弊导致的财务报表重大错报风险时予以考虑，需要审计人员运用职业判断。根据舞弊存在时通常伴随着的三种情况，这些风险因素可以分为以下三类：实施舞弊的动机或压力，实施舞弊的机会，为舞弊行为寻找借口的能力。在不考虑控制的情况下，舞弊风险因素可能与导致易于发生错报的情况所产生的动机、压力或机会有关。舞弊风险因素(包括故意的管理层偏向)属于固有风险因素。舞弊风险因素还可能与被审计单位内部控制体系的情况有关，这些情况为实施舞弊提供了机会，也可能影响管理层的态度或管理层为舞弊行为寻找借口的能力。为舞弊行为寻找借口的舞弊风险因素，可能不容易被审计人员发现。然而，审计人员可以通过了解被审计单位的内部环境等方面的工作，注意到这些信息的存在。

被审计单位的规模、复杂程度和所有权特征对考虑相关舞弊风险因素具有重大影响。大型被审计单位可能存在一些用以约束管理层不当行为的因素，例如，治理层的有效监督，有效的内部审计，书面的行为守则且该守则能够得到执行。此外，将业务分部层面考虑的舞弊风险因素与被审计单位整体层面考虑的舞弊风险因素相比较，可能会产生不同的看法。对小型被审计单位，上述部分或全部考虑因素可能并不适用，或相关性较小。例如，小型被审计单位可能没有书面的行为守则，但可能通过口头交流或管理者示范作用建立一种重视诚信和道德行为的文化氛围。小型被审计单位的管理层由一人掌控，但这本身并不意味着管理者未能展示和传达对内部控制和财务报告过程的恰当态度。在某些被审计单位，对管理者授权的要求可以弥补内部控制其他方面的缺陷，并能降低员工舞弊的风险。然而，个人掌控的管理层可能存在管理层凌驾于控制之上的机会，因而可能构成内部控制的潜在缺陷。

(四)实施各类舞弊检查方法

在审计实施阶段，为确保审计目标的实现，审计人员可综合使用多种审计方法，包括审阅、访谈、内部控制评价、分析程序等。

1. 审阅

通过文件审阅，审计人员可获得书面证据。对所获得的书面证据，审计人员必须确保其真实可靠,因而需要审查这些书面证据是否被涂改,签名是否绝对真实,书信是否被拆封,等等。对由被调查者所提供的正式文件,审计人员务必明确文件是何人所做,文件是否经某些人的授意所做,审计人员获得文件的途径对文件的效力是否有影响,文件由谁打印,对电脑文件还要明确是否有其他人使用过电脑,等等。

2. 访谈

审计人员要具有巧妙地对被调查者提问的技巧,能够合理地、有针对性地设计要提出的问题,并设法从被询问者口中得到需要的信息。舞弊易于掩盖,但并不意味着没有线索,审计人员通过询问很可能发现线索。由于调查舞弊是一个比较敏感的话题,因此审计人员应把握好询问的时机。审计人员应在和被审计单位有关人员建立了一定程度的熟悉和友善关系之后开始询问程序,一开始问轻松的问题,然后逐渐询问"敏感"的问题,并将询问过程和结果记录于审计工作底稿。由于许多舞弊者是被审计单位的高级管理人员,因此,审计人员就被审计单位可能存在的舞弊进行审计时,应当重点询问管理当局、审计委员会、内部审计部门以及关键管理人员。此外,审计人员还应询问公司的法律顾问、工程师、仓库保管人员、装运人员和刚离职的人员等。

3. 内部控制评价

在财务舞弊审计中,审计人员可以对组织内部控制设计和运行的有效性进行审查和评价。内部控制评价应当以风险评估为基础,根据风险发生的可能性和对组织单个或者整体控制目标造成的影响程度,确定审计的范围和重点。在对内部控制全面评价的基础上,审计人员应关注重要业务单位、重大业务事项和高风险领域的内部控制。在内部控制评价过程中,审计人员应当关注串通舞弊、滥用职权、环境变化和成本效益等内部控制的局限性。

4. 分析程序

审计人员在财务舞弊审计过程中可综合使用财务信息和非财务信息、实物信息和货币信息、电子数据信息和非电子数据信息、绝对数信息和相对数信息。分析内容包括:①将当期信息与历史信息相比较,分析其波动情况及发展趋势;②将当期信息与预测、计划或者预算信息相比较,并作差异分析;③将当期信息与内部审计人员预期信息相比较,分析差异;④将被审计单位信息与组织其他部门类似信息相比较,分析差异;⑤将被审计单位信息与行业相关信息相比较,分析差异;⑥对财务信息与非财务信息之间的关系、比率进行计算与分析;⑦对重要信息内部组成因素的关系、比率进行计算与分析。执行分析程序发现差异时,审计人员应当采用下列方法对其进行调查和评价:①询问管理层获取其解释和答复;②实施必要的审计程序,确认管理层解释和答复的合理性与可靠性;③如果管理层没有作出恰当解释,应当扩大审计范围,执行其他审计程序,实施进一步审查,以便得出审计结论。

(五)与管理层和治理层的沟通

当审计人员已获取的证据表明存在或可能存在舞弊时,尽快提请适当层级的管理层关注这一事项是很重要的。即使该事项(如被审计单位组织结构中处于较低职位的员工挪用小额公款)可能被认为不重要,审计人员也应当这样做。审计人员在确定拟沟通的适当层级的管理层时,需要运用职业判断,并且这一决定受串通舞弊的可能性、舞弊嫌疑的性质和重要程度等事项的影响。通常情况下,适当层级的管理层至少要比涉嫌舞弊的人员高出一个级别。

在某些国家或地区,法律法规可能限制审计人员就某些事项与管理层和治理层沟通。法律法规可能明确禁止那些可能不利于适当机构对发生的或怀疑存在的违法行为进行调查的沟通或其他行动(包括引起被审计单位的警觉),例如,当依据反洗钱法令,审计人员被要求向适当机构报告识别出的或怀疑存在的违反法律法规行为时。在这些情形下,审计人员考虑的问题可能是复杂的,并可能认为征询法律意见是适当的。

四、审计报告阶段

在审计报告阶段,审计机构应在与被审计单位进行问题沟通、意见反馈的基础上,出具正式审计报告。鉴于财务舞弊审计的特殊性,除了与专业部门沟通外,审计机构还需与法务部门、合规部门、舆情部门等部门进行沟通,确认是否符合实际情况。正式审计报告的内容通常包括审计概况、审计依据、审计结论、审计发现、审计意见和审计建议。

五、审计整改阶段

审计整改阶段是审计闭环管理的最后环节,对跟踪审计发现问题和落实审计意见执行具有监督作用。审计人员要确认财务舞弊审计问题的整改情况,重点关注是否对相关业务、运营、管理等活动存在的控制缺陷进行整改,是否优化业务处理流程和操作,是否完善管理制度等,以确认审计整改是否达到预期效果。在委托第三方独立审计机构时,委托方(治理层等)等相关方可就审计整改结果与第三方独立审计机构进行沟通,征求第三方独立审计机构的意见。

第二节 财务舞弊审计的技术策略

一、财务舞弊审计的通用策略

财务舞弊审计的通用策略包括以下策略:

(1)出其不意地或在没有预先通知的情况下进行实地查看或执行特定测试。例如,在没有预先通知的情况下观察某些存放地点的存货,或出其不意地在特定日期对现金进行盘点。

(2)要求在报告期末或尽可能接近期末的时点实施存货盘点,以降低被审计单位在盘点完成日与报告期末之间操纵存货余额的风险。

(3)改变审计方案。例如,在发出书面询证函的同时口头联系主要的客户及供应商,或者向某一组织中的特定人员发出询证函,或者寻求更多或不同的信息。

(4)详细复核被审计单位季末或年末的调整分录,并对在性质或金额方面表现异常的分录进行调查。

(5)对于重大且异常的交易,尤其是期末或临近期末发生的交易,调查其涉及关联方的可能性,以及支持交易的财务资源的来源。

(6)使用分解的数据实施实质性分析程序。例如,按地区、产品线或月份将销售收入和销售成本与审计人员的预期进行比较。

(7)询问涉及识别出的舞弊导致的重大错报风险的领域的人员,了解其对该风险的看法,以及所实施的控制能否应对和如何应对该风险。

(8)当其他审计人员正在对被审计单位的一个或多个子公司、分支机构或分公司的财务报表进行审计时,与其讨论所需执行工作的范围,以应对评估的舞弊导致的重大错报风险,这些风险是由这些组成部分之间进行的交易和活动产生的。

(9)如果某位专家的工作对于某一财务报表项目(其舞弊导致的重大错报风险被评估为高水平)格外重要,针对该专家的部分或全部假设、方法或发现实施额外程序以确定该专家的发现是否不合理,或聘请其他专家实现该目的。

(10)实施审计程序以分析所选择的以前已审计的资产负债表账户的期初余额,从事后的角度评价涉及会计估计和判断的特定事项(如销售退回的准备)是如何得以解决的。

(11)对被审计单位编制的账目或其他调节表实施相应的审计程序,包括考虑期中执行的调节。

(12)利用计算机辅助审计技术,例如采集数据以测试总体中的异常项目。

(13)测试计算机生成的记录和交易的完整性。

(14)从被审计单位以外的来源获取额外的审计证据。

二、财务报告舞弊审计的具体措施

财务报告舞弊审计要针对企业财务舞弊易发高发领域制定具体的审计措施,包括货币资金相关舞弊风险的具体审计措施、存货相关舞弊风险的具体审计措施、在建工程和购置资产相关舞弊风险的具体审计措施、资产减值相关舞弊风险的具体审计措施、收入相关舞弊风险的具体审计措施、境外业务相关舞弊风险的具体审计措施、企业合并相关舞弊风险的具体审计措施、商誉相关舞弊风险的具体审计措施、金融工具相关舞弊风险的具体审计措施、滥用会计政策和会计估计相关舞弊风险的具体审计措施、关联方相关舞弊风险的具体审计措施。

(一)货币资金相关舞弊风险的具体审计措施

1.针对虚构货币资金相关舞弊风险的具体审计措施

一是严格实施银行函证程序,保持对函证全过程的控制,恰当评价回函可靠性,深入调查不符事项或函证程序中发现的异常情况;二是关注货币资金的真实性和巨额货币资金余额以及大额定期存单的合理性;三是了解企业开立银行账户的数量及分布,是否与企业实际经营需要相匹配且具有合理性,检查银行账户的完整性和银行对账单的真实性;四是分析利息收入和财务费用的合理性,关注存款规模与利息收入是否匹配,是否存在"存贷双高"现象;五是关注是否存在大额境外资金,是否存在缺少具体业务支持或与交易金额不相匹配的大额资金或汇票往来等异常情况。

2. 针对大股东侵占货币资金相关舞弊风险的具体审计措施

一是识别企业银行对账单中与实际控制人、控股股东或高级管理人员的大额资金往来交易,关注是否存在异常的大额资金流动,关注资金往来是否以真实、合理的交易为基础,关注利用无商业实质的购销业务进行资金占用的情况;二是分析企业的交易信息,识别交易异常的疑似关联方,检查企业银行对账单中与疑似关联方的大额资金往来交易,关注资金或商业汇票往来是否以真实、合理的交易为基础;三是关注期后货币资金重要账户的划转情况以及资金受限情况;四是通过公开信息等可获取的信息渠道了解实际控制人、控股股东财务状况,关注其是否存在资金紧张或长期占用企业资金等情况,检查大股东有无高比例股权质押的情况。

3. 针对虚构现金交易相关舞弊风险的具体审计措施

一是结合企业所在行业的特征恰当评价现金交易的合理性,检查相关内部控制是否健全、运行是否有效,是否保留了充分的资料和证据;二是计算月现金销售收款、现金采购付款的占比,关注现金收、付款比例是否与企业业务性质相匹配,识别现金收、付款比例是否存在异常波动,并追查波动原因;三是了解现金交易对方的情况,关注使用现金结算的合理性和交易的真实性;四是检查大额现金收支,追踪来源和去向,核对至交易的原始单据,关注收付款方、收付款金额与合同、订单、出入库单相关信息是否一致;五是检查交易对象的相关外部证据,验证其交易真实性;六是检查是否存在洗钱等违法违规行为。

(二)存货相关舞弊风险的具体审计措施

1. 针对虚构存货相关舞弊风险的具体审计措施

一是根据存货的特点、盘存制度和存货内部控制,设计和执行存货监盘程序;二是关注是否存在金额较大且占比较高、库龄较长、周转率低于同行业可比公司等情形的存货,分析评价其合理性;三是严格执行分析程序,检查存货结构波动情况,分析其与收入结构变动的匹配性,评价产成品存货与收入、成本之间变动的匹配性;四是对异地存放或由第三方保管或控制的存货,严格执行函证或异地监盘等程序。

2. 针对账外存货相关舞弊风险的具体审计措施

一是在其他资产审计中,关注是否有转移资产形成账外存货的情况;二是关注存货盘亏、报废的内部控制程序,关注是否有异常大额存货盘亏、报废的情况;三是在存货监盘中,关注存货的所有权及完整性;四是关注是否存在通过多结转成本、多报耗用数量、少报产成品入库等方式,形成账外存货。

(三)在建工程和购置资产相关舞弊风险的具体审计措施

1. 针对利用在建工程掩盖舞弊的风险的具体审计措施

一是检查是否存在与企业整体生产经营规划不符或与预算不符的异常在建工程项目;二是检查是否存在非正常停工或长期未完工的工程项目,关注有无通过虚构在建工程项目或虚增在建工程成本进行舞弊的情形。

2. 针对通过购置固定资产实施舞弊的风险的具体审计措施

一是复核购置固定资产的理由及其合理性;二是检查购置固定资产相关的采购合同、采购发票等,判断固定资产计价的准确性,关注是否存在混淆费用和成本属性来操纵利润的情形;三是复核已入账固定资产的验收情况,观察固定资产是否确实存在并了解其使用情况。

(四)资产减值相关舞弊风险的具体审计措施

1. 针对通过不恰当计提减值准备人为调整资产账面价值的舞弊风险的具体审计措施

一是对于存在减值迹象的资产,复核企业资产减值的测试过程和结果,评价管理层作出的与资产减值相关的重大判断和估计,必要时利用专家工作;二是对于持续存在减值迹象的资产,关注一次性大额计提减值的合理性,以及是否存在以前年度未予充分计提减值的情况。

2. 针对通过不恰当计提坏账准备人为调整利润的舞弊风险的具体审计措施

一是复核企业对应收账款进行信用风险评估的相关考虑和客观证据,评价是否恰当识别各项应收账款的信用风险特征;二是评价应收账款账龄与预期信用损失计算的合理性,复核计提坏账准备的准确性,检查计提方法是否按照坏账政策执行;三是检查应收账款的期后回款情况,关注是否存在通过虚构回款冲减往来款等情形,评价应收账款坏账准备计提的合理性。

(五)收入相关舞弊风险的具体审计措施

1. 针对收入确认存在的舞弊风险因素的具体审计措施

一是客观评价企业哪些类型的收入或收入认定可能存在重大舞弊风险;二是严格核查收入的交易背景,关注是否存在复杂的收入安排,收入确认是否取决于较高层次的管理层判断等;三是详细查阅是否存在股权激励等可能构成舞弊动机的事项;四是关注企业管理层变更后,收入确认政策是否发生重大变化。

2. 针对虚增或隐瞒收入舞弊风险的具体审计措施

一是严格执行针对收入的分析程序,关注报告期毛利率明显偏高或毛利率波动较大、经营活动现金流量与收入不匹配等情况;二是借助数据分析工具,加强对收入财务数据与业务运营数据的多维度分析,有效识别异常情况;三是检查交易合同,并综合运用函证、走访、实地调查等方法,关注商业背景的真实性、资金资产交易的真实性、销售模式的合理性和交易价格的公允性等,识别是否存在虚构交易或进行显失公允的交易等情况,必要时,延伸验证相关交易的真实性;四是将业务系统和财务系统纳入信息系统一般控制和应用控制进行评价和测试,关注有无异常设定的超级用户等情况;五是分析收入确认政策的合规性,关注是否存在不恰当地以总额法代替净额法核算等情形。

3. 针对提前或延迟确认收入舞弊风险的具体审计措施

一是严格实施收入截止测试,关注收入是否被计入恰当的期间;二是检查临近期末执行的重要销售合同,关注是否存在异常的定价、结算、发货、退货、换货或验收条款,关注期后是否存在退货以及改变或撤销合同条款的情况;三是复核重要合同的重要条款,关注是否存在通过高估履约进度,或将单项履约义务的销售交易拆分为多项履约义务实现提前确认收入以及通过将多项履约义务合并为单项履约义务延迟确认收入的情况。

(六)境外业务相关舞弊风险的具体审计措施

1. 针对虚构境外经营相关舞弊风险的具体审计措施

一是结合境外业务所在国家或地区的经济环境和企业自身发展情况,评价境外经营的合理性;二是检查境外业务供应链、交易流程、相关内部控制和财务报告编制流程,关注境外经营的真实性;三是充分了解企业内外部风险因素,关注企业面临业绩压力、存在扭亏为盈等重大变化下管理层的舞弊风险,评价是否存在可能导致对其持续经营能力产生重大疑虑的情况,重点关注企业境外经营所在地是否存在影响持续经营的事项。

2. 针对虚构境外收入相关舞弊风险的具体审计措施

一是分析境外销售毛利率是否存在异常,相同或类似产品是否存在境外销售价格明显高于境内、境外销售毛利率明显高于境内等情形;二是核查企业海关出口数据、出口退税金额、境外客户应收账款函证情况、物流运输记录、发货验收单据、出口信用保险数据等,评估其是否与境外销售收入相匹配;三是检查企业汇兑损益的计算是否准确,是否与现有销售收入相匹配;四是关注境外业务的结算方式,销售回款是否来自签订业务合同的往来客户,对存在第三方代收货款情形的,关注是否与第三方回款的支付方存在关联关系或其他利益安排,充分评估第三方回款的必要性和商业合理性。

3. 针对利用境外业务虚增虚构资产舞弊风险的具体审计措施

一是对于储存在境外银行的货币资金,执行银行函证程序,关注是否存在被冻结的货币资金,是否存在大额境外资金,以及缺少具体业务支持或与交易金额不相匹配的大额资金或汇票往来等异常情况;二是对于源自境外客户的应收款项,考虑相关公司的信用风险、当前状况及未来经济情况的预测,评估管理层计提的预期信用减值损失是否恰当,检查是否存在大额应收款项减值或核销等情况;三是对于已通过海运或空运等方式发货但尚未到达海外客户的存货,向货运公司函证以验证存货的数量和金额,关注相关交易的真实性;四是关注税收缴纳等特殊领域,考虑利用专家工作,并充分评估专家的胜任能力、专业素质、客观性和工作结果。

(七)企业合并相关舞弊风险的具体审计措施

1. 针对操纵合并范围实施舞弊的风险的具体审计措施

一是检查控制的判断依据,充分关注与被投资企业相关安排的设计目的与意图,综合考虑有关合同、协议等约定的相关主体财务和经营决策、决策人员权力限制、利润分享或损失承担机制等因素,判断是否对被投资企业具有控制,并据此确定合并财务报表的合并范围是否恰当;二是评估未纳入合并范围的子公司可能对财务会计报告整体产生的影响,关注有无人为调整合并范围的情形。

2. 针对滥用企业合并实施舞弊的风险的具体审计措施

一是关注企业合并的商业实质,是否与合并方的发展战略协同,特别是涉及复杂的交易、付款安排,相关的会计处理是否符合实质重于形式原则;二是检查被合并企业的业绩真实性、财务数据合理性,是否存在通过虚增收入达到高溢价并购以及并购业绩承诺精准达标的情况;三是关注被合并企业的内部控制情况,是否存在隐性关联方交易、违规为关联方担保、大股东违规占用资金等问题。

(八)商誉相关舞弊风险的具体审计措施

1. 针对确认高额商誉相关舞弊风险的具体审计措施

一是分析企业合并对价合理性、商誉金额的合理性、企业合并过程中专家意见的合理性;二是复核企业合并中合并成本计量的准确性,判断是否存在应计入合并成本中的或有对价;三是检查企业是否以购买日公允价值重新确认和计量被购买方所有可辨认资产和负债(包括被购买方拥有但未在个别财务报表中确认的资产和负债),是否因未能恰当识别和确认被购买方的可辨认资产(尤其是无形资产)和负债而形成高额商誉。

2. 针对商誉未被恰当分摊至相关资产组或资产组组合的舞弊风险的具体审计措施

一是评价管理层商誉分摊方法的恰当性,判断是否存在为了避免计提商誉减值准备而扩大分摊商誉资产组或资产组组合的范围,将商誉分摊至可收回金额较高但与商誉不相关的资产组的情况;二是检查购买日后相关资产组或资产组组合发生了重组、处置等变化,或某些资产组已经与商誉不再相关时,是否对商誉进行重新分摊;三是检查是否存在人为安排合并范围内子公司间的交易,以提高资产组的相关收入或盈利的情形。

3. 针对商誉减值测试过程中的相关舞弊风险的具体审计措施

一是评价与管理层进行商誉减值测试相关的内部控制设计和运行的有效性;二是复核管

理层商誉减值测试方法的合理性及一致性，评价管理层在减值测试中采用的关键假设的合理性并核实与上年关键假设的变化，关注盈利预测所使用基础数据和参数的相关性、准确性及完整性；三是评价商誉减值测试所涉及专家的胜任能力、专业素质和客观性，判断专家工作结果的恰当性，尤其要关注利用评估机构出具评估报告的情形。

4. 针对商誉减值确认相关舞弊风险的具体审计措施

一是复核企业以前年度商誉减值计提情况，有无以前年度未计提或少计提而在本年度大幅计提商誉减值的情形，检查其理由和依据；二是关注企业是否存在与商誉有关的业绩承诺并分析其达标情况，关注是否存在精准达标或未达标，但未充分计提商誉减值的情况；三是检查商誉减值测试所依据的信息与管理层年度展望等相关信息的一致性。

(九)金融工具相关舞弊风险的具体审计措施

1. 针对金融工具分类和计量相关舞弊风险的具体审计措施

一是检查金融工具分类的恰当性，关注债务工具和权益工具的区分不当、混淆业务模式与管理层投资时的主观意图、金融工具分类随意调整、复合金融工具或混合金融工具的拆分错误等情形；二是检查金融工具计价的准确性，关注因企业自身信用风险变化导致的金融负债公允价值变动的会计处理方式是否恰当，复核摊余成本计算的结果，并对公允价值计量的金融工具检查其报告期末公允价值数据来源或测试其估值模型。

2. 针对金融工具终止确认相关舞弊风险的具体审计措施

一是关注金融资产终止确认是否满足合同权利终止或满足规定的转移，关注交易对手方的履约能力、交易条件、是否存在关联方关系等，分析其商业合理性，关注有无人为安排交易以满足某些监管要求或合同义务等情形；二是关注金融负债现时义务是否解除、终止确认的时点是否恰当，是否存在以承担新金融负债的方式替换原金融负债，人为提前或者不当终止确认金融负债虚增利润。

3. 针对利用复杂金融产品实施舞弊的风险的具体审计措施

一是了解金融产品和服务的业务模式和盈利方式，是否符合企业会计准则和监管规范要求，特别关注混合金融工具会计处理的恰当性；二是关注是否存在"资金池"、刚性兑付、违规承诺收益或其他利用多层嵌套、通道业务等方式将表内信用风险表外化的迹象；三是关注保理业务的商业实质，对相关的应收账款本身的真实性、可收回性进行分析，分析保理业务涉及的应收账款是否存在虚构交易或空转贸易情形。

(十)滥用会计政策和会计估计相关舞弊风险的具体审计措施

1. 针对滥用会计政策和会计估计变更实施舞弊的风险的具体审计措施

一是结合企业经营状况，充分了解变更会计政策和会计估计的意图及其合理性；二是评价会计政策和会计估计变更前后经营成果发生的重大变化,检查是否存在通过会计政策和会计估计变更实现扭亏为盈,是否存在滥用会计政策和会计估计变更调节资产和利润等情况。

2.针对混淆会计政策变更、会计估计变更和前期差错更正实施舞弊的风险的具体审计措施

关注是否正确划分会计政策变更、会计估计变更和前期差错更正,是否如实反映相关的交易和事项,并进行相应会计处理和披露。特别是重要项目的会计政策、重大和异常交易的会计处理方法、在新领域和缺乏权威性标准或共识的领域采用重要会计政策产生的影响、会计政策的变更等,以及其对财务会计报告反映的信息质量的影响。

(十一)关联方相关舞弊风险的具体审计措施

1.针对通过未识别出或未披露的关联方实施舞弊的风险的具体审计措施

一是保持职业怀疑态度,关注交易金额重大、交易发生频次较少且交易时间集中、交易条件与其他对手方明显不同、交易规模和性质与对方的能力明显不匹配,以及其他不具有合理商业理由的交易,关注是否存在关联交易非关联化;二是针对不具有合理商业理由的交易采取进一步审计程序,通过背景调查、交易信息分析等方法,评估对手方与企业的关系,识别将原关联方非关联化行为的动机及后续交易的真实性、公允性,以及是否存在通过相关交易增加利润的可能。

2.针对通过关联方实施舞弊的风险的具体审计措施

一是加强关联交易舞弊风险的评估与控制,关注是否存在通过以显失公允的交易条款与关联方进行交易、与关联方或特定第三方串通舞弊进行虚假交易或侵占被审计单位资产、实际控制人或控股股东通过凌驾于被审计单位内部控制之上侵占被审计单位资产等方式影响关联交易真实性、价格公允性,从而粉饰财务会计报告或进行利益输送的舞弊行为;二是关注交易商业安排的合理性、资金资产交易的真实性、销售模式的合理性和公允性、关联交易金额上限的合规性等内部控制流程和控制措施的有效性。

三、侵占资产舞弊的具体审计措施

侵占资产舞弊的具体审计措施因被审计单位具体情况的不同而不同。应对侵占资产舞弊的具体审计措施如下:

(1)在期末或临近期末对现金或有价证券进行监盘;

(2)直接向被审计单位的客户询证所审计期间的交易活动(包括赊销记录、销售退回情况、付款日期等);

(3)分析已注销账户的恢复使用情况;

(4)按照存货存放地点或产品类型分析存货短缺情况;

(5)将关键存货指标与行业正常水平进行比较;

(6)对于发生减计的永续盘存记录,复核其支持性文件;

(7)利用计算机技术将供货商名单与被审计单位员工名单进行对比,以识别地址或电话号码相同的数据;

(8)利用计算机技术检查工资单记录中是否存在重复的地址、员工身份证明、纳税识别编号或银行账号;

(9)检查人事档案中是否存在只有很少记录或缺乏记录的档案,如缺少绩效考评的档案;

(10)分析销售折扣和销售退回等,以识别异常的模式或趋势;

(11)向第三方函证合同的具体条款;

(12)获取合同是否按照规定的条款得以执行的审计证据;

(13)复核大额和异常的费用开支是否适当;

(14)复核被审计单位向高级管理人员和关联方提供的贷款的授权及其账面价值;

(15)复核高级管理人员提交的费用报告的金额及适当性。

复习思考题

1. 财务舞弊审计的基本流程包括什么?
2. 财务舞弊审计的通用策略有哪些?
3. 货币资金相关舞弊风险的具体审计措施有哪些?
4. 存货相关舞弊风险的具体审计措施有哪些?
5. 在建工程和购置资产相关舞弊风险的具体审计措施有哪些?
6. 资产减值相关舞弊风险的具体审计措施有哪些?
7. 收入相关舞弊风险的具体审计措施有哪些?
8. 境外业务相关舞弊风险的具体审计措施有哪些?
9. 企业合并相关舞弊风险的具体审计措施有哪些?
10. 商誉相关舞弊风险的具体审计措施有哪些?
11. 金融工具相关舞弊风险的具体审计措施有哪些?
12. 滥用会计政策和会计估计相关舞弊风险的具体审计措施有哪些?
13. 关联方相关舞弊风险的具体审计措施有哪些?
14. 侵占资产舞弊的具体审计措施有哪些?

第五章
财务舞弊审计报告

学习目标

1. 掌握财务舞弊审计报告的要素；
2. 掌握财务舞弊审计报告的内容；
3. 掌握财务舞弊审计报告的编制要求；
4. 掌握财务舞弊审计报告的格式要求；
5. 了解世界主要国家财务舞弊审计报告的构成。

严厉打击违法网售审计报告行为

近年来，随着电子商务的发展，网售审计报告日益增多，其中不乏低价低质甚至虚假审计报告，在社会和行业中造成了不良影响，也引起了财政部等监管部门的高度关注。调查发现，网络平台有商家售卖常规审计报告，总体鱼目混珠，虚假报告泛滥，客户付几百元就可以买到想要的假报告，不仅损坏注册会计师行业形象，还给报告使用者传递了虚假信息，混淆了视听，扰乱了市场经济秩序，甚至有可能造成严重的后果。

中注协开展的网售审计报告专项整治行动，通过采取统一检查、扩大检查范围、侧重检查内容、严肃处理处罚、及时通报曝光等措施，在一定程度上遏制了网售审计报告行为。但从长远来看，应该建立网售审计报告监管长效机制。胡少先建议从以下几个方面采取措施：

一是加大处理处罚力度。进一步加大违法违规行为处罚处理力度，坚持零容忍，不具备资格在网上售卖审计报告的，一经发现，移送市场监管部门处罚处理，如有代理记账资格的，同时按程序取消相关资格；会计师事务所未按规定公示信息的，责令限期整改，拒绝整改的，由平台企业实行必要的市场准入限制；在网上低价竞争和出具虚假报告的，一经发现，取消相关注册会计师执业资格，并对会计师事务所予以警告和罚款，涉嫌犯罪的，移送司法机关处理。

二是完善相关制度规定。随着电子商务的发展，网售存在着市场需求，建议疏堵结合，在坚决打击网售虚假报告的同时，可以修改法规允许会计师事务所作为商家通过线上发展业务，即线上洽谈、线下执业,但不得违反职业道德守则和执业准则的相关要求,应当独立、客观、公正、真实,不得损害职业形象,引导其适当合理规范发展。

三是建立审计报告二维码制度。会计师事务所出具审计报告及其他鉴证报告后,按照要求将相关报告电子文本报备上传到财政会计行业管理系统,通过系统自动生成二维码,回传到会计师事务所并由其印制在纸质审计报告特定位置。通过扫描该码并经身份(或权限)验证(短信、特定信息内容等安全验证)后可以链接到系统对应的审计报告及其他鉴证报告地址,获取该备案报告电子文本,以便审计报告使用者通过纸质与电子报备文本对照确定审计报告的真实性,坚决打击出具虚假报告、篡改报告行为。

四是纳入年度重点监管范围。年度会计师事务所执业质量检查时,将网售报告情况列入重点检查范围。有关事务所应对年度内网售情况予以说明,并作出承诺,如不属实接受处罚。对于虚假交易和虚假报告行为,一经查实,按规定严肃处理。

五是强化平台监管责任。会同市场监管、网信等部门进一步完善审计报告网售行为监管,强化平台监管主体责任,要求其严格依照相关制度规定加强日常审核和巡查,对违规商家和服务一律不得在平台展现,发现对违法违规售卖审计报告行为及时主动移送监管部门。同时,加大追溯购买方报告去向的力度,根据使用情况会同相关部门作出诸如废标(用于投标的)、收回贷款、诚信扣分等处罚。

资料来源:本刊记者.胡少先.完善法治 为注册会计师行业发展保驾护航[J].财务与会计,2022(7):12-13.

案例思考

1. 网售虚假审计报告对审计人员职业道德有何危害?
2. 如何有效利用大数据技术来增强对会计师事务所出具审计报告的监管?

第一节 财务舞弊审计报告的要素和内容

现有的中国注册会计师审计准则、内部审计准则、国家审计准则中均有关于审计报告的要求,但是并非专门针对财务舞弊审计报告。因此,财务舞弊审计报告的内容与格式可以在借鉴中国注册会计师审计报告、内部审计报告、国家审计报告的基础上进行编制。

一、现有审计准则关于审计报告的编制要求

(一)注册会计师审计报告的编制要素与内容

1. 注册会计师审计报告编制的总体要求

注册会计师审计准则中审计报告是指注册会计师根据审计准则的规定,在执行审计工作的基础上,对财务报表发表审计意见的书面文件。

注册会计师应当就财务报表是否在所有重大方面按照适用的财务报告编制基础的规定编制并实现公允反映形成审计意见。为了形成审计意见,针对财务报表整体是否不存在由于舞弊或错误导致的重大错报,注册会计师应当得出结论,确定是否已就此获取合理保证。

2. 注册会计师审计报告的要素

审计报告应当包括下列要素：

(1)标题；

(2)收件人；

(3)审计意见；

(4)形成审计意见的基础；

(5)管理层对财务报表的责任；

(6)注册会计师对财务报表审计的责任；

(7)按照相关法律法规的要求报告的事项(如适用)；

(8)注册会计师的签名和盖章；

(9)会计师事务所的名称、地址和盖章；

(10)报告日期。

3. 注册会计师审计报告的内容

注册会计师审计报告的内容应该包括下列事项：

(1)审计报告应当具有标题,统一规范为"审计报告"。

(2)审计报告应当按照审计业务约定的要求载明收件人。

(3)审计报告的第一部分应当包含审计意见,并以"审计意见"作为标题。审计意见部分还应当包括下列方面：

①指出被审计单位的名称；

②说明财务报表已经审计；

③指出构成整套财务报表的每一财务报表的名称；

④提及财务报表附注,包括重要会计政策和会计估计；

⑤指明构成整套财务报表的每一财务报表的日期或涵盖的期间。

(4)审计报告应当包含标题为"形成审计意见的基础"的部分。该部分应当紧接在审计意见部分之后,并包括下列方面：

①说明注册会计师按照审计准则的规定执行了审计工作。

②提及审计报告中用于描述审计准则规定的注册会计师责任的部分。

③声明注册会计师按照与审计相关的职业道德要求独立于被审计单位,并履行了职业道德方面的其他责任。声明中应当指明适用的职业道德要求,如中国注册会计师职业道德守则。

④说明注册会计师是否相信获取的审计证据是充分、适当的,为发表审计意见提供了基础。

(5)审计报告应当包含标题为"管理层对财务报表的责任"的部分。审计报告中应当使用特定国家或地区法律框架下的恰当术语,而不必限定为"管理层"。在某些国家或地区,恰当的术语可能是"治理层"。管理层对财务报表的责任部分应当说明管理层负责下列方面:

①按照适用的财务报告编制基础的规定编制财务报表,使其实现公允反映,并设计、执行和维护必要的内部控制,以使财务报表不存在由于舞弊或错误导致的重大错报。

②评估被审计单位的持续经营能力和使用持续经营假设是否适当,并披露与持续经营相关的事项(如适用)。对管理层评估责任的说明应当包括描述在何种情况下使用持续经营假设是适当的。

(6)审计报告应当包含标题为"注册会计师对财务报表审计的责任"的部分。注册会计师对财务报表审计的责任部分应当包括下列内容:

①说明注册会计师的目标是对财务报表整体是否不存在由于舞弊或错误导致的重大错报获取合理保证,并出具包含审计意见的审计报告;

②说明合理保证是高水平的保证,但并不能保证按照审计准则执行的审计在某一重大错报存在时总能发现;

③说明错报可能由于舞弊或错误导致。在说明错报可能由于舞弊或错误导致时,注册会计师应当从下列两种做法中选取一种:第一种,描述如果合理预期错报单独或汇总起来可能影响财务报表使用者依据财务报表作出的经济决策,则通常认为错报是重大的;第二种,根据适用的财务报告编制基础,提供关于重要性的定义或描述。

④说明在按照审计准则执行审计工作的过程中,注册会计师运用职业判断,并保持职业怀疑。

⑤通过说明注册会计师的责任,对审计工作进行描述。

⑥说明注册会计师与治理层就计划的审计范围、时间安排和重大审计发现等事项进行沟通,包括沟通注册会计师在审计中识别的值得关注的内部控制缺陷。

⑦对于上市实体财务报表审计,指出注册会计师就已遵守与独立性相关的职业道德要求向治理层提供声明,并与治理层沟通可能被合理认为影响注册会计师独立性的所有关系和其他事项,以及相关的防范措施(如适用)。

⑧对于上市实体财务报表审计,以及决定按照《中国注册会计师审计准则第1504号——在审计报告中沟通关键审计事项》的规定沟通关键审计事项的其他情况,说明注册会计师从与治理层沟通过的事项中确定哪些事项对本期财务报表审计最为重要,因而构成关键审计事项。注册会计师应当在审计报告中描述这些事项,除非法律法规禁止公开披露这些事项,或在极少

数情形下,注册会计师合理预期在审计报告中沟通某事项造成的负面后果超过在公众利益方面产生的益处,因而确定不应在审计报告中沟通该事项。

(7)除审计准则规定的注册会计师责任外,如果注册会计师在对财务报表出具的审计报告中履行其他报告责任,应当在审计报告中将其单独作为一部分,并以"按照相关法律法规的要求报告的事项"为标题,或使用适合于该部分内容的其他标题,除非其他报告责任涉及的事项与审计准则规定的报告责任涉及的事项相同。如果涉及相同的事项,其他报告责任可以在审计准则规定的同一报告要素部分列示。

(8)审计报告应当由项目合伙人和另一名负责该项目的注册会计师签名和盖章。注册会计师应当在对上市实体财务报表出具的审计报告中注明项目合伙人。

(9)审计报告应当载明会计师事务所的名称和地址,并加盖会计师事务所公章。

(10)审计报告应当注明报告日期。审计报告日不应早于注册会计师获取充分、适当的审计证据,并在此基础上对财务报表形成审计意见的日期。

(二)内部审计报告的编制要素与内容

1. 内部审计编制的总体要求

内部审计准则中审计报告,是指内部审计人员根据审计计划对审计事项实施审计后,作出审计结论,提出审计意见和审计建议的书面文件。

审计报告的编制应当符合下列要求:

(1)实事求是地反映被审计事项,不歪曲事实真相,不遗漏、不隐瞒审计发现的问题;不偏不倚地评价被审计事项,客观公正地发表审计意见。

(2)要素齐全,行文格式规范,完整反映审计中发现的所有重要问题。

(3)逻辑清晰、脉络贯通,主次分明、重点突出,用词准确、简洁明了、易于理解。也可以适当运用图表描述事实、归类问题、分析原因,更直观地传递审计信息。

(4)根据所确定的审计重要性水平,对重要事项和重大风险作重点说明。

(5)针对被审计单位业务活动、内部控制和风险管理中存在的主要问题,深入分析原因,提出可行的改进意见和建议;或者针对审计发现问题之外的其他情形提出完善提高的建议,以促进组织实现目标。

2. 内部审计报告的要素

审计报告主要包括下列要素:

(1)标题;

(2)收件人;

(3)正文;

(4)附件;

(5)签章;

(6)报告日期;

(7)其他。

3. 内部审计报告的内容

内部审计报告的正文主要包括下列内容:

(1)审计概况;

(2)审计依据;

(3)审计结论;

(4)审计发现;

(5)审计意见;

(6)审计建议;

(三)国家审计报告的编制要素与内容

1. 国家审计报告的总体要求

国家审计准则中审计报告包括审计机关进行审计后出具的审计报告以及专项审计调查后出具的专项审计调查报告。审计报告应当内容完整、事实清楚、结论正确、用词恰当、格式规范。

2. 国家审计报告的要素

审计机关的审计报告(审计组的审计报告)包括下列基本要素:

(1)标题;

(2)文号(审计组的审计报告不含此项);

(3)被审计单位名称;

(4)审计项目名称;

(5)内容;

(6)审计机关名称(审计组名称及审计组组长签名);

(7)签发日期(审计组向审计机关提交报告的日期)。

3. 国家审计报告的内容

国家审计报告的内容主要包括:

(1)审计依据,即实施审计所依据的法律法规规定;

(2)实施审计的基本情况,一般包括审计范围、内容、方式和实施的起止时间;

(3)被审计单位基本情况;

(4)审计评价意见,即根据不同的审计目标,以适当、充分的审计证据为基础发表的评价意见;

(5)以往审计决定执行情况和审计建议采纳情况;

(6)审计发现的被审计单位违反国家规定的财政收支、财务收支行为和其他重要问题的事实、定性、处理处罚意见以及依据的法律法规和标准;

(7)审计发现的移送处理事项的事实和移送处理意见,但是涉嫌犯罪等不宜让被审计单位知悉的事项除外;

(8)针对审计发现的问题,根据需要提出的改进建议。

审计期间被审计单位对审计发现的问题已经整改的,审计报告还应当包括有关整改情况。

二、财务舞弊审计报告的要素与内容

(一)财务舞弊审计报告编制的总体要求

财务舞弊审计报告是指审计机构以书面或电子形式向委托人(包括治理层)报告财务舞弊行为的审计情况及结果。

由于财务舞弊审计涉及对舞弊行为的检查,需要调查清楚舞弊事实,并寻找财务舞弊的原因。因此,财务舞弊审计报告在编制中要符合以下要求:

(1)舞弊审计报告要内容完整。完整的舞弊审计报告应包括审计概况、审计依据、审计结论、审计发现、审计意见和审计建议。

(2)舞弊审计报告要客观公正。审计人员必须站在客观公正的立场撰写审计报告,在舞弊审计报告中不能故意夸大或缩小任何证据的意义,不能把自己的想法加入审计报告中,避免使用形容词来描述事实,应该只表述事实本身。

(3)舞弊审计报告要明确列出相关舞弊责任人员。财务舞弊审计报告要汇报企业的财务舞弊行为,涉及相关责任人员的故意违规行为。因此,财务舞弊审计报告要清楚地列出相关责任人员的身份和其对应的财务舞弊行为,并将寻找到的审计证据清楚地描述出来。

(二)财务舞弊审计报告的要素

财务舞弊审计报告包括下列要素:

(1)标题;

(2)收件人;

(3)被审计单位名称;

(4)审计项目名称;

(5)正文内容;

(6)签章;

(7)报告日期。

(三)财务舞弊审计报告的内容

财务舞弊审计报告的内容主要包括审计概况、审计依据、审计结论、审计发现、审计意见、审计建议。

1. 审计概况

审计概况是对舞弊审计项目总体情况的介绍和说明。审计概况的具体内容如表 5-1 所示。

表 5-1 审计概况的具体内容

审计概况	具体内容
立项依据	舞弊审计报告应当根据实际情况说明舞弊审计项目的来源,包括:审计计划安排的项目,有关单位(部门)委托的项目,根据工作需要临时安排的项目,其他项目。如有必要,可进一步说明选择舞弊审计项目的目的和理由
背景介绍	舞弊审计报告应当简要介绍有助于理解舞弊审计项目立项的审计对象的基本情况,包括:被审计单位(或项目)的规模、性质、职责范围或经营范围、业务活动及其目标,组织结构、管理方式、员工数量、管理人员等情况;与舞弊审计项目相关的环境情况,如相关财政财务管理体制和业务管理体制、内部控制及信息系统情况;以往接受内外部审计及其他监督检查情况;其他情况
审计目标与范围	舞弊审计报告应当明确说明本次审计目标与审计范围(审计项目涉及的单位、时间和事项范围)。如果存在未审计过的领域,要在审计报告中指出,特别是某些受到限制无法进行审计的事项,应当说明原因
审计内容和重点	舞弊审计报告应当对审计的主要内容、重点、难点作出必要的说明,并适当说明针对这些方面采取了何种措施(主要审计方法、审计程序等)及其产生的效果

2. 审计依据

审计依据是实施舞弊审计所依据的相关法律法规、会计准则、审计准则、企业规章制度等规定。

3. 审计结论

审计结论是根据已查明的舞弊事实,对被审计单位业务活动、内部控制和风险管理的适当性和有效性作出的评价。审计机构应当围绕审计事项作总体及有重点的评价。审计机构应当根据不同的审计目标,以审计认定的财务舞弊事实为基础,合理运用重要性原则并评估审计风险,对审计事项作出审计结论。作出审计结论时,需要注意下列事项:

(1)围绕审计目标,依照相关法律法规、政策、程序及其他标准,对审计事项进行评价,评价应当客观公正,并与审计发现财务舞弊问题有密切的相关性。

(2)审计评价应当坚持全面性和重要性相结合、定性与定量相结合的原则。

(3)只对已审计的事项发表审计评价意见,对未经审计的事项、审计证据不充分、评价依据或者标准不明确以及超越审计职责范围的事项,不发表审计评价意见。

4.审计发现

审计发现是对被审计单位的业务活动、内部控制和风险管理实施审计过程中所发现的主要财务舞弊问题的事实、定性、原因、后果或影响等。审计发现的具体内容如表5-2所示。

表5-2 审计发现的具体内容

审计发现	具体内容
审计发现问题的事实	主要是指业务活动、内部控制和风险管理在适当性和有效性等方面存在的违规、缺陷或损害的主要问题和具体情节,如经济活动存在违反法律法规和内部管理制度、造假和财务舞弊等行为等
审计发现问题的定性	主要是指审计发现的财务舞弊问题的定性依据、定性标准、定性结论,必要时可包括责任认定
审计发现问题的原因	针对审计发现的财务舞弊事实真相,分析研究导致其产生的内部原因和外部原因
审计发现问题的后果或影响	从定量和定性两方面评估审计发现财务舞弊问题已经或可能造成的后果或影响

5.审计意见

审计意见是针对审计发现的被审计单位在业务活动、内部控制和风险管理等方面存在的违反国家或组织规定的财务舞弊行为,在组织授权的范围内,提出审计处理意见;或者建议组织适当管理层和相关部门作出的处理意见。审计意见一般包括:纠正、处理财务舞弊行为的意见;对财务舞弊行为和造成损失浪费的被审计单位和相关人员,给予通报批评或者追究责任的意见和建议。

审计机构对审计发现的主要财务舞弊问题提出处理意见时,需关注下列因素:

(1)适用的法律法规以及企业的规章制度;

(2)审计的职权范围(在组织授权处理范围内的,审计机构直接提出审计处理意见;超出组织授权范围的,可以建议组织适当管理层或相关部门作出处理);

(3)审计发现的财务舞弊问题的性质、金额、情节、原因和后果;

(4)对同类财务舞弊问题处理处罚的一致性;

(5)需要关注的其他因素。

6.审计建议

审计建议是针对审计中发现的被审计单位业务活动、内部控制和风险管理等方面存在的主要财务舞弊问题,以及其他需要进一步完善提高的事项,在分析原因和影响的基础上,提出有价值的建议。

第二节 财务舞弊审计报告的格式与编制要求

一、财务舞弊审计报告的格式要求

(一)标题

标题在版头分一行或多行居中排布,回行时,要词意完整、排列对称、长短适宜、间距恰当,标题排列可以使用梯形或菱形。有文头的审计报告,标题编排在红色分隔线下空二行位置;没有文头的审计报告,标题编排在分隔线上空二行位置。

(二)发文字号

发文字号由发文组织代字、发文年份和文件顺序号三个部分组成。年份、发文顺序号用阿拉伯数字标注;年份应当标全称,用六角括号"〔〕"括入;发文顺序号不加"第"字,不编虚位(即1不编为01),在阿拉伯数字后加"号"字。例如,×审〔20××〕×号。有文头的审计报告,发文字号在文头标志下空二行、红色分隔线上居中排布;没有文头的审计报告,发文字号在分隔线下右角排布。

(三)密级和保密期限

如需标注密级和保密期限,顶格编排在版心左上角第二行;保密期限中的数字用阿拉伯数字标注,自标明的制发日算起。密级一般分为绝密、机密、秘密三级。保密期限在一年以上的,以年计,如秘密5年;在一年以内的,以月计,如秘密6个月。

(四)收件人

有文头的审计报告,收件人编排于标题下空一行位置;没有文头的审计报告,收件人编排于发文字号下空一行位置。收件人居左顶格,回行时仍顶格,最后一个收件人名称后标全角冒号。

(五)正文内容

正文内容编排于收件人名称下一行,每个自然段左空二字,回行顶格。文中结构层次序数依次可以用"一、""(一)""1.""(1)"标注;一般第一层用黑体字、第二层用楷体字、第三层和第四层用仿宋体字标注。

(六)审计机构署名或盖章

一般在报告日期之上,以报告日期为准居中编排审计机构署名,如使用机构印章,加盖印章应当端正、居中下压审计机构署名和报告日期,使审计机构署名和报告日期居印章中心偏下位置,印章顶端应当上距正文或附件一行之内。如不使用机构印章,一般在正文之下空一行编排审计机构署名及其负责人签名(主要用于征求意见阶段的审计报告),并以报告日期为准居中编排。

(七)报告日期

使用阿拉伯数字将年、月、日标全,年份应当标全称,月、日不编虚位(即1不编为01)。报告日期一般右空四个字符编排。

具体的财务舞弊审计报告的示例如图5-1所示。

[财务舞弊审计报告标题]
(此处标题应根据具体审计内容适当调整,使用梯形或菱形排列)

[发文字号][×审〔20××〕×号]

[密级][绝密/机密/秘密]

[保密期限][保密期限在一年以上的,以年计;在一年以内的,以月计]

[收件人][收件人名称]:[具体单位或个人]

一、审计概况

(一)立项依据

(二)背景介绍

(三)审计目标与范围

(四)审计内容和重点

二、审计依据

(一)国际公约依据(国际条约和国际规则等)

(二)行业监管依据(法律法规、监管规定和行业准则等)

(三)企业规章依据(企业章程和规章制度等)

三、审计结论

四、审计发现的主要问题

例:(一)财务报表存在重大错误

1.收入确认不准确

2.成本费用核算不当

(二)内部控制缺陷

1.控制环境薄弱

2.风险评估不足

五、审计意见

六、审计建议

例:(一)加强财务报表的准确性

(二)完善内部控制体系

七、其他需要说明的事项

[审计机构署名][负责人签名]
报告日期:[20××年××月××日]

图5-1 财务舞弊审计报告示例

二、财务舞弊审计报告的编制要求

审计机构在实施必要的审计程序后,应当及时编制审计报告。

(一)财务舞弊审计报告的分类

财务舞弊审计报告可以分为清白审计意见的审计报告和不清白审计意见的审计报告。其中,清白审计意见的审计报告是指在审计过程中,没有发现财务舞弊现象,从而发表清白的审计意见的报告;不清白审计意见的审计报告是指在审计过程中发现了财务舞弊事实,甚至取得了法律要求的认罪声明,从而发表不清白的审计意见的报告。

(二)财务舞弊审计报告的编制程序

审计机构应当按照以下程序编制财务舞弊审计报告:
(1)做好相关准备工作;
(2)编制审计报告初稿;
(3)征求被审计单位的意见;
(4)复核、修订审计报告并定稿。

(三)财务舞弊审计报告的复核

审计机构应当建立财务舞弊审计报告的复核管理,加强审计报告的质量控制。审计机构重点对下列事项进行复核:
(1)是否按照项目审计方案确定的审计范围和审计目标实施财务舞弊审计;
(2)与审计事项有关的财务舞弊事实是否清楚、数据是否准确;
(3)审计结论、审计发现问题的定性、处理意见是否适当,适用的法律法规和标准是否准确,所依据的审计证据是否相关、可靠和充分;
(4)审计发现的重要财务舞弊问题是否在审计报告中反映;
(5)审计建议是否具有针对性、建设性和可操作性;
(6)被审计单位反馈的合理意见是否被采纳;
(7)其他需要复核的事项。

第三节 世界主要国家和地区的财务舞弊审计报告

一、美国的舞弊审计报告示例

美国遵循 PCAOB 审计准则和 GAAS(Generally Accepted Auditing Standards,一般公认审计准则),报告通常包括管理层对内部控制的评价以及独立审计师的审计意见。美国的财务舞弊审计监管体系最为全面和严格,在推动国际审计准则趋同方面发挥重要作用,同时美国的监管经验常常被其他国家借鉴和参考。美国对上市公司的信息披露要求更为详细,其监管体系更为成熟和完善。

美国的舞弊审计报告格式基于美国一般公认审计准则和上市公司会计监督委员会的要求。

美国的舞弊审计报告示例1如图5-2所示。

ABC审计事务所

独立审计师报告

XYZ公司董事会和股东:

　　财务报表审计报告:否定意见

　　我们审计了XYZ公司(以下简称"贵公司")的财务报表,包括截至20××年12月31日的资产负债表,以及20××年度的利润表、现金流量表、股东权益变动表和相关财务报表附注。

　　我们认为,由于本报告"形成否定意见的基础"部分所述事项的重要性,上述财务报表未能在所有重大方面按照美国公认会计原则公允反映贵公司截至20××年12月31日的财务状况以及20××年度的经营成果和现金流量。

　　形成否定意见的基础

　　(1)收入确认舞弊:我们发现贵公司在20××年度虚构了大约×××百万美元的收入。这些虚假收入主要通过以下方式产生:[详细描述舞弊手法]

　　(2)资产高估:截至20××年12月31日,贵公司的存货被高估约×××百万美元。这主要是由于:[详细描述高估原因]

　　(3)关联方交易隐瞒:贵公司未披露与[关联方名称]的重大交易,涉及金额约×××百万美元。这些交易包括:[详细描述未披露的交易]

　　这些舞弊行为对财务报表产生了广泛而重大的影响,导致财务报表在整体上存在重大错报。

　　我们按照PCAOB的审计准则执行了审计工作。我们在这些准则下的责任将在本报告"审计师对财务报表审计的责任"部分进一步阐述。根据与财务报表审计相关的职业道德要求,我们独立于贵公司,并履行了职业道德方面的其他责任。我们相信,我们获取的审计证据是充分、适当的,为发表否定意见提供了基础。

　　关键审计事项:[描述关键审计事项,包括如何应对这些事项]

　　管理层和治理层对财务报表的责任:[描述管理层和治理层的责任]

　　审计师对财务报表审计的责任:[描述审计师的责任]

　　　　　　　　　　　　　　　　　　　　　　　　　　　　[审计事务所名称]

　　　　　　　　　　　　　　　　　　　　　　　　　　　　[注册会计师签名]

　　　　　　　　　　　　　　　　　　　　　　　　　　　　[报告日期]

　　　　　　　　　　　　　　　　　　　　　　　　　　　　[事务所地址]

图5-2　美国的舞弊审计报告示例1

美国的舞弊审计报告示例 2 如图 5-3 所示。

ABC 审计事务所

独立审计师报告

致 XYZ 公司董事会和股东：

我们已按照美国公认审计准则对 XYZ 公司截至 20××年 12 月 31 日的财务报表进行了审计。在审计过程中，我们发现了以下财务舞弊行为：

舞弊行为描述：

在对公司收入确认政策进行审查时，我们发现销售部门存在提前确认收入的情况。具体而言，约有×××××××美元的收入在商品尚未交付给客户之前就被记录入账。这违反了公认会计原则（GAAP）中的收入确认标准。

影响：

这一行为导致 20××年度收入被夸大约 $X\%$，净利润被夸大约 $Y\%$。

建议：

我们建议公司立即纠正这一错误，重新审视内部控制流程，特别是在收入确认方面。同时，公司应对相关人员进行培训，确保他们充分理解收入确认的正确程序。

管理层责任：

公司管理层负责按照美国公认会计原则编制和公允列报财务报表，并设计、执行和维护必要的内部控制，以使财务报表不存在由于舞弊或错误导致的重大错报。

审计师责任：

我们的责任是在执行审计工作的基础上对财务报表发表审计意见。我们按照美国一般公认审计准则执行了审计工作。

［细节］

［审计事务所名称］

［注册会计师签名］

［报告日期］

［事务所地址］

图 5-3　美国的舞弊审计报告示例 2

美国的舞弊审计报告示例3如图5-4所示。

XYZ公司财务舞弊审计报告

执行摘要：

本次审计由ABC审计公司执行,目的是评估XYZ公司的财务报表,特别是识别和报告任何可能的财务舞弊行为。审计涵盖了2023财年的所有财务活动,主要发现如下：发现多起财务数据造假的案例,主要涉及收入虚增和费用漏记。内部控制存在重大缺陷,特别是在财务报告和审批流程方面。建议实施更严格的内部控制和定期的独立审计,以防止未来的舞弊行为。

引言：

本次审计由ABC审计公司执行,审计范围涵盖了XYZ公司在2023财年的所有财务活动。审计目标是识别潜在的财务舞弊行为,并评估公司的内部控制环境。

财务概述：

XYZ公司2023财年的财务状况如下：

总收入：1 500 000 000美元

净利润：300 000 000美元

总资产：2 500 000 000美元

总负债：1 200 000 000美元

发现与分析：

本次审计发现以下主要财务舞弊行为：

1. 收入虚增

发现公司在2023年第一季度虚增收入100 000 000美元,主要通过虚构销售交易实现。

证据包括虚假的销售合同和发票。虚假交易的对手方是关联公司,并未实际完成销售。

2. 费用漏记

公司未记录与市场推广相关的费用50 000 000美元。

这些费用涉及与多家广告公司的合同,证据包括未记录的发票和支出记录。

风险评估：

这些舞弊行为对公司的影响包括：财务报表的准确性和完整性受到严重影响,对公司信誉和投资者信任造成负面影响。

控制环境评估：

现有的内控措施存在以下问题：缺乏对高风险交易的有效监督；财务报告流程中存在审批漏洞,导致虚假数据容易通过。

> 建议:
>
> 针对上述发现,我们提出以下建议:
>
> 1.强化内部控制
>
> 实施严格的财务审批流程,加强对高风险交易的监督;定期进行内部审计,及时发现和纠正异常。
>
> 2.加强员工培训
>
> 通过财务舞弊防范培训提高员工的合规意识。
>
> 3.引入外部审计
>
> 定期聘请独立的外部审计机构进行审计,确保财务报表的准确性。
>
> 结论:
>
> 本次审计发现 XYZ 公司存在多起财务舞弊行为,建议公司立即采取措施改善内部控制和审计流程,以确保财务报表的准确性和合规性。
>
> 附录:
>
> 财务报表
>
> 审计数据和分析
>
> 参考文献和其他支持材料

图 5-4 美国的舞弊审计报告示例 3

二、英国的舞弊审计报告示例

英国舞弊审计报告格式基于英国审计实务委员会(Auditing Practices Board)和英格兰及威尔士特许会计师协会(ICAEW)的指南。

英国的舞弊审计报告示例 1 如图 5-5 所示。

> **独立审计师的财务舞弊审计报告**
>
> 致 ABC 公司股东:
>
> 意见:
>
> 我们已审计了 ABC 公司 20××财年的财务报表。在审计过程中,我们发现了重大财务舞弊行为,这些行为对财务报表产生了重大影响。
>
> 舞弊行为的基础:
>
> 我们按照国际审计准则(英国)和适用法律进行了审计。在执行审计的过程中,我们发现以下舞弊行为:
>
> [舞弊行为描述]我们发现公司高级管理层参与了一项复杂的计划,虚构了大约×××××××英镑的销售收入。这涉及创建虚假的销售订单和发票,以及操纵银行对账单以掩盖这一行为。

影响：

这一舞弊行为导致公司20××财年收入被夸大约X%，利润被夸大约Y%。因此，我们认为财务报表在所有重大方面未能真实而公允地反映公司的财务状况。

关键审计事项：

除上述舞弊行为外，我们还识别了以下关键审计事项：

［此处列出其他关键审计事项］

董事责任：

如董事责任声明所述，董事负责按照英国采用的国际财务报告准则和《2006年公司法》编制财务报表，并确保其真实而公允。

审计师对财务报表审计的责任：

我们的目标是对财务报表整体是否不存在由于舞弊或错误导致的重大错报获取合理保证，并出具包含我们意见的审计报告。

［此处省略更多细节］

使用我们的报告：

本报告仅向公司股东整体作出。我们的审计工作已经完成，因此我们在本报告中只向股东负责，不对任何其他人负责。

［注册会计师签名］
［事务所名称］
［办公地址］
［报告日期］

图5-5 英国的舞弊审计报告示例1

英国的舞弊审计报告示例2如图5-6所示。

独立审计师报告

致 ABC 公司股东

否定意见：

我们已审计 ABC 公司（"贵公司"）2023财年的财务报表，包括利润表、资产负债表、现金流量表、权益变动表以及重要会计政策概要和其他解释性资料。

我们认为，由于本报告"形成否定意见的基础"部分所述事项的重要性和广泛性，上述财务报表未能根据英国公认会计实务和《2006年公司法》的要求真实公允地反映贵公司2023财年的财务状况以及该财年经营成果和现金流量。

形成否定意见的基础：

在审计过程中，我们发现了以下重大舞弊行为：

收入虚增：贵公司在2023财年虚构了约××百万英镑的收入。这主要通过［简要描述舞弊手法］实现。

资产高估：截至2023年3月31日，贵公司的固定资产被高估约××百万英镑，主要是由于[简要描述原因]。

关联方交易隐瞒：贵公司未披露与[关联方名称]的重大交易，涉及金额约××百万英镑。

这些舞弊行为对财务报表产生了广泛而重大的影响，导致财务报表在整体上存在重大错报。

我们已根据国际审计准则（英国）和适用法律进行审计。我们在这些准则下的责任将在本报告"审计师对财务报表审计的责任"部分进一步阐述。根据英国道德规范，包括财务报告委员会的道德标准，我们独立于贵公司，并已履行这些要求下的其他道德责任。我们相信，我们获取的审计证据是充分、适当的，为发表否定意见提供了基础。

[其他标准部分，如关键审计事项、管理层责任、审计师责任等]

[审计事务所名称]

[签字注册会计师姓名]

特许会计师（法定审计师）

[日期]

[地址]

图5-6 英国的舞弊审计报告示例2

三、欧盟的舞弊审计报告示例

欧盟国家独立审计师报告基于国际审计准则和欧盟审计规定的财务舞弊审计报告框架。

欧盟的舞弊审计报告示例1如图5-7所示。

独立审计师报告

致[公司名称]股东

否定意见：

我们已审计[公司名称]（"贵公司"）的财务报表，包括截至20××年12月31日的资产负债表，以及该年度的利润表、现金流量表、权益变动表以及重要会计政策概要和其他解释性信息。

我们认为，由于本报告"形成否定意见的基础"部分所述事项的重要性，随附的财务报表未能按照适用的欧盟采用的国际财务报告准则（IFRS）和[相关国家]的补充法律要求真实而公允地反映贵公司截至20××年12月31日的财务状况以及其截至该日的该年度的财务业绩和现金流量。

形成否定意见的基础：

在我们的审计过程中，我们发现了以下重大舞弊行为：

(1) 收入确认舞弊：公司在20××年度虚构了约××百万欧元的收入。这主要是通过[简要描述舞弊手法]实现的。

(2) 资产高估：截至20××年12月31日，公司的存货被高估约××百万欧元，主要是由于[简要描述原因]。

(3) 关联方交易隐瞒：公司未披露与[关联方名称]的重大交易，涉及金额约××百万欧元。

这些舞弊行为对财务报表产生了广泛而重大的影响,导致财务报表在整体上存在重大错报。

我们按照国际审计准则执行了审计工作。我们在这些准则下的责任将在本报告"审计师对财务报表审计的责任"部分进一步阐述。根据与财务报表审计相关的道德要求,我们独立于贵公司,并履行了这些要求下的其他道德责任。我们相信,我们获取的审计证据是充分、适当的,为发表否定意见提供了基础。

[其他标准部分,如关键审计事项、管理层责任、审计责任等]

[审计事务所名称]

[签字注册会计师姓名]

[相关资格]

[日期]

[地址]

图 5-7 欧盟的舞弊审计报告示例 1

欧盟的舞弊审计报告示例 2 如图 5-8 所示。

DEF GmbH 财务舞弊审计报告

执行摘要:

本次审计由 XYZ 审计公司执行,目的是评估 DEF GmbH 的财务报表,特别是识别和报告任何可能的财务舞弊行为。本报告涵盖了 2024 年的审计工作,主要发现如下:发现多起财务数据造假的案例,主要涉及收入虚增和费用漏记;内部控制存在重大缺陷,特别是在财务报告和审批流程方面。建议实施更严格的内部控制和定期的独立审计,以防止未来的舞弊行为。

引言:

本次审计由 XYZ 审计公司执行,审计范围涵盖了 DEF GmbH 在 2024 年的所有财务活动。审计目标是识别潜在的财务舞弊行为,并评估公司的内部控制环境。

财务概述:

DEF GmbH2024 年的财务状况如下:

总收入:800 000 000 欧元

净利润:120 000 000 欧元

总资产:1 500 000 000 欧元

总负债:700 000 000 欧元

发现与分析:

本次审计发现以下主要财务舞弊行为:

(1)收入虚增:发现公司在 2024 年上半年虚增收入 30 000 000 欧元,主要通过虚构销售交易实现。证据包括虚假的销售合同和发票。虚假交易的对手方是关联公司,并未实际完成销售。

(2)费用漏记:公司未记录与研发相关的费用15 000 000欧元。这些费用涉及与多家供应商的合同,证据包括未记录的发票和支出记录。

风险评估:

这些舞弊行为对公司的影响包括:财务报表的准确性和完整性受到严重影响,对公司信誉和投资者信任造成负面影响。

控制环境评估:

现有的内控措施存在以下问题:缺乏对高风险交易的有效监督;财务报告流程中存在审批漏洞,导致虚假数据容易通过。

建议:

针对上述发现,我们提出以下建议:

(1)强化内部控制:实施严格的财务审批流程,加强对高风险交易的监督;定期进行内部审计,及时发现和纠正异常。

(2)加强员工培训:加强财务舞弊防范培训,提高员工的合规意识。

(3)引入外部审计:定期聘请独立的外部审计机构进行审计,确保财务报表的准确性。

结论:

本次审计发现DEF GmbH存在多起财务舞弊行为,建议公司立即采取措施改善内部控制和审计流程,以确保财务报表的准确性和合规性。

附录:

财务报表

审计数据和分析

参考文献和其他支持材料

图5-8 欧盟的舞弊审计报告示例2

四、日本的舞弊审计报告示例

日本财务舞弊审计报告框架基于日本审计准则和J-SOX的要求。

日本的舞弊审计报告示例1如图5-9所示。

奥林巴斯财务舞弊案审计报告概述

引言:

2011年,奥林巴斯公司被曝出财务舞弊,隐瞒超过十年的投资损失,总金额超过13亿美元。这起舞弊案被称为日本历史上最大的企业丑闻之一。

审计目标:

(1)识别财务报表中的舞弊行为。

(2)评估内部控制系统的有效性。

(3)提供整改建议以防止未来舞弊行为。

> 发现与分析：
> (1)隐瞒损失：通过复杂的金融工具和并购交易隐瞒巨额损失，伪造文件和虚假交易记录。
> (2)内部控制缺陷：管理层忽视风险控制，公司缺乏有效的内部审计机制。
> (3)合规问题：未遵守公司法和会计准则，未及时披露重大财务信息。
> 建议：
> (1)加强内部控制：建立独立的内部审计部门，定期进行内部审计和风险评估。
> (2)提高透明度：改善信息披露制度，确保财务报表的真实性和完整性。
> (3)管理层责任：强化管理层对内部控制的责任，提供舞弊防范培训。
> 结论：
> 奥林巴斯舞弊案暴露出公司内部控制和风险管理的重大缺陷，需要全面整改以恢复投资者信心。

图 5-9 日本的舞弊审计报告示例1

日本的舞弊审计报告示例2如图5-10所示。

独立审计人的审计报告（否定意见）

致[公司名称]：

审计意见：

本审计法人已审计[公司名称]自20××年×月×日至20××年×月××日止第××期事业年度的财务报表，包括资产负债表、利润表、股东权益变动表、现金流量表以及重要会计政策和其他解释性信息。

本审计法人认为，由于"形成否定意见的基础"部分所述事项对财务报表的影响重大而广泛，上述财务报表未能按照日本公认会计准则，在所有重大方面公允反映[公司名称]截至20××年×月××日的财务状况以及20××财年的经营成果和现金流量。

形成否定意见的基础：

在审计过程中，我们发现了以下重大舞弊行为：

(1)收入确认舞弊：本事业年度虚构了约××亿日元的销售收入。这主要是通过[简要描述舞弊手法]实现的。

(2)资产高估：截至20××年×月××日，存货被高估约××亿日元，主要是由于[简要描述原因]。

(3)关联方交易隐瞒：公司未披露与[关联方名称]的重大交易，涉及金额约××亿日元。

这些舞弊行为对财务报表产生了广泛而重大的影响，导致财务报表在整体上存在重大错报。

我们按照日本公认审计准则执行了审计工作。我们在这些准则下的责任将在本报告"财务报表审计中注册会计师的责任"部分进一步阐述。根据与财务报表审计相关的职业道德要求，我们独立于该公司，并履行了这些要求中的其他职业道德责任。我们相信，我们获取的审计证据是充分、适当的，为发表否定意见提供了基础。

```
┌─────────────────────────────────────────────────────────────┐
│ [其他标准部分,如关键审计事项、管理层责任、审计师责任等]    │
│                                                             │
│                                            [审计法人名称]   │
│                                              指定有限责任社员│
│                              执行业务社员 注册会计师[姓名](盖章)│
│                                                    [日期]   │
│                                                    [地址]   │
└─────────────────────────────────────────────────────────────┘
```

图 5-10　日本的舞弊审计报告示例 2

五、世界主要国家和地区财务舞弊审计报告的比较

各国的财务舞弊审计报告格式有所不同,但通常都会包含以下几个关键部分:

1. 标题页(title page)

(1)公司名称;

(2)报告标题;

(3)审计期间;

(4)报告发布日期。

2. 目录(table of contents)

报告的主要章节和页码。

3. 执行摘要(executive summary)

(1)审计的目的和范围;

(2)主要发现;

(3)总结性意见。

4. 引言(introduction)

(1)审计背景;

(2)审计的目标和范围;

(3)方法论和程序。

5. 财务概述(financial overview)

(1)被审计公司的财务状况概述;

(2)主要财务数据和指标。

6. 发现与分析(findings and analysis)

(1)详细的审计发现;

(2)财务报表中的异常和可疑活动分析;

(3)具体的舞弊行为描述。

7. 风险评估(risk assessment)

(1)舞弊行为对公司的影响;

(2)识别和评估潜在风险。

8. 控制环境评估(control environment assessment)

(1)公司现有的内控措施;

(2)控制缺陷和漏洞。

9. 建议(recommendations)

(1)针对发现的问题提出的改进建议;

(2)防止未来舞弊行为的措施。

10. 结论(conclusion)

(1)审计结论;

(2)总体意见。

11. 附录(appendices)

(1)相关的财务报表;

(2)详细的审计数据和分析;

(3)参考文献和其他支持性材料。

各个国家和地区的财务舞弊审计报告在总体结构和内容上有相似之处,但它们在具体的标准、细节和风格上存在一些差异,如表5-3所示。

表5-3 部分国家和地区财务舞弊审计报告的主要差异

项目	美国	英国	欧盟	日本
报告结构	遵循PCAOB标准,通常包括意见、意见基础、关键审计事项、管理层责任和审计师责任等部分,对内部控制有单独的报告要求	遵循国际审计准则(英国)标准,结构类似于美国,但增加了对董事报告的评论,包括对持续经营的明确陈述	各成员国可能略有不同,但通常遵循国际审计准则标准,强调关键审计事项,对非财务信息披露有额外要求	遵循日本审计准则,结构相对简洁,对内部控制有单独的报告(J-SOX要求)
舞弊相关内容	详细描述舞弊性质、影响和金额,强调管理层凌驾于内部控制之上的风险	除描述舞弊外,还强调审计师如何应对舞弊风险,对董事防范和发现舞弊的责任有明确说明	更强调舞弊风险评估过程,可能包括对具体舞弊风险领域的详细说明	对舞弊的描述相对委婉,更注重内部控制缺陷与舞弊的关系

续表

项目	美国	英国	欧盟	日本
关键审计事项/重大事项	称为"关键审计事项",仅适用于上市公司,详细描述每个关键审计事项及审计应对	称为"关键审计事项";适用范围更广,可能包括更多与舞弊风险相关的关键审计事项		称为"特别注意事项",描述相对简洁
法律责任声明	强调遵守PCAOB标准和独立性要求	明确提及遵守《2006年公司法》,包括对董事报告的明确声明	提及遵守欧盟法规和各国法律,可能包括对非财务信息的声明	提及遵守日本公认审计准则,对J-SOX要求的遵守情况有单独说明
独立性声明	简洁的独立性声明	更详细的独立性声明,包括道德要求		独立性声明相对简洁
持续经营评估	通常在其他部分中提及持续经营问题	有明确的持续经营评估部分	通常在其他部分中提及持续经营问题	
量化信息	通常提供更多量化的舞弊影响信息	量化信息可能相对较少		

总的来说,这些差异反映了各国和地区的法律、文化和监管环境的不同,然而,随着国际审计准则的趋同,这些差异正在逐渐减小。在处理跨国财务舞弊案件时,了解这些差异尤为重要,以确保正确理解和解释不同国家的审计报告。

以上所列举的美国、英国、欧盟及日本的财务舞弊审计报告示例,均为经过简化和匿名化处理的模拟框架。这些示例反映了各地区审计报告的一般结构和内容,包含了常见的审计发现、影响分析和改进建议。然而,需要注意的是,在实际的财务舞弊案例中,审计报告通常会更加详尽和复杂。真实的报告可能会更详细地描述舞弊行为及其影响,提供更具体的数据分析和全面的建议,包含更多技术性内容、法律考量和证据支持,以及更多具体信息和相关法律参考。

复习思考题

1. 财务舞弊审计报告的要素包括什么?
2. 财务舞弊审计报告的内容包括什么?
3. 财务舞弊审计报告的编制要求有哪些?
4. 财务舞弊审计报告的格式要求有哪些?
5. 世界主要国家的财务舞弊审计报告有何差异?

第六章
财务舞弊防范机制

学习目标

1. 掌握会计人员职业道德规范内容及职业道德水平提升路径；
2. 掌握公司治理结构防范财务舞弊的路径；
3. 掌握内部控制防范财务舞弊的路径；
4. 掌握加强审计监督防范财务舞弊的具体措施。

导入案例

腾讯集团反舞弊通报

腾讯一直以来信奉"正直、进取、协作和创造"的价值观，为宣扬正直，腾讯通过制定"腾讯高压线"等反舞弊制度和建立完善的风险管理体系来预防、发现和打击商业贿赂、职务侵占等一切舞弊行为，以确保全体员工的行为符合腾讯一直宣扬并致力秉持的正直价值观。腾讯一旦发现并证实员工存在触犯"腾讯高压线"的行为，一律解聘处理，永不录用。对于涉案的外部公司，会列入公司黑名单，永不合作。如相关行为同时涉嫌违法犯罪的，腾讯必将配合公安司法机关调查，追究相关人员法律责任，并会密切配合公安机关抓捕涉案的员工和外部人员。

2023年全年，腾讯反舞弊调查部共发现并查处触犯"腾讯高压线"案件70余起，120余人因触犯"腾讯高压线"被解聘，近20人因涉嫌犯罪被移送公安机关处理。其中2023年度因商业贿赂或职务侵占被解聘、移送司法以及被法院判决的部分案件如下：

(1)原CSIG(云与智慧产业事业群)云业务拓展部高某某和原CSIG云产品部王某在职期间利用职务便利，非法侵占公司资产，因涉嫌犯罪被移送公安机关处理，其行为触犯了"腾讯高压线"，被列入黑名单，永不录用。经法院审理，高某某犯职务侵占罪，判处有期徒刑四年，并处罚金人民币十万元；王某犯职务侵占罪，判处有期徒刑三年六个月，并处罚金人民币八万元。

(2)CSIG区域业务部张某利用职务便利，非法侵占公司资产，因涉嫌犯罪被移送公安机关处理，其行为触犯了"腾讯高压线"，被解聘处理，永不录用。经法院审理，张某犯职务侵占罪，判处有期徒刑十个月，缓刑一年，并处罚金人民币八千元。

(3)原 CSIG 医疗资讯与服务部张某和刘某某在职期间利用职务便利,非法侵占公司资产,并为外部公司谋取利益,收取外部公司好处费,其行为触犯了"腾讯高压线",被列入黑名单,永不录用。同时,张某和刘某某因涉嫌犯罪,被移送公安机关处理。

(4)原 IEG(互动与娱乐事业群)互动娱乐服务采购部彭某和舒某在职期间利用职务便利,非法侵占公司资产,其行为触犯了"腾讯高压线",被列入黑名单,永不录用。同时,彭某和舒某因涉嫌犯罪,被移送公安机关处理。

(5)原 CSIG 医疗资讯与服务部张某在职期间利用职务便利,为个人供应商谋取利益,收取供应商好处费,且非法侵占公司资产,其行为触犯了"腾讯高压线",被列入黑名单,永不录用。同时,张某因涉嫌犯罪,被移送公安机关处理。

资料来源:腾讯出手!120 余人被解聘[EB/OL].(2024-02-03)[2024-10-11].https://m.thepaper.cn/baijiahao_26250562.

案例思考

1.腾讯集团的反舞弊行动体现了腾讯公司什么样的企业价值导向?
2.腾讯集团的"腾讯高压线"等制度对防范企业舞弊行为有什么重要意义?

第一节 提升会计人员职业道德水平

习近平总书记在其著作《之江新语》中写道:"人而无德,行之不远。没有良好的道德品质和思想修养,即使有丰富的知识、高深的学问,也难成大器。"对会计人员来讲,良好的职业道德是从事会计职业的前提,是防范财务造假的基础。

一、会计人员职业道德规范的内容

会计人员职业道德是会计职业分工的产物,既要体现财务会计职业的特殊性,又要反映财务会计职业的内在义务和社会责任。为推进会计诚信体系建设,提高会计人员职业道德水平,财政部于 2023 年 1 月 12 日印发《会计人员职业道德规范》,会计人员职业道德规范包括坚持诚信,守法奉公;坚持准则,守责敬业;坚持学习,守正创新。

(一)坚持诚信,守法奉公

"坚持诚信,守法奉公"是对会计人员的自律要求。会计人员要牢固树立诚信理念,以诚立身、以信立业,严于律己、心存敬畏;学法知法守法,公私分明、克己奉公,树立良好职业形象,维护会计行业声誉。

1."坚持诚信,守法奉公"的含义

坚持诚信,即坚持诚实守信,是做人的基本准则,也是会计职业道德的精髓。其中,诚实是指言行跟内心思想一致,不弄虚作假、不欺上瞒下,做老实人、说老实话、办老实事。守信就是遵守自己所作出的承诺,讲信用,重信用,信守诺言,保守秘密。中国现代会计之父潘序伦先生认为,立信是做人的重要准则,同时也是会计的职业道德。他曾说:"立信,乃会计之本。"他终身倡导:"信以立志,信以守身,信以处事,信以待人,毋忘立信,当必有成。"朱镕基同志在2001年视察北京国家会计学院时,为北京国家会计学院题词"诚信为本,操守为重,坚持准则,不做假账"。

守法奉公体现了会计人员对法律的尊重和对公共利益的忠诚,是对会计人员职业行为的基本要求。守法奉公不仅是个人道德修养的体现,也是社会文明进步的标志。"守法奉公"出自元代无名氏的作品《射柳捶丸》第一折:"常则要守法奉公理庶民,屏邪除佞进忠良。"

2."坚持诚信,守法奉公"的基本要求

一是做老实人,说老实话,办老实事,不弄虚作假。做老实人,要求会计人员言行一致,表里如一,光明正大。说老实话,要求会计人员说话诚实,是一说一,是二说二,不夸大事实,不缩小事实,不隐瞒事实,不歪曲事实,如实反映和披露单位的各项经济业务事项。办老实事,要求会计人员踏踏实实工作,不弄虚作假,不欺上瞒下。

二是保守秘密,不为利益所诱惑。会计人员应依法保守单位商业秘密,除法律规定和单位领导人同意外,不能将工作过程中所获知的商业秘密用于谋取私利,或者向外界提供,泄露给第三方以牟取私利。商业秘密是指不为公众所知悉、能为权利人带来经济利益,具有实用性并经权利人采取保密措施的技术信息和经营信息。

三是要遵守法律法规。会计人员在任何情况下都应遵循国家的法律法规和企业规章制度的要求,特别是要遵守《中华人民共和国会计法》等法律法规的要求,将法律要求贯彻到工作中,不违法乱纪。

四是克己奉公。会计人员要克制自己的个人私欲,严格要求自己,在工作中以公事为重,一心为公,以企业、社会的公共利益为重,做社会公共利益的维护者和践行者。

(二)坚持准则,守责敬业

"坚持准则,守责敬业"是对会计人员的履职要求。会计人员要严格执行准则制度,保证会计信息真实完整;勤勉尽责、爱岗敬业,忠于职守、敢于斗争,自觉抵制会计造假行为,维护国家财经纪律和经济秩序。

1."坚持准则,守责敬业"的含义

坚持准则是指会计人员在处理业务过程中,严格按照会计法律制度办事,不为主观或他人意志所左右。这里所说的"准则"不仅指会计准则,而且包括会计法律、国家统一的会计制度以及与会计工作相关的法律制度。坚持准则是会计职业道德的"核心"。

守责敬业是指忠于职守的事业精神,这是会计职业道德的"基础"。其中,守则是指会计人员热爱本职工作,安心本职岗位,并为做好本职工作尽心尽力、尽职尽责。敬业是指会计人员对其所从事的会计职业或行业的正确认识和恭敬态度,并用这种严肃恭敬的态度,认真地对待本职工作,将身心与本职工作融为一体。守责和敬业,互为前提,相互支持,相辅相成。"守责"是"敬业"的基石,"敬业"是"守责"的升华。如果不爱岗,不能忠于职守,就谈不上守则。如果没有守则精神,对工作缺乏严肃认真的态度,也就无从谈起爱岗。

2."坚持准则,守责敬业"的基本要求

"坚持准则,守责敬业"的基本要求如表6-1所示。

表6-1 "坚持准则,守责敬业"的基本要求

基本要求	具体内容
熟悉准则	熟悉准则要求会计人员应熟悉和掌握《中华人民共和国会计法》和国家统一的会计制度及与会计相关的法律制度,这是遵循准则的前提
遵循准则	遵循准则即要求会计人员在会计核算和监督时要自觉地严格遵守各项准则进行业务处理,同时也要求他人遵守准则,对不合法、不符合国家统一的会计制度要求的事项不予受理
敢于同违法行为作斗争	会计人员在熟悉和遵循准则的基础上,要坚持准则,敢于同违法行为作斗争,不仅要对单位负责,也要对法律负责,对国家和社会公众负责
正确认识会计职业,树立职业荣誉感	经济越发展,会计越重要。会计人员要正确认识会计工作在企业的重要地位和重要作用,热爱会计工作,克服"懒""惰""拖"的不良习惯和作风,树立职业荣誉感
热爱会计工作,敬重会计职业	会计人员要正确认识会计职业,珍惜会计工作岗位,做到"干一行,爱一行",敬重会计职业
安心工作,任劳任怨	会计人员要安心干好本职工作,发扬不怕吃苦的实干精神,以及不计较个人得失的忘我精神
严肃认真,一丝不苟	要严肃认真,对一切不合法、不合理的业务开支要把好关口;要一丝不苟,绝不能有"都是熟人不会错"的麻痹思想和"马马虎虎"的工作作风
忠于职守,尽职尽责	忠于职守主要表现为三个方面,即忠实于服务主体、忠实于社会公众、忠实于国家

(三)坚持学习,守正创新

"坚持学习,守正创新"是对会计人员的发展要求。会计人员要始终秉持专业精神,勤于学习、锐意进取,持续提升会计专业能力;不断适应新形势新要求,与时俱进、开拓创新,努力推动会计事业高质量发展。

1."坚持学习,守正创新"的含义

坚持学习是指会计人员通过学习、培训和实践等途径,持续提高会计职业技能,以达到和

维持足够的专业胜任能力的活动。会计工作者必须不断地提高其职业技能,这既是会计人员的义务,也是在职业活动中做到客观公正、坚持准则的基础,是参与管理的前提。会计职业技能包括会计理论水平、会计实务能力、会计职业判断能力、沟通交流能力以及职业经验等。不同岗位、不同级次的会计人员有不同的技能要求。

守正创新是指会计人员在坚守基本原则的基础上,进行创新发展,以适应时代的变化和需求。它强调在会计工作中坚持核心价值观和基本原则的同时,不断探索新的方法和途径,以推动社会的进步和发展。

2."坚持学习,守正创新"的基本要求

一是具有不断提高专业技能的意识和愿望。只有具备不断提高会计专业技能的意识和愿望,才会主动学习、不断进取,做到"活到老、学到老"。

二是具有勤学苦练的精神和科学的学习方法。只有具勤学苦练的精神,才能不断提高自己的会计理论水平、会计实务能力和职业判断能力,才能不断适应大数据、互联网环境下的新变化,推动自己会计职业的不断发展。掌握科学的学习方法,要做到理论学习与社会实践相结合,学以致用,积极参加会计实践活动,在实践中不断提高自己的职业水平。

三是会计工作要坚守原则。在会计工作中提供质量上乘的服务,并非无原则地满足服务主体的需要,而是在坚持原则、坚持会计准则的基础上尽量满足用户或服务主体的需要。

四是会计工作要创新发展。会计工作在坚守原则的基础上,勇于进行理论、实践、制度等方面的创新,以适应新的时代条件和发展要求。

二、会计人员职业道德水平提升的途径

会计人员职业道德教育的途径主要包括接受教育的途径和自我修养的途径。

(一)接受教育的途径

接受教育的途径主要包括岗前职业道德教育和岗位职业道德继续教育。

1.岗前职业道德教育

岗前职业道德教育是指对将要从事会计职业的人员进行的道德教育。主要形式为会计专业学历教育。会计专业学历教育中的职业道德教育,主要是针对大、中专院校会计专业的在校学生进行会计职业道德教育,让学生初步建立起职业观念、职业情感及职业规范,增强社会责任感。会计专业学历教育应将会计职业道德教育渗透到学校教育的各个环节之中,既包括直接开设职业道德规范类课程,也包括在实习、实训等课程中融入职业道德理念。

2.岗位职业道德继续教育

岗位职业道德继续教育是对已进入会计职业的会计人员进行的继续教育。根据财政部和人力资源社会保障部2018年印发的《会计专业技术人员继续教育规定》的相关要求,国家机

关、企业、事业单位以及社会团体等组织具有会计专业技术资格的人员,或不具有会计专业技术资格但从事会计工作的人员必须参加继续教育。

继续教育内容包括公需科目和专业科目。公需科目包括专业技术人员应当普遍掌握的法律法规、政策理论、职业道德、技术信息等基本知识。专业科目包括会计专业技术人员从事会计工作应当掌握的财务会计、管理会计、财务管理、内部控制与风险管理、会计信息化、会计职业道德、财税金融、会计法律法规等相关专业知识。通过参与继续教育,会计人员在掌握职业道德、会计法律法规等基本知识的基础上,通过专业课的学习,不断提高专业胜任能力。

继续教育的形式包括:①参加会计专业技术人员继续教育培训、高端会计人才培训、全国会计专业技术资格考试等会计相关考试、会计类专业会议;②参加会计类研究课题,发表会计类论文,公开出版会计类书籍;③参加注册会计师、资产评估师、税务师等继续教育培训;④继续教育管理部门认可的其他形式。会计人员可通过上述各种继续教育形式,不断提升职业道德水平。

(二)自我修养的途径

会计人员的自我修养是指个人经过学习、磨炼、涵养和陶冶,对自身职业道德修养能力进行培养,提高自身的职业道德水平。会计人员进行自我修养的主要途径包括慎独慎欲、慎省慎微和自警自励。其中,慎独慎欲是指会计人员严格要求自己,在单独处事、无人监管的情况下,按照职业道德要求去行事,警惕并克服自己的贪欲,自觉抵制各种诱惑;慎省慎微是指不断地自我反思、自我批评,虚心听取并认真对待别人的意见,凡事注重细节,注意防微杜渐,不断提高自身的职业道德修养;自警自励是指随时警醒、告诫自己,防止各种不良思想对自己的侵袭,通过崇高的道德理想、信念来激励自己不断成长。

第二节 完善公司治理结构

一、公司治理结构概述

(一)公司治理的含义

狭义的公司治理是指所有者(主要是股东)对经营者的一种监督与制衡机制,即通过一种制度安排,合理地配置所有者和经营者之间的权力和责任关系。它是借助股东会、董事会、监事会、经理层所构成的公司治理结构来实现的内部治理。其目标是保证股东利益的最大化,防止经营者对所有者利益的背离。

广义的公司治理是指通过一套包括正式或非正式的、内部或外部的制度或机制来协调公司与所有利益相关者之间的利益关系,以保证公司决策的科学性与公正性,从而最终维护各方面的利益。它是利益相关者通过一系列的内部、外部机制来实施的共同治理,治理的目标不仅是股东利益的最大化,而且要保证所有利益相关者的利益最大化。

(二)公司治理结构的内容

1. 内部治理结构

公司内部治理结构是指主要涵盖股东会、董事会、监事会、经理以及公司员工之间责权利相互制衡的制度体系(见图 6-1)。

图 6-1 公司内部治理机构

(1)股东会。公司设立由股东组成的股东会,股东会是公司的权力机构,行使决定公司重大问题的权力,决定公司合并、分立、解散、年度决算、利润分配、董事会成员等重大事项。股东会行使下列职权:

①选举和更换董事、监事,决定有关董事、监事的报酬事项;

②审议批准董事会的报告;

③审议批准监事会的报告;

④审议批准公司的利润分配方案和弥补亏损方案;

⑤对公司增加或者减少注册资本作出决议;

⑥对发行公司债券作出决议;

⑦对公司合并、分立、解散、清算或者变更公司形式作出决议;

⑧修改公司章程;

⑨公司章程规定的其他职权。

(2)董事会。董事会是公司的核心治理机构,董事会会议是董事会发挥其职能的重要途径。董事会会议是指董事会在职责范围内研究决策公司重大事项和紧急事项而召开的会议,由董事长主持召开,根据议题可请有关部门及相关人员列席。

《中华人民共和国公司法》规定,董事会对股东会负责,行使下列职权:

①召集股东会会议,并向股东会报告工作;

②执行股东会的决议;

③决定公司的经营计划和投资方案;

④制订公司的利润分配方案和弥补亏损方案;

⑤制订公司增加或者减少注册资本以及发行公司债券的方案;

⑥制订公司合并、分立、解散或者变更公司形式的方案;

⑦决定公司内部管理机构的设置;

⑧决定聘任或者解聘公司经理及其报酬事项,并根据经理的提名决定聘任或者解聘公司副经理、财务负责人及其报酬事项;

⑨制定公司的基本管理制度;

⑩公司章程规定或者股东会授予的其他职权。

(3)监事会。由于公司股东分散且专业知识和能力差别很大,为了防止董事会、经理滥用职权,损害公司和股东利益,就需要在股东会上选出这种专门监督机关,代表股东会行使监督职能。监事会由股东代表和适当比例的公司职工代表组成,具体比例由公司章程规定。监事会中的职工代表由公司职工通过职工代表大会、职工大会或者其他形式民主选举产生。

监事会行使下列职权:

①检查公司财务;

②对董事、高级管理人员执行职务的行为进行监督,对违反法律、行政法规、公司章程或者股东会决议的董事、高级管理人员提出解任的建议;

③当董事、高级管理人员的行为损害公司的利益时,要求董事、高级管理人员予以纠正;

④提议召开临时股东会会议,在董事会不履行《中华人民共和国公司法》规定的召集和主持股东会会议职责时召集和主持股东会会议;

⑤向股东会会议提出提案;

⑥依照《中华人民共和国公司法》第一百八十九条的规定,对董事、高级管理人员提起诉讼;

⑦公司章程规定的其他职权。

(4)经理。经理是公司日常经营行政事务的负责人,经理由董事会决定聘任或解聘。经理对董事会负责,根据公司章程的规定或者董事会的授权行使职权。

2. 外部治理机制

外部治理机制主要是指除企业内部的各种监控机制外,还包括各个市场机制(如产品市场、资本市场、经理人市场)对公司的监控和约束。

(1)产品市场。产品市场的竞争对经理人员的约束主要来自两个方面:一方面,在充分竞争的市场上,只有最有效率的企业才能生存,作为企业的经理人员自然也就面临更大的压力。另一方面,产品市场的竞争可以提供有关经理人员行为的更有价值的信息。

(2)资本市场。资本市场对经理人员行为的约束是通过接管和兼并方式进行的,也就是通过资本市场上对企业控制权的争夺的方式进行的。

(3)经理人市场。经理人市场之所以对经理人员的行为有约束作用,是因为在竞争的市场上声誉是决定个人价值的重要因素。

二、公司治理结构防范财务舞弊的路径

(一)优化股权结构

在我国上市公司,一股独大的现象不在少数,然而一股独大严重影响着公司重大事项的决策,缺乏制衡的股权结构给财务舞弊事件发生埋下种子,带来不容小觑的公司治理风险,大股东极有可能根据自身的判断以及为追逐自身利益而产生虚假披露的财务舞弊行为。上市公司一股独大的情况,会导致上市公司内部控制失效,并造成其他股东无法获得公司真实信息并"用脚投票"。

优化股权结构可以通过两种方式实施:一是引入机构投资者,这不仅可以有效降低股权结构的集中度,而且有能力的机构投资者还会把先进的管理经验带入公司,帮助公司渡过难关。机构投资者专业性强,积极介入公司治理,外部投资者的新鲜血液与公司内部大股东产生权力制衡、相互监督的局面,更有利于公司的发展,而且机构投资者持股比例较高与内部控制有较好的协同治理效果,能够抑制企业金融化。在选择机构投资者时不仅要考虑机构投资者的资金实力,更重要的是机构投资者要与企业的战略相匹配。二是鼓励中小股东积极参与公司股东会。要积极鼓励中小股东参与股东会,中小股东参与人数越多,越有助于改变公司一股独大的现象,抑制大股东掏空公司。推进中小股东协同治理公司的机制,将公司未来的发展与各个中小股东相联系,更易形成股权制衡的治理架构,更利于公司稳步发展。

(二)完善董事会运作机制

1.完善独立董事制度

独立董事作为公司治理结构中重要的一环,对扼杀企业财务舞弊行为具有举足轻重的作用。现有上市公司的一些独立董事实际上是"签名董事",严重缺乏对管理层的监督和制衡作用,独立董事的不作为让财务舞弊者有了可乘之机。所以,完善独立董事制度对防范上市公司财务舞弊行为的发生具有重要的意义。一方面,要完善独立董事的聘用制度。可以成立独立董事协会,协会应招聘具有金融、法务、管理等全方位专业知识的专业人才储备在人才库,建议上市公司聘用独立董事时从人才库中选聘。对独立董事及时优胜劣汰,对不尽职尽责的独董给予处罚,对造成企业损失巨大、情节严重的,将其逐出独董市场。另一方面,要进一步提升独立董事的比例,在原有的基础上更进一步提高独立董事的权力,逐步形成独立董事相互监督、制约的机制,促进独立董事的真正独立。

2.优化董事会结构

董事会成员由股东会选举产生,对所有利益相关者负责,而现有上市公司的董事会内部控制人问题严重,董事会成员基本在公司担任重要职位,与实际控制人关联密切,未尽到对所有

利益相关者负责的职责。因此,优化董事会结构对防范上市公司财务舞弊行为是重要的。优化董事会结构,一方面,可以选举职工代表和中小股东为董事参与决策,对大股东起到制衡作用;另一方面要严格监督董事会成员的选聘,避免过多的董事会成员在公司重要的职位任职,防止管理层利用职权舞弊的行为。

3. 完善审计委员会制度

现有上市公司董事会下虽可设审计委员会,但是其作用并未有效发挥。审计委员会作为公司内部监督机构,监督公司内部控制的实施情况,切实保障公司董事会、监事会、管理层之间的独立性,在公司治理中充当重要的角色。审计委员会要充分发挥其审计作用,不能充当大股东的"傀儡"。完善审计委员会制度对改进公司内部控制缺陷问题,防范财务舞弊行为具有重要的作用。完善审计委员会制度,一方面,要进一步加强审计委员会建设,确保审计委员会的独立性。审计委员会成员应选择与实际控制人无关联的董事,以此增强审计委员会的独立性。另一方面,审计委员会在选择第三方审计机构时要保证选聘的独立性,不应受董事会的干涉,此外选聘的外部审计机构要及时更换。

(三)提高监事会的独立性

企业财务舞弊没有被及时发现,监事会监督不力是一个重要的原因。因此完善监事会制度、提升监事会监督力度对从公司治理角度防范财务舞弊是重要的。公司完善监事会制度可以从以下几方面做起:其一,建立监事会成员专业素质考核制度并与薪酬挂钩,定期考核监事会成员对公司经营业务、方向和决策的认识,对表现优异的监事会成员给予奖励,对失职的成员予以惩罚。其二,要完善监事会成员的选聘制度,选聘专业能力强、独立性强、德高望重的具有话语权的监事进入监事会,选聘具有长期实务经验的财会、法律界人才进入监事会,更好发挥监事会的监督作用。

(四)提高核心高管职业素养

企业财务舞弊行为得以顺利实施,与其管理层职业素养低下有着重要关系,但是管理层专业水平高并不代表其职业道德素养就强。一些上市公司财务舞弊正是由于管理层自身道德水平低,弃长远利益于不顾,致公司和中小股东利益于不顾,只顾当前利益。此外,在《中华人民共和国证券法》2019年修订之前,法律规定对个人财务舞弊最高罚款60万元,这样的罚款对管理层来说就是牛毛,但是管理层不应认为罚款金额与自己收入悬殊就实施财务舞弊,这样做无疑是对法律的蔑视,对整个法治社会体系的践踏。大股东、管理层的贪婪心理违背了职业道德,侵害了众多投资者的利益。因此,企业应当加强管理层与员工道德素养和法律意识的建设,提升管理层对法律的敬畏意识,从根本上防范财务舞弊行为的发生。公司全员良好的道德素养和法律意识不仅可以有效遏制贪婪的欲望,更能培养全公司良好的道德氛围。

为了防范和杜绝财务舞弊事件发生,公司应从以下几点着手:首先,在公司内部定期开展法律知识普及以及道德素养教育大会,普及财务舞弊行为对个人、公司及社会造成的危害,督促全公司所有员工规范自己的行为,做到心中有法,从根源上杜绝财务舞弊的想法;其次,针对全公司员工定期开展法律知识测评,建立有效的惩处制度,将测评结果纳入绩效考核中并与薪酬挂钩,且对测评不合格者处以处罚;再次,要打造优秀的企业文化,督促全公司所有员工积极响应,身体力行地做到,不能只是喊口号;最后,开通公司内部举报通道,鼓励员工利用举报机制举报公司内的不合法行为,积极捍卫自身的权益。公司对积极反馈的员工给予奖励,形成全公司互相监督的局面,从而有效预防财务舞弊行为的发生。

第三节 健全公司内部控制

一、内部控制概述

1992年9月,美国反虚假财务报告委员会下属的发起人委员会(COSO委员会)提出了《内部控制——整合框架》,即COSO内部控制框架。COSO认为,内部控制是公司的董事会、管理层及其他人士为实现以下目标提供合理保证而实施的程序:经营的效率和有效性,财务报告的可靠性,遵循适用的法律法规。内部控制是一个实现目标的程序及方法,其本身并不是目标;内部控制只是提供合理保证;内部控制要由企业的各级人员实施与配合。

2008年5月,财政部、证监会、审计署、银监会、保监会联合发布了《企业内部控制基本规范》。《企业内部控制基本规范》要求企业建立内部控制体系时应符合以下目标:合理保证企业经营管理合法合规、资产安全、财务报告及相关信息真实完整,提高经营效率和效果,促进企业实现发展战略。《企业内部控制基本规范》要求企业所建立与实施的内部控制,应当包括内部环境、风险评估、控制活动、信息与沟通、内部监督五个要素,如图6-2所示。

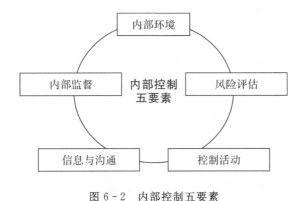

图6-2 内部控制五要素

二、内部控制防范企业财务舞弊的路径

(一)优化企业内部环境

内部环境是企业实施内部控制的基础。企业可以从以下方面优化内部环境：

(1)企业应当根据国家有关法律法规和企业章程,建立规范的公司治理结构和议事规则,明确决策、执行、监督等方面的职责权限,形成科学有效的职责分工和制衡机制。

(2)董事会负责内部控制的建立健全和有效实施。监事会对董事会建立与实施内部控制进行监督。经理层负责组织领导企业内部控制的日常运行。企业应当成立专门机构或者指定适当的机构具体负责组织协调内部控制的建立、实施及日常工作。

(3)企业应当在董事会下设立审计委员会。审计委员会负责审查企业内部控制,监督内部控制的有效实施和内部控制自我评价情况,协调内部控制审计及其他相关事宜等。审计委员会负责人应当具备相应的独立性、良好的职业操守和专业胜任能力。

(4)企业应当结合业务特点和内部控制要求设置内部机构,明确职责权限,将权力与责任落实到各责任单位。企业应当通过编制内部管理手册,使全体员工掌握内部机构设置、岗位职责、业务流程等情况,明确权责分配,正确行使职权。

(5)企业应当加强内部审计工作,保证内部审计机构设置、人员配备和工作的独立性。内部审计机构应当结合内部审计监督,对内部控制的有效性进行监督检查。内部审计机构对监督检查中发现的内部控制缺陷,应当按照企业内部审计工作程序进行报告;对监督检查中发现的内部控制重大缺陷,有权直接向董事会及其审计委员会、监事会报告。

(6)企业应当制定和实施有利于企业可持续发展的人力资源政策。人力资源政策应当包括下列内容:①员工的聘用、培训、辞退与辞职;②员工的薪酬、考核、晋升与奖惩;③关键岗位员工的强制休假制度和定期岗位轮换制度;④掌握国家秘密或重要商业秘密的员工离岗的限制性规定;⑤有关人力资源管理的其他政策。

(7)企业应当将职业道德修养和专业胜任能力作为选拔和聘用员工的重要标准,切实加强员工培训和继续教育,不断提升员工素质。

(8)企业应当加强文化建设,培育积极向上的价值观和社会责任感,倡导诚实守信、爱岗敬业、开拓创新和团队协作精神,树立现代管理理念,强化风险意识。董事、监事、经理及其他高级管理人员应当在企业文化建设中发挥主导作用。企业员工应当遵守员工行为守则,认真履行岗位职责。

(9)企业应当加强法治教育,增强董事、监事、经理及其他高级管理人员和员工的法治观念,严格依法决策、依法办事、依法监督,建立健全法律顾问制度和重大法律纠纷案件备案制度。

(二)加强风险评估工作

企业风险评估缺失是导致财务舞弊的重要原因。企业可以从以下方面优化风险评估工作:

(1)企业应当根据设定的控制目标,全面系统持续地收集相关信息,结合实际情况,及时进行风险评估。

(2)企业开展风险评估,应当准确识别与实现控制目标相关的内部风险和外部风险,确定相应的风险承受度。风险承受度是企业能够承担的风险限度,包括整体风险承受能力和业务层面的可接受风险水平。

(3)企业识别内部风险,应当关注下列因素:①董事、监事、经理及其他高级管理人员的职业操守、员工专业胜任能力等人力资源因素;②组织机构、经营方式、资产管理、业务流程等管理因素;③研究开发、技术投入、信息技术运用等自主创新因素;④财务状况、经营成果、现金流量等财务因素;⑤营运安全、员工健康、环境保护等安全环保因素;⑥其他有关内部风险因素。

(4)企业识别外部风险,应当关注下列因素:①经济形势、产业政策、融资环境、市场竞争、资源供给等经济因素;②法律法规、监管要求等法律因素;③安全稳定、文化传统、社会信用、教育水平、消费者行为等社会因素;④技术进步、工艺改进等科学技术因素;⑤自然灾害、环境状况等自然环境因素;⑥其他有关外部风险因素。

(5)企业应当采用定性与定量相结合的方法,按照风险发生的可能性及其影响程度等,对识别的风险进行分析和排序,确定关注重点和优先控制的风险。企业进行风险分析,应当充分吸收专业人员,组成风险分析团队,按照严格规范的程序开展工作,确保风险分析结果的准确性。

(6)企业应当根据风险分析的结果,结合风险承受度,权衡风险与收益,确定风险应对策略。企业应当合理分析、准确掌握董事、经理及其他高级管理人员、关键岗位员工的风险偏好,采取适当的控制措施,避免因个人风险偏好给企业经营带来重大损失。

(7)企业应当综合运用风险规避、风险降低、风险分担和风险承受等风险应对策略,实现对风险的有效控制。

(8)企业应当结合不同发展阶段和业务拓展情况,持续收集与风险变化相关的信息,进行风险识别和风险分析,及时调整风险应对策略。

(三)完善控制活动

企业控制活动缺失或执行不力是导致财务舞弊的重要原因。企业可以从以下方面优化控制活动:

(1)企业应当结合风险评估结果,通过手工控制与自动控制、预防性控制与发现性控制相结合的方法,运用相应的控制措施,将风险控制在可承受度之内。控制措施一般包括不相容职务分离控制、授权审批控制、会计系统控制、财产保护控制、预算控制、运营分析控制和绩效考评控制等。

(2)实施不相容职务分离控制。不相容职务一般包括授权批准与业务经办、业务经办与会计记录、会计记录与财产保管、业务经办与稽核检查、授权批准与监督检查等。

(3)完善授权审批控制。授权审批是指单位在办理各项经济业务时,必须经过规定程序的授权批准。授权审批形式通常有常规授权和特别授权之分。常规授权是指单位在日常经营管理活动中按照既定的职责和程序进行的授权,用以规范经济业务的权力、条件和有关责任者,其时效性一般较长。特别授权是指单位对办理例外的、非常规性交易事件的权力、条件和责任的应急性授权。企业要根据常规授权和特别授权的规定,明确各岗位办理业务和事项的权限范围、审批程序和相应责任。企业应当编制常规授权的权限指引,规范特别授权的范围、权限、程序和责任,严格控制特别授权。企业各级管理人员应当在授权范围内行使职权和承担责任。企业对于重大的业务和事项,应当实行集体决策审批或者联签制度,任何个人不得单独进行决策或者擅自改变集体决策。

(4)完善会计系统控制。会计系统控制主要是通过对会计主体所发生的各项能用货币计量的经济业务进行记录、归集、分类、编报等而进行的控制。其内容主要包括:

①依法设置会计机构,配备会计人员。从事会计工作的人员,必须具备从事会计工作必要的专业能力,会计机构负责人应当具备会计师以上专业技术职务资格或从事会计工作三年以上经历。大中型企业应当设置总会计师或者财务总监,设置总会计师或者财务总监的单位,不得设置与其职权重叠的副职。

②建立会计工作的岗位责任制,对会计人员进行科学合理的分工,使之相互监督和制约。

③按照规定取得和填制原始凭证。

④设计良好的凭证格式。

⑤对凭证进行连续编号。

⑥明确会计凭证、会计账簿和财务会计报告的处理程序,保证会计资料真实完整。

⑦明确凭证的装订和保管手续责任。

⑧合理设置账户,登记会计账簿,进行复式记账。

⑨按照《中华人民共和国会计法》和国家统一的会计准则制度的要求编制、报送、保管财务报告。

(5)完善财产保护控制。企业要建立财产日常管理制度和定期清查制度,采取财产记录、实物保管、定期盘点、账实核对等措施,确保财产安全。企业应当严格限制未经授权的人员接触和处置财产。财产保护控制主要包括以下方面:

①财产记录和实物保管。关键是要妥善保管涉及资产的各种文件资料,避免记录受损、被盗、被毁。对重要的文件资料,应当留有备份。

②定期盘点和账实核对。

③限制接近。限制接近指严格限制未经授权的人员对资产的直接接触,只有经过授权批准的人员才能接触该资产。限制接近包括限制对资产本身的接触和通过文件批准方式对资产使用或分配的间接接触。一般情况下,对货币资金、有价证券、存货等变现能力的资产必须限制无关人员的直接接触。

(6)完善预算控制。企业要实施全面预算管理制度,明确各责任单位在预算管理中的职责权限,规范预算的编制、审定、下达和执行程序,强化预算约束。

(7)完善运营分析控制。企业要建立运营情况分析制度,经理层应当综合运用生产、购销、投资、筹资、财务等方面的信息,通过因素分析、对比分析、趋势分析等方法,定期开展运营情况分析,发现存在的问题,及时查明原因并加以改进。

(8)完善绩效考评控制。企业要建立和实施绩效考评制度,科学设置考核指标体系,对企业内部各责任单位和全体员工的业绩进行定期考核和客观评价,将考评结果作为确定员工薪酬以及职务晋升、评优、降级、调岗、辞退等的依据。

(9)企业应当根据内部控制目标,结合风险应对策略,综合运用控制措施,对各种业务和事项实施有效控制。

(10)企业应当建立重大风险预警机制和突发事件应急处理机制,明确风险预警标准,对可能发生的重大风险或突发事件,制定应急预案、明确责任人员、规范处置程序,确保突发事件得到及时妥善处理。

(四)畅通信息与沟通

企业信息与沟通不畅是导致财务舞弊的重要原因。企业可以从以下方面优化信息与沟通工作:

(1)企业应当建立信息与沟通制度,明确内部控制相关信息的收集、处理和传递程序,确保信息及时沟通,促进内部控制有效运行。

(2)企业应当对收集的各种内部信息和外部信息进行合理筛选、核对、整合,提高信息的有用性。

(3)企业应当将内部控制相关信息在企业内部各管理级次、责任单位、业务环节之间,以及企业与外部投资者、债权人、客户、供应商、中介机构和监管部门等有关方面之间进行沟通和反馈。信息沟通过程中发现的问题,应当及时报告并加以解决。重要信息应当及时传递给董事会、监事会和经理层。

(4)企业应当利用信息技术促进信息的集成与共享,充分发挥信息技术在信息与沟通中的作用。企业应当加强对信息系统开发与维护、访问与变更、数据输入与输出、文件储存与保管、网络安全等方面的控制,保证信息系统安全稳定运行。

(5)企业应当建立反舞弊机制,坚持惩防并举、重在预防的原则,明确反舞弊工作的重点领域、关键环节和有关机构在反舞弊工作中的职责权限,规范舞弊案件的举报、调查、处理、报告和补救程序。企业至少应当将下列情形作为反舞弊工作的重点：

①未经授权或者采取其他不法方式侵占、挪用企业资产，牟取不当利益；

②在财务会计报告和信息披露等方面存在的虚假记载、误导性陈述或者重大遗漏等；

③董事、监事、经理及其他高级管理人员滥用职权；

④相关机构或人员串通舞弊。

(6)企业应当建立举报投诉制度和举报人保护制度，设置举报专线，明确举报投诉处理程序、办理时限和办结要求，确保举报、投诉成为企业有效掌握信息的重要途径。举报投诉制度和举报人保护制度应当及时传达至全体员工。

(五)加强内部监督

企业内部监督缺失是导致财务舞弊的重要原因。企业可以从以下方面优化内部监督：

(1)企业应当根据《企业内部控制基本规范》及其配套办法，制定内部控制监督制度，明确内部审计机构(或经授权的其他监督机构)和其他内部机构在内部监督中的职责权限，规范内部监督的程序、方法和要求。

内部监督分为日常监督和专项监督。日常监督是指企业对建立与实施内部控制的情况进行常规、持续的监督检查；专项监督是指在企业发展战略、组织结构、经营活动、业务流程、关键岗位员工等发生较大调整或变化的情况下，对内部控制的某一或者某些方面进行有针对性的监督检查。专项监督的范围和频率应当根据风险评估结果以及日常监督的有效性等予以确定。

(2)企业应当制定内部控制缺陷认定标准，对监督过程中发现的内部控制缺陷，应当分析缺陷的性质和产生的原因，提出整改方案，采取适当的形式及时向董事会、监事会或者经理层报告。内部控制缺陷包括设计缺陷和运行缺陷。企业应当跟踪内部控制缺陷整改情况，并就内部监督中发现的重大缺陷，追究相关责任单位或者责任人的责任。

(3)企业应当结合内部监督情况，定期对内部控制的有效性进行自我评价，出具内部控制自我评价报告。企业可以授权内部审计部门或专门机构(以下简称内部控制评价部门)负责内部控制评价的具体组织实施工作。企业内部控制评价部门应当根据经批准的评价方案，组成内部控制评价工作组来具体实施内部控制评价工作。内部控制评价工作组应当对被评价单位进行现场测试，综合运用个别访谈、调查问卷、专题讨论、穿行测试、实地查验、抽样和比较分析等方法，充分收集被评价单位内部控制设计和运行是否有效的证据，按照评价的具体内容，如实填写评价工作底稿，研究分析内部控制缺陷。内部控制评价工作组应当根据现场测试获取的证据，对内部控制缺陷进行初步认定，并将其按影响程度分为重大缺陷、重要缺陷和一般缺陷。重大缺陷应当由董事会予以最终认定。企业对认定的重大缺陷，应当及时采取应对策略，切实将风险控制在可承受范围之内，并追究有关部门或相关人员的责任。

(4)企业应当以书面或者其他适当的形式，妥善保存内部控制建立与实施过程中的相关记录或者资料，确保内部控制建立与实施过程的可验证性。

第四节 加强审计监督力度

一、重点关注被审计单位环境及风险

审计人员在执行审计任务时,应当对被审计单位的经济业务活动及其会计信息的处理流程进行全面且深入的了解。通常情况下,被审计单位的财务数据本身并不直接显现严重问题,但审计人员需重点审视的是这些数据所反映内容的真实性,以及财务数据在生成过程中是否存在任何不当操作或违规行为。因此,在审计工作的初步阶段,审计人员首要的任务是熟悉并掌握被审计单位的经营业务特性及其会计处理程序,同时对被审计单位所处的环境及其潜在风险给予高度的关注。具体而言,审计人员需细致评估被审计单位是否正面临财务困境,其会计核算体系是否过于复杂且涉及大量的关联方交易,业务规模是否庞大且经济业务种类繁多,以及是否存在因决策失误而导致的经济损失等情况。在面临这些复杂且敏感的情境时,审计人员必须保持高度警惕,因为这些都可能是被审计单位虚构财务报表、伪造或篡改票据等不法行为的诱因。因此,审计人员在执行审计任务时,对被审计单位环境及其风险的深入了解和重点关注,对确保审计工作的准确性和有效性具有至关重要的意义。

二、不断更新审计手法

随着科技的飞速发展,我们已经步入了信息化时代。在这个时代背景下,审计行业也应当积极拥抱技术创新,巧妙运用现代技术手段来优化审计方法。大范围地应用审计信息化技术,不仅能够为审计行业带来巨大的便利,还能够将审计人员从简单重复且烦冗的工作中解放出来。这样一来,审计人员就能节省出更多的时间和精力,去深入挖掘财务数据背后隐藏的"秘密",从而为企业的健康发展和市场的稳定运行提供更加有力的保障。

此外,审计人员在财务舞弊审计中要积极运用研究型审计方法。第一,深入理解与分析被审计单位的财务舞弊行为。深入研究财务舞弊的常见手法、特征及其动因,如虚假记账、虚构交易等,以及管理层可能面临的压力或利益驱动因素。第二,做好审前调查与风险识别。开展全面细致的审前调查,了解被审计单位的经营环境、内部控制体系、财务状况等,识别潜在的舞弊风险点。借助数据分析工具,对被审计单位的财务数据进行初步分析,发现异常波动或模式,为后续审计提供线索。第三,做好审计策略与程序制定。根据审前调查结果,制定针对性的审计策略和计划,明确审计目标、范围和方法。设计并实施一系列审计程序,包括控制测试、实质性测试、分析性复核等,以验证审计假设,发现舞弊行为。第四,持续监测与反馈。在审计过程中,持续关注被审计单位的经营变化和内部控制执行情况,及时发现新的舞弊风险点。与被审计单位管理层、治理层保持有效沟通,及时反馈审计发现的问题和建议,推动问题整改。第五,总结与提升。审计结束后,对审计过程进行总结,提炼经验教训,完善审计方法和程序。

加强培训和教育,提升识别舞弊风险的能力和研究型审计水平。以上措施可以发挥研究型审计方法在财务舞弊审计中的作用,提高审计工作的效率和质量,有效揭露和防范财务舞弊行为。

三、熟悉会计造假动机和手法,谨慎执业

上市公司的会计造假动机,可以从以下四个具体且详细的维度进行深入剖析:第一,融资驱动需求是上市公司造假的一大诱因。公司上市的核心目的往往在于股权融资,而为了获得上市配股权,公司必须满足特定的财务指标。例如,若公司期望在本年度内获得配股权,其过去三年的净资产收益率需连续达到10%的门槛。面对这一严苛条件,部分公司可能会采取极端手段,如财务造假,以确保自身符合融资标准。第二,个人利益需求也是推动上市公司造假的重要因素。高层管理人员若持有公司股票,为了在高价位时顺利卖出,他们可能会通过财务造假来人为抬高股价,从而牟取巨额利益。第三,业绩需求动机同样不容忽视。在许多公司中,高层管理人员的薪酬往往与公司的财务业绩紧密相连。在激烈的市场竞争中,为了筹措资金、维持股价稳定,公司可能会采取激进的财务策略。然而,一旦策略失误,公司可能会面临股价暴跌、资金链断裂的困境。为了扭转颓势,部分公司可能会选择财务造假来获取急需的资金。第四,避免退市的需求也是上市公司造假的一个重要原因。根据相关规定,上市公司若连续三年亏损,将面临被迫退市的风险。退市不仅意味着公司声誉的严重受损,更可能导致巨大的经济利益损失。因此,为了保住上市公司的"空壳"地位,部分公司可能会不惜一切代价进行财务造假。

在财务造假的手法上,常见的造假手段主要涵盖收入造假、资产造假以及成本、费用和负债造假这几个方面。这些造假手段往往隐蔽且复杂,给审计工作带来了极大的挑战。因此,审计人员在进行审计时,必须时刻保持高度的职业怀疑态度,谨慎执业。对企业提供的财务资料,审计人员应进行全面且深入的审查,不放过任何一个可能的造假线索。同时,对来自不同渠道的审计证据,审计人员也应保持警惕,并进行充分的验证和核实。例如,在进行函证程序时,审计人员应亲自收发函件,并密切关注邮寄信息和收件时的发件地址。对无法获取的函证,审计人员应执行替代程序以获取充分的审计证据。此外,在观察交易内容时,审计人员应特别关注信息是否存在异常,如名字相似、地址相近、短期内发生大型交易以及大量货币资金支付等问题。

四、加强继续教育、端正职业态度、培养职业责任感

首先,审计人员应提升自身的业务能力,这是避免审计失败的前提,故审计人员需要加强继续教育。由于审计领域的知识和技术日新月异,社会对审计人员的专业胜任能力和执业水平的要求也在持续提高。因此,审计人员在参与后续教育和培训时,必须积极掌握并熟练运用相关的新知识、新技能和新法规,以满足执业的严苛要求,确保执业质量的高标准。

其次,审计人员应培养自身责任感。中国注册会计师审计准则中明确强调了提高审计报告的沟通价值和增强审计工作的透明度,要求报告使用者能够更准确地理解审计的基本定位、核心概念以及各方职责。为了实现这一目标,审计报告中不仅增加了对"合理保证""重要性""风险导向审计"等核心概念的详细阐释,还明确指出了审计人员在发现舞弊、与治理层沟通等方面的责任。同时,中国注册会计师审计准则还要求在上市实体的审计报告中披露项目合伙人的姓名,以明确对审计质量承担最终责任的人员。这些要求都凸显了审计人员责任感的重要性。审计人员不仅要对自己的工作负责,更要对单位、对所有股民负责。因此,培养自身责任感是审计人员不可或缺的一环。在监管过程中,审计部门也必须确保这种责任感能够落实到每一个审计人员身上,让审计人员时刻铭记自己的职责和使命,为审计工作的顺利进行和审计质量的稳步提升贡献自己的力量。

复习思考题

1. 会计人员职业道德规范的内容包括什么?
2. 会计人员职业道德水平的提升路径有哪些?
3. 公司治理结构防范财务舞弊的路径有哪些?
4. 内部控制防范财务舞弊的路径有哪些?
5. 加强审计监督防范财务舞弊的具体措施有哪些?

第七章
数字经济背景下的财务舞弊审计

学习目标

1. 了解数字经济带来的产业变革内容；
2. 掌握数字经济背景下的审计变革内容；
3. 掌握数字经济对财务舞弊审计的影响内容；
4. 掌握数字经济背景下财务舞弊审计的革新措施。

导入案例

数字经济带来产业和审计变革

2024年3月5日，国务院总理李强在第十四届全国人民代表大会第二次会议上做出的政府工作报告指出：2023年，数字经济加快发展，5G用户普及率超过50%。2024年，政府将深入推进数字经济创新发展。制定支持数字经济高质量发展政策，积极推进数字产业化、产业数字化，促进数字技术和实体经济深度融合。在2024全球数字经济大会上，中国信通院发布的《全球数字经济白皮书（2024年）》显示，2023年美国、中国、德国、日本、韩国5个国家数字经济总量超33万亿美元，同比增长超8%，2024年至2025年全球数字产业收入增速预计将出现回升。国家数据局局长表示，2023年中国数字经济核心产业增加值估计超过12万亿元，占国内生产总值（GDP）的比重为10%左右，有望提前完成"十四五"规划目标。

《中国注册会计师协会关于做好上市公司2023年年报审计工作的通知》中提出："关注数字化转型影响，利用新技术手段进行审计创新。随着互联网、大数据、人工智能等信息技术在经济社会各领域深度应用，事务所要关注数字经济发展和上市公司数字化转型带来的商业模式创新、业务流程重塑及管理模式变更对审计风险的影响，分析对审计方式、审计抽样、审计证据搜集等技术和方法的影响，获取、开发、维护、利用适当的数字化审计工具，进行审计创新；要加强对数字化审计技术的培训，培养审计人员数字化审计能力，确保审计人员在使用审计作业系统、函证电子平台、智能文档审阅工具和数据分析软件等新型审计工具时,具备相应的专业能力并保持应有的谨慎,以更有效地进行风险评估、设计更合适的程序,并调查异常情况。"2024年中国注册会计师协会课题研究项目需求中第一个课题就是企业财务舞弊审计研究。该课题旨在研究新形势下企业财务舞弊呈现出的新特点、新手段、新方法,探讨有效应对舞弊的审计方法、手段和思路,指导注册会计师更加有效地应对企业财务舞弊,提高审计质量。并且该课题的研究成果,将为进一步修订相关审计准则提供参考。

资料来源:中国注册会计师协会.中国注册会计师协会关于做好上市公司2023年年报审计工作的通知[A/OL].(2023-12-09)[2024-09-15].https://www.cicpa.org.cn/xxfb/tzgg/202312/t20231229_64601.html.

郭倩,朱育莹.数字经济将迎来多重政策利好[N].经济参考报,2024-07-03(2).

案例思考

1.数字经济发展会对财务舞弊审计带来哪些影响?
2.数字经济带来的审计变革会对审计人员遵守职业道德带来哪些影响?

第一节 数字经济与审计变革

一、数字经济的内涵

20世纪90年代,经济学家唐·塔普斯科特首次提出数字经济的概念,并预测了数字化对商业、政府、教育、社会责任等12个领域的影响。此后,《数字化生存》《信息时代三部曲》等多部有关数字经济的著作陆续出版。美国经济学家托马斯·梅森伯格将数字经济分为三层:最底层的是数字交易的基础设施,包括硬件、软件、通信技术、网络和人力资本等;在其之上是局部的数字交易活动,如在线销售和企业内部的数字化管理;再上一层是全网络的电子商务活动,涵盖从采购、生产、销售到配送全过程的数字化商务活动。后来,约翰·麦考密克将网络社交和互联网搜索作为第四个层次加入数字经济体系。第四层是纯粹数字化的"虚拟物品"交易,也被称为"虚拟经济",它的存在会促进前三个层次数字经济的发展。例如,网络社交极大地推动了基础网络和通信技术的应用与推广,搜索与众包繁荣了第二与第三层次的数字交易及电子商务。随后,各主要发达国家陆续公布数字经济的相关统计数据,推出数字经济发展战略。

2016年二十国集团领导人杭州峰会上达成的《二十国集团数字经济发展与合作倡议》对数字经济进行了清晰的界定:数字经济是指以使用数字化的知识和信息作为关键生产要素、以现代信息网络作为重要载体、以信息通信技术的有效使用作为效率提升和经济结构优化的重要推动力的一系列经济活动。这一界定明确了数字经济概念的三方面内容:第一,数字经济与以往经济形态的根本区别——数字化的知识和信息成为至关重要的生产要素；第二，数字经济发展的基础与载体是现代信息网络；第三，数字经济发展的动力是互联网、物联网、云计算等日新月异的信息技术。

《中华人民共和国国民经济和社会发展第十四个五年规划和2035年远景目标纲要》《"十四五"国家信息化规划》《"十四五"数字经济发展规划》《数字中国建设整体布局规划》等重要文件均强调，要将"数据"视为重要的生产要素，鼓励数字技术与实体经济紧密结合，做好数字基础设施建设，更好地让数字技术服务于传统产业，扶持新的数字产业，发展新的业态和模式。2023年以来，国家作出推动新质生产力发展的重要战略部署，强调大力推进现代化产业体系建设，加快发展新质生产力，深入推进数字经济创新发展，制定支持数字经济高质量发展的政策，积极推进数字产业化、产业数字化，促进数字技术和实体经济深度融合。

二、数字经济带来的产业变革

(一)数字化转型驱动传统部门转型升级

随着传统产业的数字化转型，数字技术在科研、医疗、农业和城市管理等领域得到创新融合应用。例如，在科研领域，随着海量研究数据的收集分析和研究结果的共享扩散，开放获取期刊和同行审查的新模式正在形成；在医疗领域，越来越多的移动健康应用(App)和电子健康记录为改善和优化临床管理带来新的机遇；在农业方面，精确的农业自动化深刻地影响传统的模式；同时，城市也抓住数字应用契机，在交通、能源、水和废物处理等领域，不断挖掘数字创新的潜力来改善规划和决策。

(二)数字经济对企业管理变革的影响

对于企业而言，数字经济的发展给包括竞争战略、组织结构和文化在内的管理实践带来了巨大的冲击。随着先进的网络技术应用于实践，人们关于时间和空间的观念受到真正的挑战。企业想办法在数据、信息系统、工作流程和工作实务等方面与顾客、供应商、合作伙伴进行整合，而它们都有各自不同的标准、协议、传统、需要、激励和工作流程。具体来看，首先是商业模式的转型。在数字经济背景下，打造平台这种新的商业模式主要有以下四种类型：第一种是简单的线上业务扩展，即传统意义上的"互联网＋"；第二种是围绕自己的产品建立细分生态，即通过互联网等信息技术拓展原有的产品；第三种是基于自己的优势资源，抓住产业机会定义和培育新的生态，寻求先发优势，即领先技术和产品带来的持久的竞争优势；第四种是通过平台之间的合作，扩大网络效应。其次是企业组织结构和管理流程等内部管理的数字化转型。数字技术推动传统企业从流程驱动、中心控制的组织转型为共享平台、高度去中心化的新型组织，改变了企业生产运营的整个过程。

(三)数字革命深刻改变了就业市场

传统的经济理论对技术进步与就业的关系尚存争论,在现实中,新一代数字技术对就业的复杂影响开始显现。在大多数经济合作与发展组织(OECD)国家,ICT(信息与通信技术)投资会导致劳动力需求在制造、商业服务及贸易、交通和住宿领域下降,而在文化、娱乐和其他服务领域出现增长。此外,数字技术的使用引起就业结构和就业性质新的变化。例如,越来越多的新兴就业群体乐于通过网络交易平台从事灵活的临时和兼职工作。

(四)数字经济正重塑国际贸易格局

数字技术正在重塑国际贸易格局,对服务业的影响尤为巨大。其一,数字技术可以提高产业生产力和国际竞争力,并通过在研发活动中加强协作等方式转化为效益;其二,数字技术的使用还可以增强客户关系,改善供应链管理,提高生产率和市场份额,有助于企业在国际竞争中处于优势地位。OECD指出,制造数字技术附加值较高的经济体未必在出口中增加数字化技术服务价值,反之亦然。OECD进一步指出,高效率的数字技术服务有助于企业提高生产率、贸易额和竞争力,但在一些国家,经济以及与贸易有关的限制(包括电信和计算机服务限制)仍然十分普遍。

三、数字经济促使审计变革

数字经济对审计最直接、最明显的影响,就是对审计工作方式和工作流程的影响。这改变了审计的工作表现,如逐步实现全面审计和持续审计,进而促使审计职能的转型。

(一)审计的职能定位发生转变

我国的审计正在经历向风险导向审计转型的过程。除了传统的查错纠弊职能外,审计需要更多地融入企业管理的各个方面,为企业提供决策支持和增值服务,协助识别和管理企业在数字化转型时面临的各种风险,促进组织目标的实现。数字经济下的技术运用为审计职能定位的转变创造了条件。

例如,自动化技术可以提高审计的覆盖率,使审计更容易实现防错纠弊、合规检查的基本职能,同时将审计人员从传统的审计任务中解放出来,为其从事战略性决策支持和价值创造工作提供了机会;数据分析技术可以使审计人员综合利用企业内外部的数据,通过相应的基准分析、比较分析和趋势分析,加上一些数据可视化工具,为企业提供更有价值的决策依据和风险管理建议。审计在数字经济下的转变与技术带来的影响是密不可分的。审计程序的自动化使持续审计和全面审计成为可能,同时智能化的分析工具促使审计朝价值创造方向转型。

(二)审计工作方式和工作流程发生转变

数字经济给审计工作带来的最明显的改变,就是技术代替了审计人员的部分工作。为了提供确认服务,审计常常涉及一些重复性工作,这些重复性工作既有来自业务的,如差旅费报销等,也有来自审计本身的,如对数据进行逐项核对等。数字经济下,机器人流程自动化技术(robotic process automation,RPA)可以使这类基本操作自动化。审计人员可以通过程序的设定,让机器人(即程序)自动执行与审计人员相同的操作,但更加标准化,进而减少人为错误,提高审计工作的质量。同时,利用RPA执行的审计程序具有可回溯的特点,错误发生时便于审计人员检测和纠正错误。数字经济下,企业流程再造对审计工作也会产生影响。当企业进行基于流程再造的流程管理时,审计人员必须认识到业务流程将发生变化,参与这些流程的员工有不同的思维方式和项目管理方法。同时,审计可以通过流程再造来实施和管理审计活动。在这种情况下,审计工作的性质将发生变化,审计人员必须更加高效和灵活。

(三)由抽样审计向全面审计转变

当前,抽样技术被广泛地运用于审计工作当中。基于控制测试的结果,对实质性程序性质、时间和范围的调整也体现着抽样审计的思想。由于抽样审计本身存在风险,加之数字经济下企业交易规模逐渐扩大,抽样可能使审计风险进一步加大。但数字经济下,RPA、大数据分析等技术为审计人员实施全面审计提供了可能。例如,一款名为"里程机器人"的自动化工具可以通过自动抓取所有出差员工的差旅费信息,实现对差旅费用的全面审核而非抽样审核,使差旅费较多的企业实现对这个项目的全面审计。此外,审计还可以通过机器人自动执行穿行测试,实现对控制的全面测试而非抽样测试,这对于IT应用控制较多的企业具有重大意义。可见,技术支持下的全面审计不仅审计范围有所扩大,更是对抽样审计下审计风险管理的一大突破。

(四)由事后审计向持续审计转变

持续审计强调审计过程的持续性与审计实施的即时性,它往往依赖于自动化审计程序,并将自动化审计程序嵌入业务财务信息系统或在审计软件中及时执行。企业通过完善的持续审计体系,采取持续采集数据、及时分析预警、按时督促整改的审计方式,能够将风险消灭在萌芽状态,提高审计的即时性和有效性。持续审计并不是数字经济时代的审计新概念。《全球技术审计指南(第3号)连续审计:对保证、监控和风险评估的意义》对持续审计的描述是:在技术和新审计范式的支持下,对风险和控制进行持续的评估。事实上,持续审计是各种类型审计一直追求的目标,但是由于会计核算的滞后性,审计往往在获取会计信息之后才能进行。但正如该指南所述,数字经济下新技术的出现使会计实时核算和持续审计成为可能。

RPA等技术可以自动执行审计中的重复性工作,这就意味着,这些技术使以前手动执行和不经常执行的任务可以自动、实时或接近实时的方式执行,从而实现持续审计。事实上,持续审计本身与新技术下能够做到全面审计有关。传统技术条件下,审计需要抽取样本,因而进行定期的抽样评估和测试。而更大规模的样本甚至是基于总体的持续评估,将极大地改变审计的工作方式和审计思维。

(五)推动审计组织自身模式变革

一是审计组织管理模式变革。为适应审计项目的快捷化、个性化与系统化特征,审计项目组织方式向弹性化和机动化发展,审计组织结构向扁平化和网络化发展,审计管理体制向垂直化与集中化发展。二是审计技术支持模式变革。即逐步建立审计技术支持团队,强化非现场审计资源整合,集中提取、整理与分析各类数据,为系统审计机构提供集中的后援技术支持。三是审计项目组织模式变革。依托集中部署的审计技术支持中心与分散布局的审计机构,逐步实施以"总体分析、发现疑点、分散核查、系统研究"为特征的总体分析审计模式,通过总体分析和评价来确定线索,通过分散核查确认疑点,强化系统性审计能力。

四、数字经济促使审计变革的具体案例

在当今数字化高速发展的时代,人工智能正以惊人的速度改变着各个行业。微软作为全球科技巨头,一直致力于推动人工智能技术的创新与应用。2024年3月,微软宣布将在Office软件中推出财务Copilot AI聊天机器人,这为财务领域带来了一场重大变革。

(一)微软财务Copilot AI聊天机器人的诞生背景

随着全球经济的不断发展和企业规模的日益扩大,财务工作的复杂性和工作量也在不断增加。传统的财务工作模式主要依赖人工操作,不仅效率低下,而且容易出现错误。同时,大量的数据处理和分析工作也给财务人员带来了巨大的压力。在这样的背景下,微软凭借其在人工智能领域的深厚技术积累,推出了财务Copilot AI聊天机器人,旨在帮助企业提高财务工作效率,降低成本,提升决策的准确性。

(二)微软财务Copilot AI聊天机器人的功能特点

1. 强大的数据分析能力

微软财务Copilot AI聊天机器人能够快速处理和分析大量的财务数据。它可以自动从企业的财务系统中提取数据,并进行深入的分析和挖掘。通过对数据的可视化展示,财务人员可以更加直观地了解企业的财务状况,发现潜在的问题和风险。例如,它可以生成各种财务报表,如资产负债表、利润表、现金流量表等,并对报表中的数据进行分析,提供关键指标的解读和趋势预测。

2. 智能的任务执行能力

该聊天机器人可以协助财务人员快速执行关键任务。比如,在运行方差分析时,它能够自动收集和整理相关数据,并进行准确的计算和分析。在Excel中协调数据时,它可以快速识别数据的差异和错误,并提供相应的解决方案。在Outlook中加快收集过程方面,它可以自动发送邮件、收集回复,并对回复进行整理和分析,大大提高了工作效率。

3. 个性化的服务能力

微软财务 Copilot AI 聊天机器人可以根据不同用户的需求和习惯，提供个性化的服务。它可以学习用户的工作方式和偏好，为用户提供更加贴心的建议和解决方案。例如，对于经常处理特定类型财务任务的用户，它可以自动推荐相关的工具和方法，提高工作效率。同时，它还可以根据用户的反馈不断优化自己的服务，提升用户体验。

4. 安全可靠的保障能力

在财务领域，数据安全至关重要。微软财务 Copilot AI 聊天机器人采用了先进的安全技术，确保用户的财务数据安全可靠。它严格遵守相关的法律法规，对用户数据进行加密存储和传输，防止数据泄露和滥用。同时，它还具备强大的权限管理功能，可以根据用户的角色和职责，设置不同的访问权限，确保数据的安全性和保密性。

第二节 数字经济背景下财务舞弊审计的革新

一、数字经济对财务舞弊审计的影响

（一）数据导向型审计应运而生

审计技术的发展经历了账项导向审计、制度导向审计与风险导向审计三个阶段。这是一个从全面审计走向抽样审计的过程，在这个过程中因抽样群体的变化产生了不同的方法。这也是审计资源有限所导致的一种无奈的选择。大数据环境下，被审计单位数据库的形成与不断集中，为实施全样本审计奠定了重要的数据基础，使得审计监督更加全面，审计结论更加客观，避免了抽样审计结果的片面性。当然，我们需要认识到，这并不是否定抽样审计，只是弥补了抽样审计技术的不足。审计人员面对大数据，需要综合运用数据采集、处理、存储、传输等技术方法。尤其是在数据处理过程中，审计人员可以根据审计经验总结数据特征，或运用数据挖掘等技术发现未知的、相关的数据，运用查询分析、多维分析、语义检索等新兴技术发现符合特征的数据。

大数据重构了审计技术模型，这种重构包括：①构建审计资料数据化模型。审计机构可以系统地获取被审计单位的电子数据与相关资料，对采集的原始数据（包括非结构化数据）进行转换、清理和验证并加以整合梳理，形成结构清楚、格式规范、内容整洁、便于分析的审计资料数据化模型。②构建审计事项数据化模型。审计机构应当建立面向数据的审计事项模型，指引审计人员面向数据对象开展具体审计工作；同时，应当按照系统分析把握总体、类别分析确定重点、个体分析筛选线索的步骤进行规划设计，利用多维分析、关联分析、验证分析和挖掘分析等方法构建风险数据化模型，以确定经营管理中的风险。③构建平台支持数据化模型。可以在审计软件中预设数据应用类审计模型，也可整合大量简单易用的大数据分析工具形成大数据分析平台，通过运用平台支持的模型与工具进行分析判断，提升大数据应用效率和效果。

这种全样本的审计模式使得审计的重点集中于利用信息系统进行审计和对被审计单位信息系统安全性进行审计,其中对信息系统安全性进行审计的主要对象是信息系统的内部控制,目的是保证生成数据的真实性和完整性。随之,审计的业务流程与审计技术都会发生相应的变化,我们可以将这种审计模式命名为数据导向型审计,它是信息化环境下一种新的审计模式。

(二)远程审计成为未来的主要工作形式

非现场审计是运用适当的方法和流程收集、整理、分析被审计单位相关业务数据和资料的远程审计程序。要实现真正的非现场审计,应该利用计算机技术、网络技术对被审计单位的数据进行实时采集、加工、存储、分析和传输,从而得到及时、科学和完善的审计数据和审计分析结果,从事后审计转变为事后审计与事中审计相结合,从静态审计转变为静态审计与动态审计相结合。

在大数据环境下,非现场审计变得更有可行性,原来的现场审计与非现场审计相互结合,形成远程审计模式。在远程审计模式下,审计机构基于非现场持续监控及审计计划安排,以非现场及被审计单位网络或书面报送的数据资料为基础,进行整理、分析、质询及适当的部分现场核查等工作,形成远程审计报告。远程审计的主体工作是对电子化与数据化资料进行审查分析,并基于网络化环境与被审计单位进行沟通交流和信息传递,现场核查为其中一个可选阶段,这可能成为未来财务舞弊审计工作的主要形式。

(三)数据挖掘与数据分析成为未来的重要审计方法

大数据以庞大的数据规模、多样的数据形式、快速的数据传播为主要特征,具有这些特征的大数据势必降低了信息的密度,如何从大数据中采集和筛选到有助于审计的相关信息就显得格外重要。在大数据背景下,如果对所有的数据都一视同仁进行采集和处理,将会存储很多无用的信息,在审计时不仅会增加数据搜索与采集的时间,还会增加人工成本,降低审计效率。因此,采集数据后,审计人员应当根据审计工作的需要对数据进行筛选,选出有用的数据,保证工作快速进行。审计人员还可以在数据采集时设定数据筛选系统,过滤掉无关的数据。大数据背景下的数据分类也相当重要,数据可分为经济数据、管理数据等,为不同的审计工作提供方便。在现场实施阶段,审计人员应对数据分析结果进行检查,找出其中的疑点并进行核实,编制工作底稿,根据数据变化对审计组内部配置进行调整,进一步明确审计组的权力与职责,规划出具体的工作流程。审计人员在对数据进行分析时,应充分运用多维方法,采用大数据工具对有用数据进行深入挖掘与分析,快速找出审计工作的重点与疑点,为审计工作提供明确的发展方向。另外,审计人员还要充分利用大数据工具对历年的各种财务数据与业务数据进行整合与归纳。

未来,数据分析将成为财务舞弊审计流程中最重要的工作之一,也是审计创造价值的一个关键点。通过数据分析可以掌握一个公司的经营状况,同时能够对其未来发展趋势进行预测。因此,在大数据背景下如何高质量和高效率进行系统化的数据分析就是亟待解决的问题。在技术上,可以充分利用统计工具,建立标准模型,对数据进行回归分析,同时,充分利用 NoSQL(非关系型数据库)等技术加强对非结构化数据的分析和利用。在战略上,企业不仅要立足当前的需要,更要放眼未来,实现短期和长期有机结合。对不符合标准的异常数据,要结合行业和组织环境进行深入的分析,判断隐藏的风险和预警信号,为管理者进行战略决策提供重要的审计证据。

二、数字经济背景下财务舞弊审计的革新措施

(一)财务舞弊审计部门层面

1. 提高对非财务数据与非结构化数据的敏感性

在新常态下,借助大数据技术,审计人员应提高数据采集的有效性和多样性,不再局限于抽样审计方法下的结构化数据,既要收集企业内部数据,也要收集企业外部数据。当前大型企业集团所构建的财务共享中心为实现企业的业财融合,以及财务、业务数据资源的电子化提供了可能。审计人员可以方便地直接获取企业内外部数据。审计人员除了关注财务数据,也要重视非财务数据。审计人员要对企业项目和行业数据进行重点分析、对标分析,建立数据分析模型,发现缺陷和异常;同时,加强对数据结构的研究,明确重点领域数据库的范围,确定核心数据。过去,审计人员往往只关注结构化或半结构化数据,因为这种数据模式有因果关系,有规律可循。随着经济和技术的发展,非结构化数据将逐步发挥更为重要的作用,未来决策者的决策会更多依赖于非结构化数据。基于这种趋势,审计人员应该提高自身对非结构化数据的敏感性,加强对它的分析与处理。

2. 将大数据技术植入分析程序

分析程序是风险导向审计背景下的重要方法,审计人员通过数据分析能有针对性地进行相关验证,发现企业潜在的问题,识别出可能存在重大错报风险的领域。大数据和分析程序的融合使得财务舞弊审计人员可以利用大数据技术建立科学的模型,代入数据,进而预测未来数据。审计人员还可以运用 NoSQL 技术获取企业全面、多样、海量的数据,与此同时收集大量的外部数据,运用恰当的统计方法和机器学习方法,处理复杂计算,从非结构化数据中提炼信息,对数据进行精确归类和分析比较,从而解决传统分析程序下预期关系难以确定、数据规模小导致主观性较强的问题。审计人员可以通过图表或指标等更为直观的形式,即应用数据可视化技术呈现大数据处理的结果。审计人员可以按照自己的需求对数据进行过滤、比较,将从大数据中提炼的信息直观呈现出来,增强自身及报表使用者的体验感。

3. 构建云审计平台

大数据时代,发展的主要障碍在于数据的流动性和可获取性,财务舞弊审计应依靠企业 IT 部门逐步打造功能完善的云审计平台,为各类审计作业与管理提供有效支持。该平台的审

计数据模块要实现对各类信息资源的及时获取、有效管理、充分共享和灵活检索,审计应用模块要实现对各类信息资源的自动化持续监测、智能化数据分析,审计管理模块要实现审计流程的智能化管理、专家支持和成果共享。

4.提升大数据审计人才素质

大数据时代,人才和技术同等重要,成为企业拥有核心竞争力的重要因素。大数据的发展对审计人员提出了更高的要求。提升大数据审计人才的素质变得十分重要。未来,对大数据的收集、处理、分析将成为财务舞弊审计的重要工作,数据挖掘技术、分析技术的掌握和运用成为财务舞弊审计人员必备的能力,能否成功应用大数据将成为财务舞弊审计人员能否有效履职的关键因素。为此,首先,企业应强化审计人员数据导向型审计应用的理念,让审计人员自觉形成想用、会用、善用数据的习惯,充分释放数据的效能,让数据真正发挥其应有的价值。其次,企业要培养复合型人才,例如,数据处理人才、数据分析人才、应用工具研究人才;同时,开展内部培训,进行信息管理技术和操作技能培训,使审计人员熟悉各种现代化信息管理技术和方法,为企业财务舞弊审计工作打好基础。再次,企业要优化人才结构,通过知识、学历、技术、年龄的搭配,分配审计资源,使人才效用最大化,从根本上提高审计队伍的综合水平。最后,财务舞弊审计部门应该根据审计人员数据式审计工作成果,配套并落实相应的绩效激励,增强数据式审计人才的荣誉感和归属感,引导审计人员主动更新大数据审计技术,相互竞争,不断延伸大数据审计的功能,将大数据审计贯穿于整个企业财务舞弊审计过程之中。

(二)企业信息化管理层面

1.利用企业信息化构建大数据环境

为什么数据导向型审计模式可以率先在金融类企业应用?这主要是因为金融类企业的信息化程度较高,具备实施数据导向型审计的基础。企业财务舞弊审计工作采用数据导向型审计模式同样基于被审计单位数据库的建立。为此,企业管理层必须认识到,应利用企业的信息化过程,及时实现各项业务信息的资源整理以及数据互通,引进先进的数据分析工具和软件,进行数据库建设,以容纳所收集的数据并进行分类存储,为财务舞弊审计后续的数据处理工作打好基础。

2.加强信息系统的安全管控

数据信息是企业的隐私,信息安全是信息技术发展历程中不可避免的话题,只有在信息安全的情况下,大数据分析才能得到良性发展。大数据审计使得非现场审计、自动化审计、实时审计成为可能,打破了时间、空间等维度对传统审计的限制,但是远程审计给公司采集、传输、分析、存储数据带来了挑战。公司的核心数据一旦被窃取或篡改,不仅会影响审计质量,更会产生不可估量的损失。因此企业应高度重视信息安全管控问题,实施严格的人员权限管理,搭建安全、稳定、有效的审计平台,并配备完善的监督管理系统,避免不法分子损害公司利益。

3. 推动财务信息化与业务信息化深度融合

实现财务信息化与业务信息化的深度融合,有助于提高企业管理效率,降低财务舞弊风险。其作用具体如下:①打破数据壁垒,实现数据共享与协同。首先,将财务系统与业务系统进行对接,使财务数据与业务数据实时同步。例如,销售业务完成后,销售数据自动传入财务系统,实现销售收入的及时核算。其次,优化业务流程与财务流程。通过信息化手段,对业务流程和财务流程进行整合和优化,减少人为干预和错误。例如,在采购流程中,实现采购申请、审批、付款等环节的自动化,提高采购效率,降低采购舞弊风险。②支持决策分析与风险管理。财务数据与业务数据相结合可为企业管理层提供全面的决策支持。通过分析财务和业务数据,企业可及时发现潜在的风险点,制定相应的风险管理策略。

4. 打造高素质的信息化人才队伍

高素质的信息化人才是企业实现信息化管理的关键。企业可从以下方面打造高素质的信息化人才队伍:①提升员工信息化素养。通过培训和教育,提高员工对信息化系统的操作能力和数据安全意识,让员工了解财务舞弊的常见手段和防范方法,增强员工的自我约束和监督意识。②引进和培养专业人才。积极引进数据分析师、信息安全专家等专业人才,为企业的信息化建设和财务舞弊审计提供技术支持。同时,注重内部人才的培养,为员工提供晋升和发展的机会,激发员工的工作积极性和创造力。③建立激励机制与团队文化。建立健全激励机制,对在信息化建设和财务舞弊防范工作中表现突出的员工进行奖励;营造良好的团队文化,鼓励员工之间的交流与合作,共同推动企业信息化管理水平的提升。

(三)政府监管层面

1. 建立健全相关法规和准则

近年来,为进一步指导和规范计算机审计行为,保障审计质量,审计署多次印发大数据审计相关的指导性文件,但推行的力度不够大。我国现行的法律法规和审计准则对大数据在审计中的应用并没有明确规定。为了使大数据审计充分发挥其功效,首先,要建立健全符合我国国情和市场的审计法律法规和审计准则,确保大数据审计的合法性。对数据的采集、处理、存储行为,大数据分析的结果及相关电子证据的法律地位,国家需要在制度层面上推行一套标准的底层架构,统一标准,使审计人员在审计工作中有法可依。其次,由于大数据审计涉及企业的核心数据,其中包含企业隐私、商业秘密,因此国家还要构建保密规范与法律体系,确保数据的安全性。

2. 加强部门协同监管与信息共享

数字经济背景下,企业的财务活动和数据资产的管理涉及多个部门的监管职责,因此,加强部门协同监管与信息共享是提高财务舞弊审计监管效果的重要措施。首先,打造联合监管体制机制是基础。财政、证监、审计、税务等多部门应联合发力,建立常态化的协同监管机制,明确各部门在数据资产财务舞弊监管中的职责和分工,避免监管重叠和监管空白。同时,各部门应定期开展联合检查和专项整治行动,打通部门间监管信息互换、违法线索移交渠道,从多部门不同角度对企业的合规经营情况进行全面检查,确保企业违法违规行为无处遁形。其次,建立信息共享平台是关键。构建跨部门的信息共享平台,整合企业财务数据、业务数据、税务数据等多源信息,实现数据的实时共享和交叉比对。通过大数据分析技术,及时发现财务舞弊的异常迹象和风险点,提高监管效率和精准度。如果发现企业的财务数据与业务数据不匹配、数据资产交易价格异常等情况,平台可以自动发出预警,提醒监管部门进行重点关注和调查。

3. 利用大数据技术手段提升监管能力

随着大数据等新一代信息技术的快速发展,政府监管部门应充分利用这些技术手段,提升对财务舞弊行为的识别和防范能力。首先,加强财会监督大数据分析是核心。运用大数据分析工具和技术,对企业的海量财务数据和相关信息进行深度挖掘和分析。设置数据监测预警指标,如数据资产价值波动异常、数据交易频率异常等,当指标超出正常范围时自动触发预警,以便监管部门及时介入调查。例如,通过对企业历史财务数据的分析,建立财务风险预警模型,预测企业未来的财务状况和风险趋势。同时,利用大数据分析技术,可以对企业的数据资产进行实时监测,了解数据资产的分布、使用情况和价值变化,及时发现数据资产被滥用或操纵的迹象。其次,推动监管技术创新是关键。监管部门可采用先进的信息技术,如人工智能、区块链等,提升对财务舞弊行为的识别和防范能力。例如,利用人工智能技术,可以对企业的财务报表进行自动分析和审核,识别其中的异常数据和潜在风险;利用区块链技术的不可篡改特性,可以对数据资产的交易和流转进行全程追溯和记录,增强数据的可信度和透明度。同时,监管部门还可以利用云计算技术,提高监管数据的存储和处理能力,实现监管信息化和智能化。

4. 强化对中介机构的监管

中介机构在财务舞弊审计中扮演着重要的角色。因此,政府监管部门应强化对中介机构的监管,提高中介机构的执业质量和诚信水平。首先,加强对会计师事务所的监督是重点。政府监管部门应加大对会计师事务所的检查力度,重点检查会计师事务所的执业质量、内部控制和风险管理等方面。对存在违规行为的会计师事务所,政府监管部门应依法进行处罚,包括罚款、暂停执业、吊销执业资格等。同时,政府监管部门可以建立会计师事务所的信用评价体系,对会计师事务所的执业质量和诚信水平进行评价,并向社会公布评价结果。这样可以促使会计师事务所提高执业质量,增强诚信意识,为企业提供真实、准确的审计报告。其次,规范资产评估机构的行为是关键。资产评估机构在数据资产价值评估中起着重要的作用。政府监管部门应加强对资产评估机构的监管,规范资产评估机构的行为。例如,制定资产评估机构的执业规范和标准,要求资产评估机构按照规范和标准进行评估工作;同时,加强对资产评估机构的检查和监督,对存在违规行为的资产评估机构,应依法进行处罚。这样可以提高数据资产价值评估的可信度和准确性,防止企业通过操纵数据资产价值进行财务舞弊。

三、数字经济背景下财务舞弊审计的具体案例

某集团公司属于生产销售企业,在行业整体利润下滑的情况下,该集团公司仍然保持40%以上的利润增长幅度。为确保企业损益的真实、完整和可靠,审计部门于2022年派出审计组对该公司2017—2021年的收入确认情况进行了审计。审计后发现,集团公司存在"虚列收入"的现象。数据审计让"虚列收入"无所遁形。具体审计过程如下:

(一)审计准备阶段

(1)开展信息系统调查研究。集团公司与甲骨文公司合作,全面引进并实施企业资源计划(ERP)系统,包括总账、应收、应付、资产、现金、采购管理、库存管理等模块。

(2)了解业务流程,确定审计重点。审计组通过查看业务流程图等,了解各业务模块的核心功能、各模块之间的关联关系、数据交互情况等,并通过座谈、查阅资料、进行控制测试等方式,对集团公司业务流程进行分析和讨论,最终确认把审计重点放在销售模块。在熟悉集团公司销售业务的基本流程后,审计组将审计关注点放在收入确认依据是否充分、是否存在财务造假的可能性等方面。

(二)审计实施阶段

(1)进行数据采集和数据整理,建立审计中间表。审计组采集的数据总量达320G,涉及表空间620个、数据库用户150个、数据表36000个。

(2)进行数据分析和数据验证。根据集团公司关于销售业务流程的规定,门卫放行是销售业务的必经环节。若商品提货单在门卫放行系统中标示为"已提货放行",则可以判定商品已经发货,销售收入确认符合收入确认的相关规定。审计组通过对比"销售模块中的已确认收入提货表数据"和"门卫放行系统中的未提货放行数据",分析该集团公司是否存在虚列销售收入的情况。审计组从销售模块中提取"已确认收入提货表",再从门卫系统中提取"成品放行表",并将两个表进行关联,从中筛选出"已确认收入,而未在门卫系统中标示为放行的记录",筛选出上述记录后,延伸取证落实,得出审计结论。

(三)审计结论

在2017—2021年已确认收入的商品提货数据中,门卫放行系统无放行记录的达数百万元。审计抽查了2021年的92笔发货提货单,金额达420万元,其中32笔未见有提货人签名确认收货记录,金额达230万元。

上述案例属于当前典型的数据审计,即先通过构建审计平台进行数据分析,然后实施精确

延伸取证。前已述及,在数字经济时代,随着制造资源计划、企业资源计划、政府资源计划等信息化手段的全面应用,审计整体流程中的关键部分将变革为信息系统审计与数据审计。

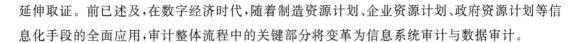

复习思考题

1. 数字经济的内涵是什么?
2. 数字经济给审计行业带来怎样的变革?
3. 数字经济给财务舞弊审计带来怎样的影响?
4. 财务舞弊审计应当如何应对数字经济带来的影响?请分别从财务舞弊审计部门、企业信息化管理和政府监管层面进行论述。

第八章 财务舞弊审计案例

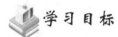学习目标

1. 运用财务舞弊审计理论知识对货币资金舞弊审计案例进行分析；
2. 运用财务舞弊审计理论知识对应收票据舞弊审计案例进行分析；
3. 运用财务舞弊审计理论知识对存货舞弊审计案例进行分析；
4. 运用财务舞弊审计理论知识对在建工程舞弊审计案例进行分析；
5. 运用财务舞弊审计理论知识对长期股权投资舞弊审计案例进行分析；
6. 运用财务舞弊审计理论知识对营业收入舞弊审计案例进行分析；
7. 运用财务舞弊审计理论知识对营业成本舞弊审计案例进行分析；
8. 运用财务舞弊审计理论知识对政府补助舞弊审计案例进行分析；
9. 运用财务舞弊审计理论知识对关联方交易舞弊审计案例进行分析；
10. 运用财务舞弊审计理论知识对减值准备及会计差错舞弊审计案例进行分析；
11. 运用财务舞弊审计理论知识对商誉舞弊审计案例进行分析。

第一节 货币资金舞弊审计案例

一、案例背景

Y公司成立于2007年6月，总部位于河南省，为地方国有企业，经营范围包括对煤炭、铁路、化工及矿业的投资与管理，发电及输变电，机械设备制造、销售等。该公司控股股东是河南省NY集团有限公司，持股比例为96.01%，实控人为河南省国资委。

2020年11月10日，Y公司2020年度第三期超短期融资券未能按期足额偿付本息的公告显示，Y公司2020年第三期超短期融资券（债券简称：20××SCP003）应于10日兑付本息，截至到期兑付日日终，因流动资金紧张，不能按期足额偿付本息，已构成实质性违约，违约本息金额共计约10.32亿元。作为NY集团有限公司的下属核心骨干企业，Y公司债券违约出人意料。公司财务报告显示，截至2020年9月30日，Y公司资产负债表上的货币资

金余额显示为 469.68 亿元,但是却不能偿付 10.32 亿元的债务本息,此举引起市场一片哗然。

中国证监会对 Y 公司及其年报审计机构 XG 会计师事务所进行调查,于 2021 年 6 月 15 日发布《中国证监会行政处罚决定书(Y 公司、强某某等 7 名责任主体)》(〔2021〕44 号),对 Y 公司及其相关责任人进行处罚;于 2022 年 9 月 26 日发布《中国证监会行政处罚决定书(XG 所及相关责任人员)》(〔2022〕55 号),对 XG 会计师事务所及其相关责任人进行处罚。

二、Y 公司货币资金舞弊的手段

(一)虚假披露货币资金

Y 公司自 2007 年成立至证监会调查前,均根据控股股东 NY 集团有限公司的要求进行资金归集。Y 公司资金被自动归集至其在 NY 集团有限公司的财务公司(系 NY 集团有限公司控股子公司,以下简称财务公司)开立的账户。随后 NY 集团资金管理中心通知 Y 公司将大部分归集资金转到在财务公司开立的账户。不同于 Y 公司自身库存现金、银行存款等可以被随时支取的货币资金,被归集的资金由 NY 集团资金管理中心负责调度,Y 公司需经审批后方可使用。因被归集的资金由 NY 集团资金管理中心调度,上述资金事实上已由 NY 集团有限公司统筹用于其他项目。

根据《企业会计准则——基本准则》第十二条的规定,企业应当以实际发生的交易或者事项为依据进行会计确认、计量和报告,如实反映符合确认和计量要求的各项会计要素及其他相关信息。根据《企业会计准则第 30 号——财务报表列报》第九条的规定,性质或功能不同的项目,应当在财务报表中单独列报,但不具有重要性的项目除外。因此,上述被 NY 集团资金管理中心调度的资金属于 Y 公司债权性质的往来款,但 Y 公司仍将上述资金计入货币资金项目下并在财务报表中予以披露。

2018 年 1 月至 2020 年 10 月期间,Y 公司累计发行银行间债务融资工具 21 期(以下简称 21 期债务融资工具),非公开发行公司债 3 期(以下简称私募债)。在相关债务融资工具和私募债募集说明书、定期报告等文件中,Y 公司将应收 NY 集团有限公司的往来款作为货币资金列报,导致其合并报表层面虚增货币资金,其中,2017 年至 2020 年 9 月 30 日财务报表分别虚增 112.74 亿元、235.64 亿元、241.07 亿元、271.74 亿元,分别占其当期披露货币资金总额的 54.03%、62.56%、57.28%、57.86%,分别占其当期披露资产总额的 7.94%、14.52%、14.68%、15.74%(见表 8-1)。

表 8-1 虚假披露货币资金比例及违反的法律与法规

年份	虚增货币资金/亿元	占当期披露货币资金总额比例/%	占当期披露资产总额比例/%	违反的法律与法规
2017	112.74	54.03	7.94	2005年《中华人民共和国证券法》第六十三条、2019年《中华人民共和国证券法》第七十八条第二款、《公司债券发行与交易管理办法》第四条以及《银行间债券市场非金融企业债务融资工具管理办法》第七条
2018	235.64	62.56	14.52	
2019	241.07	57.28	14.68	
2020	271.74	57.86	15.74	

证监会认为，Y公司私募债募集说明书及相关定期报告中关于货币资金的内容存在虚假记载的行为，违反了2005年《中华人民共和国证券法》第六十三条、2019年《中华人民共和国证券法》第七十八条第二款、《公司债券发行与交易管理办法》(证监会令第113号，下同，以下简称《公司债管理办法》)第四条的规定。Y公司21期债务融资工具相关注册申请文件和募集说明书及相关定期报告中关于货币资金的内容存在虚假记载的行为，违反了《银行间债券市场非金融企业债务融资工具管理办法》(人民银行令〔2008〕第1号，以下简称《债务融资工具管理办法》)第七条的规定。Y公司前述行为构成2005年《中华人民共和国证券法》第一百九十三条第一款、2019年《中华人民共和国证券法》第一百九十七条第二款所述虚假记载行为。公司前后两任董事长侯某某、强某某为对上述行为直接负责的主管人员，两任总会计师成某某、任某某与两任总经理张某某、孙某某为其他直接责任人员。

(二)部分债务融资工具募集说明书中关于受限货币资金的陈述存在虚假记载

根据《非金融企业债务融资工具公开发行注册文件表格体系》(2016年版以及2020年修订)M-6-6的要求，Y公司在2018年1月至2020年6月发行的债务融资工具募集说明书中，虽将承兑汇票保证金、信用保证金等受限货币资金纳入受限资产披露范围，但披露的受限资金金额与实际不符。具体如下：

2018年1月至3月，Y公司以2017年9月30日财务数据为基准，累计发行3期债务融资工具，相应募集说明书中披露受限货币资金金额为10.68亿元。经查，Y公司2017年9月30日受限货币资金实际为17.32亿元，少披露的金额占当期披露货币资金的2.84%、占其当期披露资产总额的0.44%(见表8-2)。

2020年6月至10月，Y公司分别以2020年3月31日、2020年6月30日财务数据为基准，累计发行6期债务融资工具，相应募集说明书中披露受限货币资金金额为3.60亿元。经查,2020年3月31日、6月30日,Y公司受限货币资金实际分别为102.18亿元、147.22亿元,少披露的金额占当期披露货币资金的比例分别为20.28%、28.74%,占其当期披露资产总额的比例分别为5.73%、8.26%(见表8-2)。

表8-2 受限货币资金披露

时间段	基准日期	披露受限货币资金/亿元	实际受限货币资金/亿元	少披露金额/亿元	少披露金额占披露货币资金比例/%	少披露金额占披露资产总额比例/%
2018年1月至3月	2017年9月30日	10.68	17.32	6.64	2.84	0.44
2020年6月至10月	2020年3月31日	3.60	102.18	98.58	20.28	5.73
2020年6月至10月	2020年6月30日	3.60	147.22	143.62	28.74	8.26

证监会认为,Y公司未如实披露受限货币资金的行为违反了《债务融资工具管理办法》第七条的规定,构成2005年《中华人民共和国证券法》第一百九十三条第一款、2019年《中华人民共和国证券法》第一百九十七条第二款所述虚假记载行为。侯某某、强某某为对上述行为直接负责的主管人员,成某某、任某某、张某某、孙某某为其他直接责任人员。

三、XG会计师事务所在Y公司货币资金审计中存在的缺陷

(一)XG会计师事务所出具的审计报告存在虚假记载

经证监会查明,Y公司2017年至2019年财务报告存在虚增货币资金等信息披露违法行为。XG会计师事务所为Y公司2017年至2019年财务报表提供审计服务,出具了无保留意见的审计报告存在虚假记载。

在审计过程中,XG会计师事务所分别与Y公司及其子公司单独签订《审计业务约定书》,三年审计费用分别为122万元、122万元、120.5万元,合计364.5万元(含税,税率6%)。

(二)未获取合理保证,重大错报风险评估错误

XG会计师事务所在实施风险评估程序时,已经注意到Y公司货币资金收支全部纳入NY集团有限公司预审的管理,XG会计师事务所在了解被审计单位内部控制时,未将结算中心存款纳入Y公司货币资金循环,未充分了解与结算中心存款相关的内部控制,未综合运用询问被审计单位内部人员和其他程序评价与结算中心存款相关的内部控制设计与执行情况,仅获取了上级部门下发的文件和了解结算中心存款的核算流程,仅依据NY集团有限公司对Y公司及其他子公司资金实行统一管理符合国家政策规定,即形成Y公司在NY集团资金管

理中心开立的账户以及资金的存取、计息、对账与企业在银行开立的账户并无差异的结论。

XG 会计师事务所没有保持职业怀疑,没有针对 Y 公司存款账户开立在 NY 集团有限公司的财务公司且账户名称为 NY 集团有限公司,货币资金已划转至 NY 集团有限公司,需经 NY 集团有限公司审批后可支取的情况进行分析判断,未认识到可能导致财务报表发生重大错报的情形,错误评估货币资金领域重大错报风险。

(三)审计程序不恰当,没有获取充分审计证据,审计意见错误

(1)2018 年、2019 年,XG 会计师事务所将"存贷双高"的风险列为财务报表层次重大错报风险,并指出对货币资金、短期借款、长期借款等实施详尽的实质性测试程序。在实质性测试程序中,与 2017 年相关科目的审计程序相比,XG 会计师事务所没有保持职业怀疑,没有针对上述重大错报风险设计并执行特别的审计程序,获取的审计证据不充分,导致其未进一步分析 Y 公司资金管理中心存款是否已被 NY 集团有限公司占用。

(2)另案查明,Y 公司收到的资金均被自动归集至其在 NY 集团有限公司财务公司开立的账户;当其在财务公司账户资金存量较大时,资金管理中心会向该单位下达资金调度通知书,要求其将一定数量的货币资金转至 NY 集团有限公司在财务公司开立的账户;Y 公司将被划转到 NY 集团有限公司账户的资金记为"货币资金——资金管理中心存款"。XG 会计师事务所向财务公司、资金管理中心发函未得到回函,经与 Y 公司的管理层沟通,在其答复财务公司、资金管理中心均为集团内部单位、无须回函的情况下,登录了 NY 集团有限公司财务系统账户查询"结算中心存款数据",与 Y 公司账面记录进行核对。资金管理中心是 NY 集团有限公司的资金集中管理部门,但并非金融机构,同时 Y 公司需经审批后方可使用该部分资金。XG 会计师事务所没有针对货币资金已划转至 NY 集团有限公司,需经 NY 集团有限公司审批后方可支取的情况进行审慎评价和判断,没有审慎评价审计证据,没有对结算中心存款列报认定保持必要的职业怀疑,未能区分出资金结算中心存款与可以被随时支取的货币资金在性质或功能上的差异,出具了有虚假记载的审计报告。

(3)XG 会计师事务所在 2017 年对货币资金进行审计时,未按审计计划对大额收支是否跨期进行核查,也未说明原因。

(4)根据相关审计准则指引的要求,对发债、IPO 等业务进行审计时,必须对银行存款进行函证。XG 会计师事务所在 2017 年对银行函证时采用跟函方式,但 XG 会计师事务所工作底稿中记录的回函日期与函证日期不一致;此外,部分银行的回函日期晚于审计报告出具日,XG 会计师事务所在未收到银行回函时,未执行其他替代程序,也未在审计底稿中记录相关原因。

(四)XG 会计师事务所项目复核工作存在缺陷

质量控制复核过程中,XG 会计师事务所未充分关注货币资金领域重大风险评估结论的恰当性,未恰当评价结算中心存款列报重大问题审计证据的充分性、合理性,在明知 Y 公司资

金管理中心存款账户开立在 NY 集团有限公司财务公司且账户名称为 NY 集团有限公司,货币资金划转至 NY 集团有限公司的情况下,未对项目组作出的重大判断和据此得出的结论作出客观评价。

(五) XG 会计师事务所 2018 年《审计业务约定书》签署不规范

经查,XG 会计师事务所于 2019 年 3 月 30 日出具 Y 公司《2018 年度审计报告》,但 XG 会计师事务所与 NY 集团有限公司《业务约定书》上签署时间为 2019 年 6 月 12 日,与 Y 公司《审计业务约定书》上的签署时间为 2019 年 4 月 10 日。

四、XG 会计师事务所的申辩与证监会对 XG 会计师事务所的处罚

(一) XG 会计师事务所向证监会申辩

XG 会计师事务所及其代理人、杨某某、于某、赵某在听证会上和申辩材料中提出以下意见:

(1) Y 公司 2017 年至 2019 年已审计财务报表不存在虚增货币资金事实,XG 会计师事务所为其出具的无保留意见的审计报告不存在虚假记载。一是 XG 会计师事务所按照审计业务约定书内容和相关规定提供了国有企业年度财务报表审计服务,财务报表编制遵循了企业会计准则及财政部、国资委相关规定;二是 Y 公司资金集中统一管理遵循了国家政策规定,其资金权属未发生转移;三是《企业会计准则解释第 15 号》出台前,资金管理中心存款列入"货币资金"是业内普遍做法,各政府监管部门也从未提出异议;四是交易商协会的自律调查结果未认定 Y 公司货币资金存在重大错报。

(2) Y 公司货币资金的审计程序和审计证据充分适当,XG 会计师事务所对 Y 公司货币资金审计保持了职业怀疑,执行了必要的审计程序,职业判断适当。一是审计项目组发现 Y 公司报表存在"存贷双高"情形,同时,货币资金构成包含"结算中心存款",经分析系 NY 集团有限公司对子公司货币资金实行集中统一管理形成的,实施了相应的审计程序后,XG 会计师事务所认为自 2009 年起 Y 公司一直将"结算中心存款"列为"货币资金",且得到审计确认,不存在错报情形;二是审计项目组在沟通了解以前风险评估、审计计划及审计报告情况后,认为 Y 公司货币资金管理制度及流程未发生明显变化,由此设计并执行了与上年相同的审计程序,确定 Y 公司货币资金为低风险审计领域;三是 XG 会计师事务所对 Y 公司 2017 年至 2019 年年报审计业务质量控制高度重视,从组织风险研讨、成立审计项目组,到审核批准审计计划、监督执行审计程序,再到实施项目质量复核,都严格按照执业准则要求和 XG 会计师事务所质量控制制度规定执行。

(3) 证监会对 XG 会计师事务所行政处罚显失公平,且与类似案例比较明显过于严重。

(4) 审计业务收费认定与事实不符,没收收入和罚款金额缺乏依据。XG 会计师事务所与 Y 公司及其子公司分别签订《审计业务约定书》,执行审计程序并出具了审计报告及财务决算

情况专项审计报告。其中,XG会计师事务所对Y公司约定的年度审计费用为1万元,三年合计3万元,与证监会认定的审计费用343.87万元金额存在重大差异。

(二)证监会对申辩意见的受理情况

对于上述申辩意见,证监会不予采纳,理由如下:

(1)关于结算中心存款列报问题。本案中,结算中心存款不应列报为货币资金。其一,NY集团有限公司主审所制定的Y公司会计报表附注披露格式以及NY集团有限公司2018年下发的久其软件报表系统不属于恰当的财务报告编制基础,也非审计准则相关规定,不能作为注册会计师发表审计意见的依据和基础;其二,XG会计师事务所获取的上级部门下发的文件,仅说明可以设立资金管理中心作为加强子公司资金统一管理的方式之一,但不能以此作为结算中心存款列报为货币资金的依据;其三,NY集团有限公司财务公司作为为集团成员单位提供财务管理服务的非银行金融机构,应按照中国人民银行、中国银行保险监督管理委员会相关规定进行账户管理,本案中Y公司根据资金管理中心下达的《资金调度通知书》,将一定数量的货币资金转至NY集团有限公司在财务公司开立的账户表明相关货币资金已被归集至母公司NY集团有限公司;其四,财政部《关于征求〈企业会计准则解释第15号(征求意见稿)〉意见的函》起草说明部分提及Y公司存在资金集中管理问题,且资金集中管理列示在实务中存在差异,并非简单、普遍作为"货币资金"列示,这表明关于结算中心存款的认定存在固有风险,而XG会计师事务所未实施恰当的程序予以评估和应对;其五,交易商协会的自律调查不能替代行政处罚。

(2)关于XG会计师事务所风险评估程序问题。XG会计师事务所在了解被审计单位内部控制时,未将结算中心存款纳入Y公司货币资金循环,未充分了解与结算中心存款相关的内部控制,导致其未能准确评估可能存在的重大错报风险。

(3)XG会计师事务所仅依据被审计单位相关制度及流程变动与否来确定风险应对程序,忽视了XG会计师事务所在2018年、2019年审计中将存贷双高的风险列为财务报表层次重大错报风险,偏离了风险导向审计原则。此外,XG会计师事务所通过登录NY集团有限公司财务系统账号查询"结算中心存款"数据无法为"结算中心存款"列报的认定提供充分、适当的审计证据。

(4)关于XG会计师事务所项目复核工作存在缺陷问题。提高中介机构复核工作质量,避免复核工作"走过场"是证监会一以贯之的立场。本案质量控制复核人员在明知Y公司资金管理中心存款账户开立在NY集团有限公司财务公司且账户名称为NY集团有限公司,货币资金划转至NY集团有限公司的情况下,未对项目组作出的重大判断和据此得出的结论作出客观评价。

(5)XG会计师事务所列举的案件与本案在违法行为的事实、性质、情节上存在差异,不具备可比性。证监会根据在案证据,依法对XG会计师事务所违法行为予以处理。

(6)关于XG会计师事务所审计业务费用问题。2017年至2019年XG会计师事务所审计业务收入应为364.5万元,扣除相关税费后为343.87万元。其一,Y公司整体的审计业务量与每年1万元的审计费用明显不匹配;其二,Y公司的审计报告涵盖Y公司以及纳入合并财务报表的子公司,Y公司及其子公司分别与XG会计师事务所另行签订《审计业务约定书》中所约定的服务费用,应当视为Y公司及其子公司对各期审计费用的分摊约定;其三,拆分签署《审计业务约定书》不应成为会计师事务所规避行政处罚责任、减轻罚款金额的手段。

陈某申辩称:其在Y公司2018年年报审计过程中不存在违法故意或重大过失,且相较于另案处罚的Y公司及其责任人员以及本案中其他当事人较低的处罚幅度,对其行政处罚过重。因此,要求不予行政处罚或在法律允许范围内从轻处罚。

证监会部分采纳陈某关于行政处罚幅度的申辩意见并已在本决定书中予以调整,证监会认为,《中华人民共和国行政处罚法》第五条要求行政机关在自由裁量权行使的过程中遵循公正原则。在确定陈某行政处罚幅度时,应充分考虑新旧《中华人民共和国证券法》在行政处罚幅度上的明显差异,对陈某与其他当事人相同违法行为,应当基于公正原则确定相当的法律责任,避免出现违法行为相同而法律责任差异巨大。

(三)证监会对XG会计师事务所的处罚

根据当事人违法行为的事实、性质、情节与社会危害程度,依据2005年《中华人民共和国证券法》第二百二十三条和《中华人民共和国证券法》第二百一十三条第三款的规定,证监会决定:

(1)对XG会计师事务所没收审计业务收入343.87万元,并处以343.87万元罚款;

(2)对陈某给予警告,并处以五万元罚款;

(3)对杨某、赵某给予警告,并分别处以二十五万元罚款;

(4)对于某给予警告,并处以二十万元罚款。

【案例讨论问题】

1. Y公司货币资金舞弊的迹象有哪些?

2. Y公司货币资金舞弊的手段有哪些?

3. XG会计师事务所在Y公司货币资金审计中审计程序存在哪些不足?

4. 证监会为什么不采纳XG会计师事务所关于货币资金审计的相关申诉意见?

5. 审计机构应如何开展货币资金舞弊审计?

第二节 应收票据舞弊审计案例

一、案例背景

BY 公司的前身最开始是一家被赋予众望的国有企业 FH 集团,于 1990 年 12 月于上交所上市,自上市起第三年,在外资对国内日化行业的冲击下,账面利润仅 201.3 万元,位列所有上市公司末位。为寻找出路,FH 集团此后被多次转让股权进行改制,先后踏入制药、废旧轮胎回收等行业,于 2010 年 4 月,迎来了坎坷一生中最后一位控股股东——XT 投资有限公司。次年 9 月,公司更名为 BY 公司。2014 年 6 月,BY 公司因涉嫌信息披露违法违规,而被证监会立案调查;2015 年 3 月,该案件因涉嫌伪造、变造金融票证罪等被移送公安机关。2016 年 3 月 21 日,BY 公司被终止上市。

中国证监会对 BY 公司及其审计机构 ZX 会计师事务所进行调查,于 2017 年 6 月 29 日发布《中国证监会行政处罚决定书(BY 公司、车某某、蒋某某等 15 名责任人员)》(〔2017〕73 号),对 BY 公司及其相关责任人进行处罚;于 2017 年 8 月 16 日发布《中国证监会行政处罚决定书(ZX 会计师事务所、聂某某、张某某等 4 名责任人员)》(〔2017〕84 号),对 ZX 会计师事务所及其相关责任人进行处罚。

二、BY 公司应收票据舞弊的手段

BY 公司通过伪造银行承兑汇票并进行虚假背书,虚构银行承兑汇票购入、置换、贴现交易,虚构以银行承兑汇票支付合同预付款,导致其 2011 年至 2013 年年度报告、2012 年至 2013 年半年度报告中虚增资产、负债、营业收入和利润,2014 年半年度报告虚增营业收入和利润。

为掩盖股改业绩承诺补偿款未真实履行到位的情况,经 BY 公司李某某和余某某提议,2011 年 12 月 13 日,BY 公司召开总经理办公会,审议通过《关于公司使用股改业绩承诺资金的意见》,同意 BY 公司使用闲置的股改业绩承诺资金购买银行承兑汇票。张某某、王某某、张某等参会,余某某、车某某、蒋某某、谢某某、张某某、胥某、万某某、赫某某、李某通过非现场表决方式对《关于公司股改业绩承诺资金使用情况的说明》进行签字确认。

2011 年至 2014 年期间,BY 公司虚构票据背书,虚构公司及其子公司购买、置换银行承兑汇票,虚构支付合同预付款等交易。具体违法事实如下:

2011 年 12 月,XS 公司虚构购买 347 050 000 元银行承兑汇票的交易,导致 BY 公司 2011 年年度报告虚增应收票据 347 050 000 元,虚增其他流动负债 12 238 424.68 元。

2012 年 4 月,XS 公司虚构将面值合计 61 400 000 元的银行承兑汇票贴现,导致 BY 公司 2012 年半年度报告、2012 年年度报告分别虚增营业收入 1 837 088 元。

2012 年 5 月,XS 公司虚构通过置换方式换入面值合计 355 000 000 元的银行承兑汇票,

导致 BY 公司 2012 年半年度报告虚增应收票据 355 000 000 元,虚增其他流动负债 8 289 149 元,2012 年半年度报告、2012 年年度报告分别虚增营业收入 9 461 899.79 元。

2012 年 9 月,XS 公司虚构通过置换方式换入面值合计 266 000 000 元的银行承兑汇票,导致 BY 公司 2012 年年度报告虚增应收票据 266 000 000 元,虚增其他流动负债 6 473 157.60 元,虚增营业收入 5 356 231.73 元。

2012 年 10 月,XS 公司虚构通过置换方式换入面值合计 98 560 000 元的银行承兑汇票,导致 BY 公司 2012 年年度报告虚增应收票据 98 558 270 元,虚增其他流动负债 2 289 435.27 元,虚增营业收入 2 276 847.67 元。

2013 年 2 月,BY 公司虚构通过置换方式换入面值合计 370 000 000 元的银行承兑汇票,导致其 2013 年半年度报告、2013 年年度报告分别虚增营业收入 7 909 963.29 元。

2013 年 6 月,BY 公司虚构通过置换方式换入面值合计 378 000 000 元的银行承兑汇票,导致其 2013 年半年度报告虚增应收票据 378 000 000 元,虚增其他流动负债 10 172 915 元,2013 年半年度报告、2013 年年度报告分别虚增营业收入 5 562 572.22 元。

2013 年 11 月至 12 月期间,BY 公司虚构以面值合计 258 000 000 元的银行承兑汇票向供货方支付合同预付款,导致 2013 年年度报告虚增预付款项 25 8000 000 元,虚增营业收入 6 763 165 元。

2013 年 12 月,BY 公司虚构将面值合计 120 000 000 元的银行承兑汇票贴现,导致 2013 年年度报告虚增银行存款 120 000 000 元,虚增营业收入 3 409 750 元。

2014 年 1 月,BY 公司虚构购买面值合计 126 786 200 元的银行承兑汇票,并于 2014 年 5 月至 6 月虚构对外置换,导致 BY 公司 2014 年半年度报告虚增营业收入 3 173 984.52 元。

综上,BY 公司通过伪造银行承兑汇票并进行虚假背书,虚构购入、置换、贴现银行承兑汇票的交易,虚构以银行承兑汇票支付合同预付款等方式,导致其 2011 年年度报告虚增资产 347 050 000 元(占资产总额的 69%),虚增负债 12 238 424.68 元;2012 年半年度报告虚增资产 355 000 000 元(占资产总额的 69%),虚增负债 8 289 149 元,虚增营业收入和利润 11 298 987.79 元(分别占营业收入、利润总额的 100%、326%);2012 年年度报告虚增资产 364 558 270 元(占资产总额的 62%),虚增负债 8 762 592.87 元,虚增营业收入和利润 18 932 067.19 元(分别占营业收入、利润总额的 10%、90%);2013 年半年度报告虚增资产 378 000 000 元(占资产总额的 59%),虚增负债 10 172 915 元,虚增营业收入和利润 13 472 535.51 元(分别占营业收入、利润总额的 11%、544%);2013 年年度报告虚增资产 378 000 000 元(占资产总额的 62%),虚增营业收入和利润 23 645 450.51 元(分别占营业收入、利润总额的 9%、258%);2014 年半年度报告虚增营业收入和利润 3 173 984.52 元(分别占营业收入、利润总额的 4%、1327%),如表 8-3 所示。

表 8-3　BY 公司财务报表虚增项目分析　　　　　　　　　　　单位：万元

虚增项目	2011 年年报	2012 年年报	2013 年年报	2014 年半年报
资产	34 705	36 455.83	37 800	—
负债	1 223.84	876.26		—
营业收入和利润	—	1 893.21	2 364.55	317.40

BY 公司董事长余某某，董事兼首席财务官张某某，董事兼总裁车某某，董事蒋某某、谢某某、胥某，独立董事万某某、李某，董事会秘书王某某，监事周某某、罗某某、张某、徐某、程某审议同意了 BY 公司 2011 年至 2013 年年度报告、2012 年至 2014 年半年度报告；原独立董事赫某某审议同意了 BY 公司 2011 年至 2013 年年度报告、2012 年至 2013 年半年度报告；原副总裁张某某审议同意了 BY 公司 2012 年年度报告和 2013 年半年度报告；独立董事李某某审议同意了 BY 公司 2014 年半年度报告。上述人员均作出"保证本报告所载资料不存在任何虚假记载、误导性陈述或者重大遗漏，并对其内容的真实性、准确性和完整性承担个别及连带责任"的承诺。

三、ZX 会计师事务所在 BY 公司应收票据审计中存在的缺陷

（一）ZX 会计师事务所在 BY 公司 2012 年财务报表审计中未勤勉尽责情况

1. 风险评估程序存在缺陷

（1）未执行了解内部控制的审计程序。ZX 会计师事务所在对 BY 公司 2012 年财务报表的审计中，未执行了解内部控制的审计程序，违反了《中国注册会计师审计准则第 1211 号——通过了解被审计单位及其环境识别和评估重大错报风险》第十五条"注册会计师应当了解与审计相关的内部控制"以及第二十三条"注册会计师应当了解与审计相关的控制活动"的要求。

（2）对与票据置换相关业务的风险评估不恰当。BY 公司 2012 年票据置换相关业务存在以下重大、异常情形：①应收票据发生额及期末余额、账面确认的收益额均重大，其中，应收票据期末余额占总资产的 62%、占净资产的 387%，应收票据贴现收入形成的利润占 BY 公司 2012 年利润总额的 90%；②BY 公司票据置换业务不存在真实、合法的商品交易基础，缺乏合理的商业实质，属于非常规交易业务；③票据换出业务和换入业务的对手方主要集中在一家公司——TJ 科技有限公司，与 TJ 科技有限公司发生的换出票据的面值占当年换出总面值的 91%，换入票据的面值占当年换入总面值的 100%；④全年与票据置换、贴现业务相关的交易额为 154 560.86 万元，涉及的资金流水仅一收一支两笔，金额均为 6 200 万元，占全年与票据置换、贴现业务相关的交易额比例为 8%，且资金收支仅间隔 5 天，即全年票据置换、贴现业务涉及的资金净流入为 0；⑤涉及上述 6 200 万元资金收、付的银行账户于 2012 年开户，又于当年销户，且 6 200 万元收、付款分别占该账户收款额、付款额的近 100%。

ZX 会计师事务所未充分关注以上重大、异常情形,仅将货币资金、其他应收款评估为舞弊风险,且风险并不重大,"导致财务报告重大错报风险的可能性"为"中"。ZX 会计师事务所在已经关注到"公司管理层可能存在鉴于控制人的压力调节利润""当期损益的准确合理性、资产负债的完整性和准确性、资产的安全性均存在风险"的情况下,未保持应有的职业谨慎和职业怀疑,未在风险评估工作底稿中将"应收票据"和"营业收入"等项目评估为舞弊风险或特别风险。ZX 会计师事务所对 BY 公司票据置换相关事项的风险评估结论不恰当。ZX 会计师事务所以上行为违反了《中国注册会计师审计准则第 1101 号——注册会计师的总体目标和审计工作的基本要求》第二十八条"在计划和实施审计工作时,注册会计师应当保持职业怀疑,认识到可能存在导致财务报表发生重大错报的情形"的要求,违反了《中国注册会计师审计准则第 1141 号——财务报表审计中与舞弊相关的责任》第二十七条"在识别和评估由于舞弊导致的重大错报风险时,注册会计师应当基于收入确认存在舞弊风险的假定,评价哪些类型的收入、收入交易或认定导致舞弊风险。如果认为收入确认存在舞弊风险的假定不适用于业务的具体情况,从而未将收入确认作为由于舞弊导致的重大错报风险领域,注册会计师应当按照本准则第五十一条的规定形成相应的审计工作底稿"的要求,同时违反了《中国注册会计师审计准则第 1211 号——通过了解被审计单位及其环境识别和评估重大错报风险》第三十一条"在判断哪些风险是特别风险时,注册会计师应当至少考虑下列方面:……(六)风险是否涉及异常或超出正常经营过程的重大交易"的要求。

此外,ZX 会计师事务所在 2012 年审计工作底稿中,对风险评估的结果存在多处不一致甚至自相矛盾的情况,导致难以判断 ZX 会计师事务所风险评估的最终结果。ZX 会计师事务所的上述行为违反了《中国注册会计师审计准则第 1131 号——审计工作底稿》第十条"注册会计师编制的审计工作底稿,应当使得未曾接触该项审计工作的有经验的专业人士清楚了解:……(二)实施审计程序的结果和获取的审计证据;(三)审计中遇到的重大事项和得出的结论,以及在得出结论时作出的重大职业判断"的要求。

2. 实质性程序存在缺陷

(1)未按审计计划的要求执行进一步审计程序。ZX 会计师事务所在审计计划工作底稿中评价应收票据存在重大错报风险,并在具体审计计划中明确提出,对于应收票据科目,除应取得应收票据获取过程的证据、实施盘点之外,要对票据真实性实施查询程序、获取银行的确认函。但 ZX 会计师事务所在实际执行中并未严格执行具体审计计划,未完成到票据承兑银行对票据真实性进行查询并获取银行确认函的审计程序,审计工作底稿中也未说明未执行该项审计程序的原因。

(2)未对异常的银行账户实施有效的进一步审计程序。XS 公司在农行深圳石岩支行开立的账号为 02920×××××5952 的账户(以下简称农行 5952 账户)是 BY 公司应收票据置换业务相关的较大资金往来账户,存在当期开立、当期销户,大额交易发生额仅一收一付,且金额同为6 200万元等异常现象。银行对账单显示,农行5952账户2012年仅存在一笔金额为6 200万元的支出,收款方为QR有限公司而非账面记录的TJ科技有限公司,发生日期为2012年4月27日而非账面记录的2012年5月2日。会计凭证所附的支付6 200万元至TJ科技有限公司的银行转账单为虚假单据。针对该重大异常银行账户,ZX会计师事务所实施的审计程序仅获取销户申请书一项,未获取银行对账单,也未实施函证等进一步的审计程序以证明相关资金的真实性和准确性,违反了《中国注册会计师审计准则第1101号——注册会计师的总体目标和审计工作的基本要求》第二十八条的要求,同时违反了《中国注册会计师审计准则第1312号——函证》第十二条"注册会计师应当对银行存款(包括零余额账户和在本期内注销的账户)、借款及与金融机构往来的其他重要信息实施函证程序,除非有充分证据表明某一银行存款、借款及与金融机构往来的其他重要信息对财务报表不重要且与之相关的重大错报风险很低。如果不对这些项目实施函证程序,注册会计师应当在审计工作底稿中说明理由"的要求。

(3)未对函证保持控制。ZX会计师事务所就应收票据余额向TJ科技有限公司发放了审计询证函,并获取了确定答复的回函,但未见与函证控制相关的审计工作底稿,未记录被函证单位联系方式的获取途径与核实过程,保留的收回函件的快递单地址也非TJ科技有限公司的办公地址,违反了《中国注册会计师审计准则第1312号——函证》第十四条"当实施函证程序时,注册会计师应当对询证函保持控制"的要求。

(二)ZX会计师事务所在BY公司2013年财务报表审计中未勤勉尽责情况

1. 风险评估程序存在缺陷

BY公司2013年票据置换相关业务存在以下重大、异常情形:①因票据置换业务确认的收益(包括换入后以预付款支付产生的收益)分别占当年营业收入的9%、利润总额的258%,以换入票据对外支付形成的预付账款占年末资产总额的43%;②票据置换业务属于非常规交易业务,不存在真实、合法的商品交易基础,缺乏合理的商业实质,其商品交易活动系BY公司虚构;③当年与TJ科技有限公司的票据置换达148 255.83万元,账面确认的收益达1 347.25万元,但均无实际现金流;④票据委托贴现业务收款时间在12月31日;⑤BY公司以票据背书给YS供应链管理有限公司等4家公司作为预付款,是以扣除贴现利息后的金额计价,而非通常以票据结算时的票据面值计价。

ZX会计师事务所未充分关注以上重大、异常情形,未将与票据置换业务相关的银行存款、应收票据、其他业务收入等项目评估为舞弊风险或特别风险。ZX会计师事务所对BY公司票据置换相关事项的风险评估结论不恰当,且存在风险评估结果多处不一致的情况。ZX会计师事务所以上行为违反了《中国注册会计师审计准则第1211号——通过了解被审计单位及其环境识别和评估重大错报风险》第三十一条第(六)项、《中国注册会计师审计准则第1101号——注册会计师的总体目标和审计工作的基本要求》第二十八条、《中国注册会计师审计准则第 1141 号——财务报表审计中与舞弊相关的责任》第二十七条以及《中国注册会计师审计准则第 1131 号——审计工作底稿》第十条的规定。

2. 实质性程序存在缺陷

(1) 未对票据置换业务的对手方执行函证等进一步审计程序。2013 年,ZX 会计师事务所实际执行的重要性水平为 54.94 万元,BY 公司向 TJ 科技有限公司置出票据 73 455.83 万元、置入票据 74 800.00 万元且无现金流,确认的相关票据贴现收益 1 347.25 万元,占当年利润总额的 147%。ZX 会计师事务所未结合风险评估结果及以上情况,向 TJ 科技有限公司就票据换入和换出明细、交易金额及所包含的利息金额等关键信息进行函证,未了解 TJ 科技有限公司的业务背景和商业能力,未对 TJ 科技有限公司进行实地走访。ZX 会计师事务所以上行为违反了《中国注册会计师审计准则第 1101 号——注册会计师的总体目标和审计工作的基本要求》第二十八条和《中国注册会计师审计准则第 1231 号——针对评估的重大错报风险采取的应对措施》第七条"在设计拟实施的进一步审计程序时,注册会计师应当:(一)考虑形成某类交易、账户余额和披露的认定层次重大错报风险评估结果的依据;(二)评估的风险越高,需要获取越有说服力的审计证据",以及《中国注册会计师审计准则第 1301 号——审计证据》第三条"审计证据的可靠性受其来源和性质的影响,并取决于获取审计证据的具体环境。……通常情况下,注册会计师以函证方式直接从被询证者获取的审计证据,比被审计单位内部生成的审计证据更可靠"和《中国注册会计师审计准则第 1312 号——函证》第十一条"注册会计师应当确定是否有必要实施函证程序以获取认定层次的相关、可靠的审计证据。在作出决策时,注册会计师应当考虑评估的认定层次重大错报风险,以及通过实施其他审计程序获取的审计证据如何将检查风险降至可接受的水平"的规定,同时违反了《中国注册会计师审计准则第 1101 号——注册会计师的总体目标和审计工作的基本要求》第三十条"为了获取合理保证,注册会计师应当获取充分、适当的审计证据,以将审计风险降至可接受的低水平,使其能够得出合理的结论,作为形成审计意见的基础"的规定。

(2) 未对票据置换业务涉及的大额收款设计和实施必要的期后事项审计程序。BY 公司 2013 年共置入票据 74 800.00 万元、置出票据 85 455.83 万元(不包括作为预付款背书),账面确认票据贴现收入 1 688.23 万元,占利润总额的 184.37%。值得关注的是,仅 2013 年 12 月 31 日一天,BY 公司收到 QZ 商贸有限公司与 SL 酒店的票据贴现款合计达 12 000 万元,占 BY 公司披露的期末货币资金的 92%,占总资产的 19.68%。经查,2014 年 1 月 2 日,BY 公司以向 QZ 商贸有限公司与 SL 酒店支付票据购买款的名义,将相同金额的款项分别支付给 QZ 商贸有限公司与 SL 酒店。对此期后重大异常事项,ZX 会计师事务所未保持应有的职业怀疑态度,未对临近资产负债表日的大额收款和期后大额付款保持充分的关注并执行必要的审计程序,其行为违反了《中国注册会计师审计准则第 1101 号——注册会计师的总体目标和审计工作的基本要求》第二十八条和《中国注册会计师审计准则第1332号——期后事项》第九条"注册会计师应当设计和实施审计程序,获取充分、适当的审计证据,以确定所有在财务报表日至审计报告日之间发生的、需要在财务报表中调整或披露的事项均已得到识别"的要求。

四、ZX会计师事务所的申辩与证监会对ZX会计师事务所的处罚

(一)ZX会计师事务所向证监会申辩

ZX会计师事务所及相关当事人在听证过程中请求免于处罚,提出如下申辩意见:

1. 关于2012年审计相关问题

审计人员对内控进行了了解,并编制了了解内部控制的审计工作底稿。内部控制程序分为公司层面和业务层面两部分,审计人员对公司层面的内控进行了了解,根据BY公司当时无主业经营的特点判定不进行业务层面的内控测试,在对所有循环均采用实质性程序后,就不需要做业务层面的内控程序了。

2011年,BY公司以股改业绩承诺资金购入面值34 705万元的银行承兑汇票业务是经第23次总经理办公会审议通过,并由全体董事签字确认的事项。2012年5月,BY公司拟与其他公司实施重组,ZX会计师事务所同时作为BY公司年报和重组审计机构,与券商、律师均保持沟通,对票据业务及其相关单位进行了调查,在网络中查阅了BY公司外部环境相关的信息,均未发现票据交易及交易对象存在异常。此外,审计关注的是银行承兑汇票是否有止付、挂失、抵押,而非伪造。因此,审计人员将票据交易判定为2011年的延续事项,在未发现重大异常的情况下,把风险评估确定为存在"重大错报风险",未判定为舞弊风险是合理的。"风险评估程序"是审计计划的内容,是基于当时的审计环境和情况而作出的初步判断,不应以事后的结果来要求事前审计计划的准确无误。

ZX会计师事务所2012年审计计划中未包含获取银行确认函的程序,故不存在未完成到票据承兑银行对票据真实性进行查询并获取银行确认函的审计程序的违法事实。

审计人员对所有银行账户进行了函证,但针对已销户账户,银行以系统无法调出相关信息为由不接受函证。针对已销户的银行账户,审计的重点在于销户是否真实。BY公司是对长期不用的5个银行账户同时进行了清理,并非对单一账户进行销户处理,故该销户不存在异常。在已获取的证据并未发现不一致的情况下,无须追加进一步的审计程序。

实践中,被函证方的办公地址与注册地址或函证地址不一致的情况非常多,审计人员通常以核对公章或电话确认的方式保持对函证的控制。ZX会计师事务所于2011年审计BY公司2010年年报的过程中曾和TJ科技有限公司的人员联络,要求提供TJ科技有限公司的公司章程,公司章程中显示的电话号码与2012年BY公司提供的TJ科技有限公司办公电话号码相同,审计人员通过该号码与TJ科技有限公司工作人员确认了函证的接收地址。

2.关于2013年审计相关问题

票据业务是2011年和2012年的延续,2013年票据业务的对手方依旧是TJ科技有限公司,在2013年10月份从TJ科技有限公司换入最后一批票据后,BY公司对置入的票据委托贴现12 000万元形成银行存款、用作支付形成预付账款25 800万元,故与票据相关的收益是否真实实现均体现在预付账款和货币资金的真实准确性判断中。因此,ZX会计师事务所将预付账款和银行存款判定为特别风险,并对这两个科目实施了大量非常规的审计程序。此外,ZX会计师事务所在网上浏览过与BY公司相关的信息,查阅过BY公司的用章记录,均未发现与票据相关的异常信息或记录。

《中国注册会计师审计准则第1312号——函证》并未规定必须对无余额的应收票据发生额进行函证,注册会计师在确定是否有必要实施函证程序时,应当考虑评估的认定层次重大错报风险,以及通过实施其他审计程序获取的审计证据如何将检查风险降至可接受的水平。ZX会计师事务所通过对预付账款、货币资金实施的审计程序及获取的审计证据已经获得了有关票据贴现收益的充分、适当的审计证据,无须对票据置换业务的对手方再进一步执行函证等进一步的审计程序。

期后事项是对上一期业务有延续,并且业务的延续会发生业务性质改变,需要在财务报表中调整或披露的事项,而票据转让及收到现金不属于调整或披露的事项。ZX会计师事务所出具审计报告的时间是2014年1月25日,BY公司支出1.2亿元资金的记账时间是2014年1月31日,不属于审计的期后事项,且BY公司以银行对账单是月末才出,以及1月份报表和账簿未结为由,没有提供。ZX会计师事务所对该大额收款已经实施了银行函证等审计程序,对票据置换业务涉及的大额收款已经获取了充分、适当的审计证据;且在出具审计报告前,对管理层及财务人员进行了期后事项的调查,并获取了期后事项声明书,没有必要对该款项追加设计和实施必要的期后事项审计程序。

针对审计工作底稿中风险评估的结果存在多处不一致甚至自相矛盾的情况,ZX会计师事务所在审计计划中将银行承兑汇票评估为重大错报风险,而在审计过程中又列为特别风险,属于对前期风险评估的修正,并实施了大量非常规的审计程序,已将检查风险降至可接受水平。

(二)证监会对申辩意见的受理

针对ZX会计师事务所2012年审计相关问题的陈述、申辩意见,证监会认为:

(1)ZX会计师事务所关于其未了解业务层面内部控制的理由不成立。根据《中国注册会计师审计准则第1211号——通过了解被审计单位及其环境识别和评估重大错报风险》第二十三条的规定,注册会计师应当了解业务层面内部控制,以评估认定层次的重大错报风险,即便在本案中BY公司无主业经营的情况下,也应当对如人事及薪酬、资金管理等业务流程的内部控制进行了解,以作为评估相关认定层次重大错报风险的依据。ZX会计师事务所对该事项的申辩意见混淆了"了解业务层面内部控制"和"控制测试"两个概念。此外,ZX会计师事务所了解公司层面内部控制的审计工作底稿部分结论为空,对执行的程序,例如在询问程序中,无被询问者、询问时间等信息,不足以证明 ZX 会计师事务所针对 BY 公司实际执行了了解内控的审计程序。

(2) ZX 会计师事务所未将票据贴现收入评估为舞弊风险,也未在审计工作底稿中说明理由,违反了《中国注册会计师审计准则第 1141 号——财务报表审计中与舞弊相关的责任》第二十七条的要求。ZX 会计师事务所无视 BY 公司票据置换相关业务存在多项重大、异常情形,未将应收票据和营业收入等项目评估为舞弊风险或特别风险,无法证明其在审计工作中保持了合理的职业怀疑和应有的职业谨慎。审计工作底稿中未有记录 ZX 会计师事务所与券商、律师的沟通,根据《〈中国注册会计师审计准则第 1131 号——审计工作底稿〉应用指南》第五条的规定,无法判断其执行情况,根据《中国注册会计师审计准则第 1421 号——利用专家的工作》第三条的规定,即使 ZX 会计师事务所与券商、律师就票据真实性问题进行了沟通,也无法减轻 ZX 会计师事务所在 BY 公司 2012 年年报审计中应独立承担的审计责任。

(3) ZX 会计师事务所 2012 年审计计划工作底稿中明确列示"应收票据需获取银行的确认函",但未见执行获取银行确认函的记录,也未在审计工作底稿中说明未执行的理由。

(4)《中国注册会计师审计准则第 1312 号——函证》第十二条明确规定,注册会计师应当对银行存款(包括零余额账户和在本期内注销的账户)实施函证。ZX 会计师事务所无视农行 5952 账户存在多项重大、异常情形,仅以 BY 公司同时对多个银行账户进行了清理为由判定该销户行为不异常,并认为对已销户零余额银行账户的审计只需关注其销户的真实性的说法不成立。当事人辩称的查询银行对账单以及对该账户进行了函证但银行不接受的程序,在审计工作底稿中均无相关记录,根据《〈中国注册会计师审计准则第 1131 号——审计工作底稿〉应用指南》第五条的规定,无法判断其执行情况。

(5)审计工作底稿中未记录 TJ 科技有限公司的收函地址,也未记录"电话确认"函证地址的审计程序。在收回函件的快递单无寄件人电话、寄件人姓名,且寄件地址模糊不易辨认,并与 TJ 科技有限公司办公地址不一致的情况下,工作底稿亦未记录采取何种措施确认函件是直接从 TJ 科技有限公司寄回,未达到《〈中国注册会计师审计准则第 1312 号——函证〉应用指南》第六条的要求。

针对 ZX 会计师事务所 2013 年审计相关问题的陈述、申辩意见,证监会认为:

(1) ZX 会计师事务所未将票据贴现收入评估为舞弊风险,也未在审计工作底稿中说明理由,违反了《中国注册会计师审计准则第 1141 号——财务报表审计中与舞弊相关的责任》第二十七条的要求。《中国注册会计师审计准则第 1141 号——财务报表审计中与舞弊相关的责任》第九条规定:"在获取合理保证时,注册会计师有责任在整个审计过程中保持职业怀疑,考虑管理层凌驾于控制之上的可能性,并认识到对发现错误有效的审计程序未必对发现舞弊有效。"ZX会计师事务所无视BY公司票据置换相关业务存在多项重大、异常情形,未将银行存款、应收票据、其他业务收入等项目评估为舞弊风险或特别风险,未执行超出常规的审计程序,无法证明其在审计工作中保持了合理的职业怀疑和应有的职业谨慎。

(2)在BY公司票据置换相关业务存在多项重大、异常情形之下,ZX会计师事务所未对应收票据的发生额实施函证、未了解TJ科技有限公司业务背景和商业能力,也未实地走访,不足以将检查风险降至可接受的水平。

(3)《中国注册会计师审计准则第1332号——期后事项》第三条明确规定,"期后事项,是指财务报表日至审计报告日之间发生的事项",该12 000万元的大额支付发生在2014年1月2日,早于ZX会计师事务所出具审计报告的时间2014年1月25日,属于审计准则规定的期后事项。根据《中国注册会计师审计准则第1332号——期后事项》第二条"财务报表可能受到财务报表日后发生的事项的影响……审计报告的日期向财务报表使用者表明,注册会计师已考虑其知悉的、截至审计报告日发生的事项和交易的影响",以及第九条"注册会计师应当设计和实施审计程序,获取充分、适当的审计证据,以确定所有在财务报表日至审计报告日之间发生的、需要在财务报表中调整或披露的事项均已得到识别"的规定,注册会计师应当对期后事项予以充分的关注,并考虑对财务报表的影响。该笔12 000万元的收款存在多项重大、异常情形,ZX会计师事务所应当保持职业怀疑并关注期后大额付款的情况。本案中,ZX会计师事务所针对期后事项仅获取了管理层期后事项声明书,未对BY公司2014年1月份的财务报表、账簿、银行对账单等客观证据予以检查,以识别是否存在需要调整或披露的事项,未能达到勤勉尽责的要求。

(三)证监会对ZX会计师事务所的处罚

根据当事人违法行为的事实、性质、情节与社会危害程度,依据《中华人民共和国证券法》第二百二十三条,证监会决定:

(1)没收ZX会计师事务所业务收入150万元,并处以450万元罚款;

(2)对聂某某、张某某给予警告,并分别处以10万元罚款;

(3)对李某某给予警告,并处以5万元罚款。

【案例讨论问题】

1.BY公司应收票据舞弊的迹象有哪些?

2.BY公司应收票据舞弊的手段有哪些?

3.ZX会计师事务所在BY公司应收票据审计中审计程序存在哪些不足?

4.证监会为什么不采纳ZX会计师事务所关于应收票据审计的相关申诉意见?

5.审计机构应如何开展应收票据舞弊审计?

第三节 存货舞弊审计案例

一、案例背景

FS 公司位于辽宁省,始建于 1937 年,是我国特殊钢重点生产企业。2000 年 12 月,FS 公司在上海证券交易所上市。FS 公司是国家级高新技术企业,目前众多国家科研项目中的核心和关键特殊钢材料均由其提供。FS 公司经过多年发展,形成以"三高一特"(高温合金、超高强度钢、高档工模具钢、特种不锈钢)为核心产品,拥有包括高温合金、超高强度钢、不锈钢、工模具钢、高速工具钢、汽车钢、高档机械用钢、钛合金、轴承钢等重点产品在内的 5 400 多个牌号特殊钢材料的生产经验。FS 公司的产品被广泛应用于航空、航天、核电、石油石化、交通运输、工程机械、医疗等行业和领域,覆盖 30 多个国家和地区。

随着时间步入 2016 年,FS 公司的母公司 TG 集团被爆出多次债务违约。自从 2012 年我国钢铁行业整体进入下行周期以及我国"去产能"政策的实施开始,相比于其他钢铁企业,FS 公司的业绩尚在一个可以被投资者接受的范畴之内,保持着持续盈利的状态。2016 年 3 月 28 日,TG 集团发出了关于无法偿还金额高达 8 亿元的债券的公告,在同期资本市场引发了轩然大波。投资者开始逐渐将目光汇聚在 TG 集团利润的主要来源——FS 公司,并对这个风光无限的"钢铁巨人"产生了前所未有的质疑。FS 公司只有维持其不断盈利的现状,才可以有机会作为优质资产留在 A 股市场,更是其已经陷入亏损的母公司 TG 集团可以不断通过市场公开募股进行筹资活动缓解其债务压力的重要平台。

中国证监会对 FS 公司及其审计机构 Z 会计师事务所进行调查,于 2019 年 12 月 12 日发布《中国证监会行政处罚决定书(FS 公司、赵某某、董事等多名责任人员)》(〔2019〕147 号),对 FS 公司及其相关责任人进行处罚;于 2021 年 9 月 14 日发布《中国证监会行政处罚决定书(Z 会计师事务所、臧某某、董某)》(〔2021〕74 号),对 Z 会计师事务所及其相关责任人进行处罚。

二、FS 公司存货舞弊的手段

(一)FS 公司 2010 年至 2016 年年度报告和 2017 年第三季度报告中披露的期末存货存在虚假记载

2010 年至 2016 年、2017 年 1 月至 9 月,FS 公司通过伪造、变造原始凭证及记账凭证,修改物供系统、成本核算系统、财务系统数据等方式调整存货中"返回钢"数量、金额,虚增涉案期间各定期报告期末存货。2010 年至 2016 年、2017 年 1 月至 9 月,FS 公司累计虚增存货 1 989 340 046.30 元,其中 2010 年虚增存货 71 002 264.30 元,虚增存货金额占当年报告期末总资产的 1.11%;2011 年虚增存货 487 921 246.00 元,虚增存货金额占当年报告期末总资产的 6.22%;2012 年虚增存货 559 851 922.00 元,虚增存货金额占当年报告期末总资产的 5.56%;2013 年虚增存货 184 446 258.00 元,虚增存货金额占当年报告期末总资产的 1.60%;2014 年虚增存货 185 060 636.00 元,虚增存货金额占当年报告期末总资产的 1.59%;2015 年虚增存货 163 090 290.00 元,虚增存货金额占当年报告期末总资产的 1.26%;2016 年虚增存货 186 675 886.00 元,虚增存货金额占当年报告期末总资产的 1.51%;2017 年 1 月至 9 月虚增存货 151 291 544.00 元,2017 年 1 月至 9 月虚增存货占 2017 年第三季度报告期末总资产的 1.20%(见表 8-4)。FS 公司 2010 年至 2016 年年度报告、2017 年第三季度报告披露的期末存货余额与事实不符,存在虚假记载。

表 8-4　2010 年至 2017 年 9 月虚增存货金额

报告期	虚增存货金额/万元	占当年报告期末总资产比例/%
2010 年	7 100.23	1.11
2011 年	48 792.12	6.22
2012 年	55 985.19	5.56
2013 年	18 444.63	1.60
2014 年	18 506.06	1.59
2015 年	16 309.03	1.26
2016 年	18 667.59	1.51
2017 年 1—9 月	15 129.15	1.20

(二)FS 公司 2013 年至 2014 年年度报告中披露的期末在建工程余额存在虚假记载

2013 年至 2014 年,FS 公司通过伪造、变造原始凭证及记账凭证等方式虚假领用原材料,将以前年度虚增的存货转入在建工程,虚增 2013 年至 2014 年年度报告期末在建工程。2013 年至 2014 年累计虚增在建工程 1 138 547 773.99 元,其中 2013 年虚增在建工程 742 930 278.00 元,2014 年虚增在建工程 395 617 495.99 元。FS 公司 2013 年至 2014 年年度报告披露的期末在建工程余额与事实不符,存在虚假记载。

(三)FS 公司 2013 年和 2015 年年度报告中披露的期末固定资产余额存在虚假记载

2013 年和 2015 年,FS 公司通过伪造、变造记账凭证及原始凭证等方式将虚增的在建工程转入固定资产,虚增 2013 年和 2015 年年度报告期末固定资产。2013 年和 2015 年累计虚增固定资产 841 589 283.99 元,其中 2013 年虚增固定资产 490 692 688.00 元,2015 年虚增固定资产 350 896 595.99 元。FS 公司 2013 年和 2015 年年度报告披露的期末固定资产余额与事实不符,存在虚假记载。

(四) FS 公司 2014 年至 2016 年年度报告、2017 年第三季度报告中披露的固定资产折旧存在虚假记载

2014 年至 2016 年、2017 年 1 月至 9 月,FS 公司将虚增后的固定资产计提折旧,虚增 2014 年至 2016 年年度报告和 2017 年第三季度报告期末固定资产折旧额,2014 年至 2017 年 9 月累计虚增固定资产折旧 87 394 705.44 元,其中 2014 年虚增固定资产折旧 14 381 330.42 元,2015 年虚增固定资产折旧 18 174 433.94 元,2016 年虚增固定资产折旧 31 336 537.76 元,2017 年 1 月至 9 月虚增固定资产折旧 23 502 403.32 元。FS 公司 2014 年至 2016 年年度报告、2017 年第三季度报告披露的固定资产折旧与事实不符,存在虚假记载。

(五) FS 公司 2010 年至 2016 年年度报告和 2017 年第三季度报告中披露的主营业务成本存在虚假记载

2010 年至 2016 年、2017 年 1 月至 9 月,FS 公司通过伪造、变造记账凭证及原始凭证,修改物供系统、成本核算系统、财务系统数据等方式调整存货中"返回钢"数量、金额,将应计入当期成本的原材料计入存货,导致涉案期间少结转主营业务成本 1 989 340 046.30 元,其中 2010 年少计 71 002 264.30 元,2011 年少计 487 921 246.00 元,2012 年少计 559 851 922.00 元,2013 年少计 184 446 258.00 元,2014 年少计 185 060 636.00 元,2015 年少计 163 090 290.00 元,2016 年少计 186 675 886.00 元,2017 年 1 月至 9 月少计 151 291 544.00 元。FS 公司 2010 年至 2016 年年度报告、2017 年第三季度报告披露的主营业务成本与事实不符,存在虚假记载。

(六) FS 公司 2010 年至 2016 年年度报告和 2017 年第三季度报告中披露的利润总额存在虚假记载

2010 年至 2016 年、2017 年 1 月至 9 月,FS 公司通过虚增存货、减少生产成本、将部分虚增存货转入在建工程和固定资产进行资本化等方式,累计虚增利润总额 1 901 945 340.86 元,其中 2010 年虚增利润总额 71 002 264.30 元,虚增利润总额是公开披露的当期利润总额的 175.87%,FS 公司在 2010 年年度报告中将亏损披露为盈利;2011 年虚增利润总额 487 921 246.00 元,虚增利润总额占公开披露的当期利润总额的 1 322.84%,FS 公司在 2011 年年度报告中将亏损披露为盈利;2012 年虚增利润总额 559 851 922.00 元,虚增利润总额是公开披露的当期利润总额的 1 794.71%,FS 公司在 2012 年年度报告中将亏损披露为盈利;2013 年虚增利润总额 184 446 258.00 元,虚增利润总额是公开披露的当期利润总额的 597.16%,FS 公司在 2013 年年度报告中将亏损披露为盈利;2014 年虚增利润总额 170 679 305.58 元,虚增利润总额是公开披露的当期利润总额的 245.22%,FS 公司在 2014 年年度报告中将亏损披露为盈利;2015 年虚增利润总额 144 915 856.06 元,虚增利润总额占公开披露的当期利润总额的 67.94%;2016 年虚增利润总额 155 339 348.24 元,虚增利

润总额是公开披露的当期利润总额（追溯调整前）的130.40%，FS公司在2016年年度报告（追溯调整前）中将亏损披露为盈利；2017年1月至9月虚增利润总额127 789 140.68元，虚增利润总额是公开披露的2017年1月至9月利润总额的158.50%（见表8-5）。FS公司2010年至2016年年度报告、2017年第三季度报告披露的利润总额与事实不符，存在虚假记载。

表8-5　2010年至2017年9月虚增利润总额

报告期	虚增利润总额/万元	与公开披露的当期利润总额的比例/%
2010年	7 100.23	175.87
2011年	48 792.12	1 322.84
2012年	55 985.19	1 794.71
2013年	18 444.63	597.16
2014年	17 067.93	245.22
2015年	14 491.59	67.94
2016年	15 533.93	130.40
2017年1—9月	12 778.91	158.50

三、Z会计师事务所在FS公司存货审计中存在的缺陷

(一)Z会计师事务所为FS公司出具的2010年至2016年审计报告存在虚假记载

FS公司通过伪造、变造原始凭证及记账凭证等方式，在2010年至2016年年度报告存在虚增存货、虚减成本、虚增利润总额等信息披露违法行为。其中，2010年年度报告虚增存货71 002 264.30元，少结转主营业务成本71 002 264.30元，虚增利润总额71 002 264.30元，在2010年年度报告中将亏损披露为盈利；2011年年度报告虚增存货487 921 246.00元，少结转主营业务成本487 921 246.00元，虚增利润总额487 921 246.00元，在2011年年度报告中将亏损披露为盈利；2012年年度报告虚增存货559 851 922.00元，少结转主营业务成本559 851 922.00元，虚增利润总额559 851 922.00元，在2012年年度报告中将亏损披露为盈利；2013年年度报告虚增存货184 446 258.00元，少结转主营业务成本184 446 258.00元，虚增在建工程742 930 278.00元，虚增固定资产490 692 688.00元，虚增利润总额184 446 258.00元，在2013年年度报告中将亏损披露为盈利；2014年年度报告虚增存货185 060 636.00元，少结转主营业务成本185 060 636.00元，虚增在建工程395 617 495.99元，虚增固定资产折旧14 381 330.42元，虚增利润总额170 679 305.58元，在2014年年度报告中将亏损披露为盈利；2015年年度报告虚增存货163 090 290.00

元,少结转主营业务成本163 090 290.00元,虚增固定资产350 896 595.99元,虚增固定资产折旧18 174 433.94元,虚增利润总额144 915 856.06元;2016年年度报告虚增存货186 675 886.00元,少结转主营业务成本186 675 886.00元,虚增固定资产折旧31 336 537.76元,虚增利润总额155 339 348.24元,在2016年年度报告中将亏损披露为盈利。

Z会计师事务所接受FS公司委托,为其2010年至2016年财务报告出具审计报告,并对各年审计报告均出具了无保留意见,2010年至2016年合同约定的审计收费分别为48万元、55万元、55万元、55万元、55万元、45万元、60万元。臧某某是2010年至2013年和2015年至2016年审计报告上签字的注册会计师,董某是2015年和2016年审计报告上签字的注册会计师。

(二)Z会计师事务所关于FS公司2010年至2016年年度报告的审计程序中,存货监盘程序执行不到位,未对期末存货予以充分关注,多项存货实质性程序工作底稿缺失

1.未按审计准则规定设计和执行存货监盘程序,未对期末存货予以充分关注

Z会计师事务所涉案审计工作底稿显示,其关于FS公司2010年至2016年年度报告的审计程序中未充分、适当地设计和执行存货监盘程序,未根据FS公司存货的特点、盘存制度和存货内部控制有效性设计和执行具体的存货监盘程序,且审计工作底稿中缺少按照审计准则规定设计和执行存货监盘程序的证据。

同时,Z会计师事务所关于涉案年度报告的审计程序存在其他问题,如其关于FS公司2010年至2012年年度报告的审计工作底稿中缺少抽盘表、监盘小结等监盘结论性记录、盘点日前后存货收发及移动相关凭证的审计记录、对盘点日和资产负债表日之间的存货情况实施何种审计程序的记录等;其关于FS公司2010年至2011年年度报告审计工作底稿中的存货监盘部分缺少"从存货盘点记录中选取项目追查至存货实物,以及从存货实物中选取项目追查至盘点记录"的证据;其关于FS公司2013年至2014年年度报告的审计工作底稿存在存货抽盘表无相关人员签字、缺少监盘小结等监盘结论性记录等问题;其关于FS公司2016年年度报告的审计工作底稿缺少实物监盘单位与账面数量单位转换过程的记录等。

Z会计师事务所在关于FS公司2010年年度报告审计工作中的上述行为,违反《中国注册会计师审计准则第1311号——存货监盘》(2007年1月1日实施)第五条、第六条、第十条、第十四条、第十五条、第十九条、第二十二条和第二十九条规定。

2.多项存货实质性程序工作底稿缺失

Z会计师事务所关于FS公司2010年至2016年年度报告的审计工作底稿缺失多项存货实质性程序的记录,如缺少了解存货内容、性质、各存货项目的重要程度及存放场所

的记录,仓库清单或存放地点清单方面的记录,对库龄较长的存货予以关注的记录,了解被审计单位存货盘存制度及盘点计划的记录等,且缺少对盘点计划进行复核和评价的审计证据。

Z会计师事务所在关于FS公司2010年年度报告审计工作中的上述行为,违反《中国注册会计师审计准则第1311号——存货监盘》(2007年1月1日实施)第五条、第六条、第七条、第十条、第十四条、第十五条、第十九条、第二十二条和第二十九条规定。

Z会计师事务所关于FS公司2010年年度报告审计工作中的上述行为,违反《中国注册会计师审计准则第1311号——存货监盘》(2007年1月1日实施)第五条、第六条、第七条、第十条的规定。

Z会计师事务所关于FS公司2011年至2016年年度报告审计工作中的上述行为,违反《中国注册会计师审计准则第1311号——对存货、诉讼和索赔、分部信息等特定项目获取审计证据的具体考虑》(2012年1月1日实施)第四条、第五条规定。同时,Z会计师事务所关于FS公司2013年至2014年年度报告审计工作中的上述行为违反《中国注册会计师审计准则第1131号——审计工作底稿》(2010年11月1日修订,2012年1月1日实施),第十一条规定。

(三)Z会计师事务所关于FS公司2010年至2016年年度报告的审计程序中,分析程序及对原材料的审计程序执行不到位,在相关数据存在异常的情况下,未进行充分核查或者追加必要的审计程序

Z会计师事务所关于FS公司2010年至2016年年度报告审计工作中存在多处分析程序执行不到位的情况,如未分析产成品单位成本波动合理性及原因,无分析过程及确定的期望值即得出"单位成本的波动是合理的"的审计结论;存货分析性复核表中只列示有关基础数据,无分析过程及确定的合理范围即得出"未见异常"的审计结论,其中记录最近3年的存货周转天数波动较大,注册会计师未予进一步分析说明;对生产成本发生额的分析仅列示了明细账月度发生额,未执行程序表所述"比较本年度各个月份的生产成本项目"等程序;未对从被审计单位取得的成本计算单等审计证据执行检查及重新计算等程序,而直接将其纳入审计工作底稿。

同时,Z会计师事务所关于涉案年度报告的审计程序还存在其他问题,如其关于FS公司2011年、2013年、2014年、2015年年度报告审计工作中,在比较当年度及以前年度主要产品的单位产品成本后,未对大额差额作进一步了解;其关于FS公司2015年年度报告的审计工作底稿主营业务月度毛利率分析表计算有误、主营业务成本较其他月份波动较大,未执行进一步审计程序;其关于FS公司2016年年度报告的审计工作中,比较当年度及以前年度主要产品的单位产品成本后,注册会计师未对大额差额进一步的了解,对于主营业务月度毛利率分析表中毛利率大幅上升的异常情形,未执行进一步的审计程序,且未按审计计划执行比较当年度与

以前年度相同品种产品的主营业务成本和毛利率的审计程序,此外,在毛利率分析表存在3月和12月主营业务成本与上年同期相比波动较大的情况下,未执行进一步的审计程序,即得出"与上期相比,毛利率变动不大"的审计结论。

综上,Z会计师事务所关于FS公司2010年年度报告的审计工作中存在多处分析程序执行不到位的情形,且在相关数据存在异常的情况下,未按审计准则规定核查或追加必要的审计程序。Z会计师事务所的上述行为违反《中国注册会计师审计准则第1301号——审计证据》(2007年1月1日实施)第四条、第六条、第八条、第十三条、第二十四条和第三十二条,《中国注册会计师审计准则第1313号——分析程序》(2007年1月1日实施)第二十一条和第二十二条规定。

同时,Z会计师事务所关于FS公司2011年至2016年年度报告审计工作中的上述行为违反《中国注册会计师审计准则第1131号——审计工作底稿》(2012年1月1日实施)第八条、第十条,《中国注册会计师审计准则第1301号——审计证据》(2012年1月1日实施)第十条、第十三条,《中国注册会计师审计准则第1313号——分析程序》(2012年1月1日实施)第五条、第七条。

(四)未保持职业谨慎,未对原材料大额结转、大额结存执行必要的审计程序

Z会计师事务所关于FS公司2010年至2016年年度报告审计工作底稿显示,FS公司2010年至2016年存在个别原材料期末余额较大及频繁大额结转的情形,审计工作底稿中无相应分析或证据核实该事项的合理性,注册会计师未对上述情况予以关注,也未实施必要的审计程序。同时,Z会计师事务所在将存货、营业成本识别为存在重大错报风险的情况下,使用被审计单位生成的信息时,在审计工作底稿中缺少验证产品成本计算过程内容,缺少对成本分配标准的合理性和一贯性进行记录或分析。

同时,Z会计师事务所关于涉案年度报告的审计程序还存在其他问题,如其关于FS公司2010年至2011年、2013年至2016年年度报告审计工作中,缺少对全部在产品及原材料的减值测试过程进行审计的工作底稿;其关于FS公司2011年和2016年年度报告审计工作中,审计工作底稿中拟执行的审计程序未得到有效执行,如关于营业成本的审计程序"比较当年度及以前年度不同品种产品的主营业务成本和毛利率,并查明异常情况的原因;比较当年度与以前年度各月主营业务成本的波动趋势,并查明异常情况的原因"等;其关于FS公司2015年和2016年年度报告审计工作中,审计工作底稿中关于了解被审计单位的目标、战略以及相关经营风险、了解被审计单位财务业绩的衡量和评价记录分析与结论不符,且个别内控审计底稿中访谈记录获得的信息与财务信息不符,后续实质性程序未对上述有矛盾的信息予以关注。

综上,Z会计师事务所在FS公司2010年至2016年年度报告审计工作中,未保持职业谨慎,未对FS公司存货、营业成本等科目实施必要的审计程序。Z会计师事务所对FS公司2010年年度报告执行审计工作中的上述行为违反《中国注册会计师审计准则第1101号——财务报表审计的目标与一般原则》(2007年1月1日实施)第十一条,《中国注册会计师审计准则第1141号——财务报表审计中对舞弊的考虑》(2007年1月1日实施)第十七条、第二十二条和第五十九条,《中国注册会计师审计准则第1301号——审计证据》(2007年1月1日实施)第四条、第七条、第八条和第十三条。

Z会计师事务所对FS公司2011年至2016年年度报告执行审计工作中的上述行为违反《中国注册会计师审计准则第1101号——注册会计师的总体目标和审计工作的基本要求》(2012年1月1日实施)第二十八条、第三十条,《中国注册会计师审计准则第1141号——财务报表审计中与舞弊相关的责任》(2012年1月1日实施)第九条、第十三条和第三十三条,《中国注册会计师审计准则第1301号——审计证据》(2012年1月1日实施)第十条、第十三条。

(五)Z会计师事务所关于FS公司2013年至2015年年度报告的审计工作未保持职业谨慎,未按照审计准则规定对在建工程、固定资产执行必要的实质性程序

Z会计师事务所关于FS公司2013年至2015年年度报告审计工作中未保持职业谨慎,未按照审计准则规定对FS公司在建工程增加、固定资产增加进行充分的核查,导致在在建工程、固定资产增加检查中审计抽样失效,审计工作底稿中获取的审计证据不充分。

同时,其关于2013年至2014年年度报告审计工作中未对底稿中记录的预算与实际执行出现较大差异的工程项目合理性执行进一步审计程序,其关于FS公司2014年年度报告审计工作中未按计划在在建工程和固定资产审计中执行核对发票等审计程序。

四、Z会计师事务所的申辩与证监会对Z会计师事务所的处罚

(一)Z会计师事务所向证监会申辩及证监会对申辩意见的受理

Z会计师事务所、臧某某、董某在其申辩材料及听证过程中提出:其一,Z会计师事务所及注册会计师整体上已履行了审计准则规定的审计程序。其已按审计准则规定执行常规风险导向审计下的抽样审计,FS公司的涉案财务造假行为是有组织的系统性造假,即使充分执行准则规定的审计程序,客观上也难以发现财务舞弊的线索。其二,证监会关于Z会计师事务所审计程序违反准则规定的事实认定存在瑕疵。一是认定FS公司历年造假金额缺乏依据,且FS公司将历年造假金额人为分摊至2010年至2012年,故不认可在没有实物盘存数据核实情况下的数据分摊结果;二是证监会认定Z会计师事务所与存货、原材料、在建工程、固定资产相关的审计程序存在瑕疵与事实不符。其三,证监会认定的业务收入金额与收入确认原则不符。其四,证监会对Z会计师事务所及臧某某、董某的处罚过重。

综上，Z会计师事务所请求不予认定其2010年至2012年的违法行为，对其他违法行为从轻处罚，同时请求确认其2013年至2016年业务收入为205.94万元。当事人臧某某、董某请求减轻或免于处罚。

证监会认为，第一，Z会计师事务所及涉案会计师的执业行为构成未勤勉尽责。根据在案证据，Z会计师事务所2010年至2016年对FS公司历年财务报告的审计工作，未按审计准则规定获取充分、适当的审计证据作为形成审计意见的基础，证监会认定的违法事实清楚，证据确凿、充分，足以认定Z会计师事务所及涉案会计师的执业行为构成未勤勉尽责。当事人所述FS公司财务造假行为是系统性舞弊而不易发现等不构成免责理由，其提出的申辩理由和证据亦不足以证明其勤勉尽责。

第二，证监会认定的违法事实恰当。一是关于FS公司2010年至2012年信息披露违法行为，证监会结合多项主客观证据认定FS公司历年财务造假行为及金额，当事人未提出充分证据和理由推翻证监会认定结论；二是关于Z会计师事务所未按规定执行审计程序的违法行为，当事人提交的证据存在相关性不足、部分证据缺少依据、证据不足以证明其恰当设计并执行审计程序等问题，亦无法推翻证监会认定的违法事实。

第三，关于审计业务收入金额。经复核，当事人相关申辩意见具有合理性，提供了新的证据证明其扣除税费后的审计业务收入金额，证监会对其申辩意见依法予以采纳。

第四，关于对臧某某、董某的罚款金额。考虑到臧某某、董某积极配合调查，承认自身过错，在FS公司重整过程中发挥一定作用，同时综合考虑Z会计师事务所的处罚力度，为实现过罚相当，证监会对其申辩意见依法予以部分采纳。

(二)证监会对Z会计师事务所的处罚

根据当事人违法行为的事实、性质、情节与社会危害程度，依据2005年《中华人民共和国证券法》第二百二十三条的规定，证监会决定：

(1)对Z会计师事务所(特殊普通合伙)责令改正，没收其对FS公司2010年至2016年年报审计业务收入363万元，并处以1 089万元罚款；

(2)对臧某某、董某给予警告，并分别处以7万元罚款。

【案例讨论问题】

1. FS公司存货舞弊的迹象有哪些？
2. FS公司存货舞弊的手段有哪些？
3. Z会计师事务所在FS公司存货审计中审计程序存在哪些不足？
4. 证监会为什么不采纳Z会计师事务所关于存货审计的相关申诉意见？
5. 审计机构应如何开展存货舞弊审计？

第四节　在建工程舞弊审计案例

一、案例背景

LZ公司始创于1982年，现位于河南省林州市。LZ公司经过多年来的不断发展与壮大，从最初的单一的机械装置制造业，到如今成长为一家能源装备综合服务企业。LZ公司给外界所呈现出的形象在被曝发生财务造假之前一直表现很好，多次被不同部门评为河南省重点工业企业。2011年LZ公司在深圳证券交易所挂牌上市。

中国证监会对LZ公司及其审计机构XH会计师事务所进行调查，于2020年8月4日发布《中国证监会行政处罚决定书（LZ公司、郭某某、郭某、曹某某）》（〔2020〕49号），对LZ公司及其相关责任人进行处罚；于2020年10月19日发布《中国证监会行政处罚决定书（XH会计师事务所、肖某某、李某）》（〔2020〕85号），对XH会计师事务所及其相关责任人进行处罚。

二、LZ公司在建工程舞弊的手段

2017年2月10日，LZ公司和ZM装备有限公司签订工业产品采购合同，合同约定由ZM装备有限公司向LZ公司提供锂电池系列设备，合同总价款为3.9亿元，约定交、提货时间为2017年8月31日。2017年2月18日、21日，LZ公司分两笔支付给ZM装备有限公司1亿元、0.95亿元，记入对ZM装备有限公司的预付账款。

2017年12月31日，LZ公司将预付给ZM装备有限公司的1.95亿元转为对LZ公司子公司LK科技有限公司的其他应收款，LK科技有限公司确认对LZ公司的其他应付款，并将其他应付款1.95亿元转入在建工程科目。同时，LK科技有限公司将其对LZ公司的其他应付款利息进行资本化，即根据LZ公司向ZM装备有限公司支付预付账款起计算的利息（313天、年利率7.03%）共计11 918 779.16元，记入在建工程，同时贷记对LZ公司的其他应付款；LZ公司将此笔资本化利息借记对LK科技有限公司的其他应收款，同时抵减财务费用并确认应交增值税销项税。经查，LK科技有限公司将1.95亿其他应付款转入在建工程时，并没有收到由ZM装备有限公司提供的设备实物，也没有相关物流单据与发票。

LZ公司在2017年合并资产负债表中，对LK科技有限公司确认的共计206 918 779.16元在建工程进行了合并披露，导致LZ公司2017年合并资产负债表虚增在建工程2.07亿元，虚减预付账款1.95亿元；在编制合并利润表时，LZ公司未对子公司予以资本化的其他应付款利息与母公司抵减的财务费用合并抵销，导致合并利润表虚减财务费用11 244 131.28元，虚增利润总额11 244 131.28元，占当期披露合并利润总额的比例为48.72%。LZ公司2017年年度报告存在虚假记载。

三、XH会计师事务所在LZ公司在建工程审计中存在的缺陷

(一)XH会计师事务所出具的审计报告存在虚假记载

XH会计师事务所审计的LZ公司2017年合并资产负债表虚增在建工程2.07亿元,虚减预付账款1.95亿元,合并利润表虚减财务费用11 244 131.28元。

XH会计师事务所对LZ公司2017年财务报表出具了标准无保留意见审计报告,签字注册会计师为肖某某、李某,审计收费为118万元。

(二)XH会计师事务所在审计LZ公司2017年财务报表时未勤勉尽责

XH会计师事务所在对LZ公司全资子公司LK科技有限公司在建工程1.95亿元及对应的资本化利息11 918 779.16元进行审计时,仅获取了未附任何附件的记账凭证,未关注到1.95亿元在建工程尚未取得发票的事实;对在建工程相关设备的监盘程序执行不到位,设备盘点清单上没有盘点人与审计人员的签字及盘点日期;未关注到LK科技有限公司在建工程中计提的资本化利息与母公司抵减的财务费用(母公司同时确认应交增值税销项税)未合并抵销。

XH会计师事务所审计程序执行不到位,未获取充分适当的审计证据,未能发现LZ公司合并资产负债表虚增在建工程2.07亿元,合并利润表虚减财务费11 244 131.28元的有关事实。XH会计师事务所的上述行为违反了《中国注册会计师审计准则第1301号——审计证据》第十条、《中国注册会计师审计准则第1101号——注册会计师的总体目标和审计工作的基本要求》第三十条的规定。

四、XH会计师事务所的申辩与证监会对XH会计师事务所的处罚

(一)XH会计师事务所向证监会申辩及证监会对申辩意见的受理

当事人XH会计师事务所提出如下陈述申辩意见:第一,鉴于相关行为的性质、情节、危害后果显著轻微,未对报表产生根本影响,请求给予"没一罚一"的处罚;第二,XH会计师事务所该项审计业务的收入为118万元,请求对审计收费的认定金额予以调整。综上,XH会计师事务所请求从轻处罚。

经复核,证监会认为:第一,对于XH会计师事务所提出从轻处罚的意见不予采纳。XH会计师事务所审计程序执行不到位,导致所未发现LZ公司2017年虚减财务费用对利润总额的影响占当期利润总额的比例为48.72%,情节严重,XH会计师事务所没有从轻处罚的情形。第二,对于XH会计师事务所提出调整审计收费认定金额的意见予以采纳。综上,证监会对其处罚是根据其违法行为的事实、性质、情节与社会危害程度作出的,量罚适当。

当事人肖某某、李某及其代理人提出如下陈述申辩意见:

第一,2005年《中华人民共和国证券法》第二百二十三条及相关法律法规对直接负责的主管人员没有明确定义,不能直接将签字注册会计师等同于直接负责的主管人员。第二,肖某某与李某在2017年审计报告中签字是因前任签字会计师叶某签字满5年,XH会计师事务所安排会计师轮换,但两人未被赋予项目管理、组织安排、质量控制、审计报告定稿、与被审计单位沟通、决策等方面的职权,两人不是直接负责的主管人员。第三,肖某某、李某指认叶某是直接负责的主管人员,叶某负责该项目的组织管理、客户沟通、审计报告编制、质量控制、项目收益等工作,且有权决定报告意见。综上,肖某某、李某请求免于处罚。

经复核,证监会认为:第一,认定签字会计师是直接负责的主管人员具有法律依据且是市场共识。一是《中国注册会计师审计准则第1501号——对财务报表形成审计意见和出具审计报告》第十一条、三十三条、三十四条、三十五条、三十九条,明确规定签字会计师应对其审计意见及所执行的工作承担责任。本案中,LZ公司2017年年报的审计报告中明确写明"注册会计师对财务报表审计的责任",并由肖某某与李某签字确认,作为签字会计师应承担相应的责任。二是《中国注册会计师审计准则第1121号——对财务报表审计实施的质量控制》第十三条明确规定签字项目合伙人及另一名签字会计师,是负责某项具体审计业务及其执行的人员,代表会计师事务所在出具的审计报告上签字,同时该准则第二十二条、二十九条明确规定两名签字会计师均应对审计业务的总体质量负责,并按照职业准则和适用的法律法规的规定指导、监督与执行审计业务,出具适合具体情况的审计报告。因此,根据上述规定两名签字会计师均应对所出具的审计报告负责,是审计报告的主要责任人员。据此,本案中肖某某作为项目合伙人、李某作为项目经理,均是代表XH会计师事务所在LZ公司的审计报告上签字,应对该审计业务的总体质量负责,对出具的审计报告负责,是直接负责的主管人员。

第二,认定肖某某、李某承担相应的责任具有客观证据支持。一是客观证据表明两位会计师知悉其在项目中的工作安排并实际参与了审计工作。当事人和XH会计师事务所相关人员询问笔录,以及《总体审计策略》《项目合伙人复核声明书》《项目经理复核记录》《项目组成员独立性声明》等客观证据,均可以证明两人自始至终知悉其签字会计师身份及其在审计项目中的工作安排,即肖某某为项目合伙人,李某为项目经理,同时两人复核了《审计总结》并在复核记录中签字,也说明其对审计程序及发现的相关问题知悉并认可。二是两人作为签字会计师并未被限制与审计客户沟通。LZ公司出具的《管理层声明》的对象明确是XH会计师事务所及肖某某、李某,表明上市公司作为客户知悉肖某某与李某为签字会计师,同时两人也在笔录中承认接触过上市公司的财务人员,说明两人作为签字会计师并未被限制与上市公司沟通。三是两人在明知自己是签字会计师的情况下却未严格履行相应的职责,正是其作为签字会计师未勤勉尽责的表现。肖某某、李某作为签字会计师本应按照审计准则的要求推进相关工作开展,但实际上并未深入参与到项目中,没有到现场指导与监督审计助理的工作,在复核时也仅是复核部分会计科目的电子底稿,在这种情况下仍签署审计报告,即未勤勉尽责。

第三,对于肖某某与李某提交的有关叶某的线索,证监会将依法处理,但不能因此免除两人的责任。

综上,证监会对于肖某某与李某的意见不予采纳,认定两人为直接负责的主管人员法律依据充分、事实清晰、证据确凿。

(二)证监会对 XH 会计师事务所的处罚

根据当事人违法行为的事实、性质、情节与社会危害程度,依据 2005 年《中华人民共和国证券法》第二百二十三条的规定,证监会决定:

(1)对 XH 会计师事务所责令改正,没收业务收入 118 万元,并处以 236 万元罚款;

(2)对肖某某、李某给予警告,并分别处以 5 万元罚款。

【案例讨论问题】

1. LZ 公司在建工程舞弊的迹象有哪些?
2. LZ 公司在建工程舞弊的手段有哪些?
3. XH 会计师事务所在 LZ 公司在建工程审计中审计程序存在哪些不足?
4. 证监会为什么不采纳 XH 会计师事务所关于在建工程审计的相关申诉意见?
5. 审计机构应如何开展在建工程舞弊审计?

第五节 长期股权投资舞弊审计案例

一、案例背景

H 集团成立于 2002 年 9 月,注册资本 80 000 万元。H 集团是一家以汽车为核心的企业,主要经营范围包括汽车整车、动力总成、汽车零部件的研发、生产、销售和汽车维修等。H 集团是辽宁省大型国有企业,在债券市场上有较高的信用级别,在 2017 年之前发行的债券数量和规模都较少,于 2017 年开始大规模发行债券,在 2017 年共发债 6 只,发债总额共计 68 亿元,其中"17××05"也是 H 集团第一只发生实质性违约的债券。2020 年 10 月 23 日,H 集团未能按时兑付"17××05"私募债券本息,导致实质性违约的发生。

证监会对 H 集团及其审计机构 YT 会计师事务所进行调查,于 2021 年 9 月 1 日发布《中国证监会行政处罚决定书(H 集团、祁某某等 12 名责任主体)》(〔2021〕66 号),对 H 集团及其相关责任人进行处罚;于 2023 年 11 月 3 日发布《中国证监会行政处罚决定书(YT 所、贾某某、秦某某、栗某某)》(〔2023〕78 号),对 YT 会计师事务所及其相关责任人进行处罚。

二、H集团长期股权投资舞弊的手段

2016年开始,H集团自主品牌汽车的业绩和利润下滑严重,2017年开始出现亏损。为了完成业绩考核,H集团通过转让L汽车制造有限公司、M汽车有限公司股权方式来完成2017年、2018年度业绩指标。

2017年12月H集团与SY汽车销售有限公司签订股权转让合同,将其持有的子公司L汽车制造有限公司51%股权转让给SY汽车销售有限公司,转让价格为1 925 470 000元。合同约定,SY汽车销售有限公司应于合同生效后180日内向H集团支付全部股权转让价款。2017年12月31日,H集团确认投资收益802 512 779.47元。

2018年6月,H集团与SY汽车销售有限公司签订股权转让合同,向SY汽车销售有限公司转让L汽车制造有限公司剩余49%股权,转让价格为1 849 960 000元。合同约定,SY汽车销售有限公司应于合同生效后180日内向H集团支付全部股权转让价款。2018年6月30日,H集团确认投资收益771 040 317.53元。

2018年12月,H集团与L汽车制造有限公司签订股权转让合同,将其持有的子公司M汽车有限公司100%股权转让给L汽车制造有限公司,转让价格为1 949 441 791.19元。合同约定,L汽车制造有限公司应于合同生效后180日内向H集团支付全部股权转让价款。2018年12月31日,H集团确认投资收益1 885 081 638.66元。

经查,截至H集团各确认投资收益日,上述股权转让合同项下的交易均未完成:被转让的股权的所有权上的风险和报酬并未实质转移,且H集团未取得股权转让价款。故上述股权转让收益均不能确认。

上述行为导致H集团2017年年度报告、2018年年度报告披露的合并利润表中投资收益、利润总额、净利润、归属于母公司所有者的净利润虚假,2017年虚增归属于母公司所有者的净利润802 512 779.47元,2018年虚增归属于母公司所有者的净利润1 790 896 728.58元。在对上述事项进行调整后,致使合并利润表中归属于母公司所有者的净利润由正转负,其中2017年度为-382 109 155.98元,2018年度为-1 333 083 661.63元(见表8-6)。

表8-6 2017—2018年虚增和实际归属于母公司净利润对比表

年份	虚增归属于母公司净利润/万元	实际归属于母公司净利润/万元
2017年	80 251.28	-38 210.92
2018年	179 089.67	-133 308.37

上述违法事实,有年度报告、股权转让合同,H集团及L汽车制造有限公司等公司财务账册及财务凭证,H集团审议股权转让的党委会及总裁办公会决策材料,H集团审议股权转让、审议L汽车制造有限公司与M汽车有限公司人事任免及融资方案、审议年度审计报告等方面

的董事会决议等董事会材料,H集团和L汽车制造有限公司等公司出具的情况说明,相关当事人询问笔录等证据证明,足以认定。

三、YT会计师事务所在H集团长期股权投资审计中存在的缺陷

(一)YT会计师事务所出具的H集团2017年、2018年审计报告存在虚假记载

经证监会查明,H集团2017年、2018年年度报告存在虚增投资收益、利润等虚假记载行为。2018年4月8日,2019年4月2日,YT会计师事务所分别与H集团签订《审计业务约定书》,H集团委托YT会计师事务所对其2017年、2018年年度财务报表进行审计。H集团于2018年9月至2020年2月期间,以包含经YT会计师事务所审计的2017年、2018年年度财务数据作为申报材料向中国证监会、上海证券交易所申请发行公司债券。YT会计师事务所在公司债券募集说明书"会计师事务所声明"中盖章,声明已阅读募集说明书内容,确认募集说明书引用的H集团2017年度、2018年度审计报告与YT会计师事务所出具的审计报告内容不存在矛盾,对引用审计报告内容无异议,确认募集说明书不致因引用上述审计报告而导致在相应部分出现虚假记载、误导性陈述或重大遗漏,并对YT会计师事务所出具的上述审计报告的真实性、准确性、完整性根据有关法律法规的规定承担相应的法律责任。经查,YT会计师事务所对H集团2017年、2018年年度报告均出具了标准无保留的审计意见,YT会计师事务所出具的前述审计报告存在虚假记载。

YT会计师事务所2017年、2018年年度报告审计服务收费分别是452 830.18元和566 037.72元,秦某某、贾某某是2017年审计报告签字注册会计师,贾某某、栗某某是2018年审计报告签字注册会计师。

(二)YT会计师事务所对H集团2017年财务报表的审计存在重大缺陷

1. 未能恰当实施风险识别和评估程序

H集团于2017年11月研究成立全资子公司L汽车制造有限公司,后以实物增资方式将其注册资本增加为2 201 876 903.00元,记入长期股权投资科目;12月,H集团转让该公司51%股权,并于12月29日完成工商登记变更;12月31日,因转让该股权,H集团减少长期股权投资账面金额1 122 957 220.53元,确认投资收益802 512 779.47元。

经查,2017年舞弊风险评估与应对审计底稿中,考虑舞弊风险因素的记录表显示,YT会计师事务所在"从事重大、异常或高度复杂的交易(特别是临近期末发生的复杂交易,对该交易是否按照'实质重于形式'原则处理存在疑问)"对应"是否存在"栏目填写"否";在风险评估结果汇总审计底稿中,可能表明存在重大错报风险的情况和事项应对表显示,YT会计师事务所在"被审计单位发生重大变化,如发生重大收购、重组或其他异常的事项""发生大额非常规或非系统性交易(包括公司间的交易和在期末发生大量收入的交易)""按照管理层特定意图记录的交易(如债务重组、资产出售、交易性债券的分类)"等对应的"是否存在(简述)"栏目均填写

"否",明显与事实不符。YT 会计师事务所上述行为不符合《中国注册会计师审计准则第 1141 号——财务报表审计中与舞弊相关的责任》第二十五条和《中国注册会计师审计准则第 1211 号——通过了解被审计单位及其环境识别和评估重大错报风险》第三十一条、第三十四条的规定,YT 会计师事务所识别和评估程序不恰当导致未能设计和实施必要的审计程序,获取充分的审计证据,未能对 H 集团 2017 年年度报告发表恰当的审计意见,审计报告存在虚假记载。

2. 长期股权投资审计程序存在缺陷

针对长期股权投资项目,YT 会计师事务所将其认定为年报审计重大账户,执行了"对本期发生的长期股权投资的增减变动,检查至支持性文件,确定其会计处理是否正确"的审计程序。经查审计底稿,一是 YT 会计师事务所获取了设立 L 汽车制造有限公司的董事会决议、H 集团转让 51% 股权后的 L 汽车制造有限公司章程和营业执照,但未获取股权转让法律文书、除上述公司章程和营业执照外的其他工商登记资料等支持性文件;二是 L 汽车制造有限公司公司章程显示,H 集团转让 51% 股权对手方 SY 汽车销售有限公司出资方式为实物,且股权转让前后 L 汽车制造有限公司股本未发生变化,而 H 集团已将该 51% 股权对价记入其他应收款,因此出资方式为实物的情况与事实不符;三是 YT 会计师事务所获取了转让 L 汽车制造有限公司价格的相关证据,但未对证据进行进一步分析评价。YT 会计师事务所未严格执行审计计划,未获得充分、适当的审计证据,其行为不符合《中国注册会计师审计准则第 1101 号——注册会计师的总体目标和审计工作的基本要求》第二十二条、第二十八条和第三十四条,《中国注册会计师审计准则第 1141 号——财务报表审计中与舞弊相关的责任》第十三条和第三十三条,《中国注册会计师审计准则第 1301 号——审计证据》第十条的规定,导致未能对 H 集团 2017 年年度报告审计形成正确的审计结论,发表恰当的审计意见。

3. 投资收益审计程序未有效执行

因转让 L 汽车制造有限公司 51% 股权,H 集团确认投资收益 802 512 779.47 元,使 H 集团 2017 年归属于母公司所有者的净利润由巨额亏损变为大幅盈利。经查,YT 会计师事务所计划实施"对本期发生的投资收益,结合相关审计、检查支持性文件,确定入账金额及会计处理是否正确"以及"结合投资和银行存款等的审计,确定投资收益被记入正确的会计期间"等程序,但审计底稿显示,YT 会计师事务所未针对 802 512 779.47 元投资收益有效实施上述程序,未获得有关支持性文件,其行为不符合《中国注册会计师审计准则第 1141 号——财务报表审计中与舞弊相关的责任》第十三条和第三十三条的规定,导致未能对 H 集团 2017 年年度报告审计形成正确的审计结论,发表恰当的审计意见。

4. 其他应收款审计程序存在缺陷

经查,2017 年末,H 集团对出售 L 汽车制造有限公司股权交易对手方 SY 汽车销售有限公司其他应收款余额为 2 205 470 000 元。在对其他应收款执行审计程序时,函证控制表显示,根据回函,可以直接确认对出售 L 汽车制造有限公司股权交易对手方的其他应收款余额,但是未见有关发函回函等函件材料;YT 会计师事务所计划执行"了解重大明细项目的其他应收款内容及性质,进行类别分析,重点关注是否存在资金被关联企业(或实际控制人)大量占用、变相拆借资金、隐形投资、误用会计科目、或有损失等现象"审计程序,审计底稿显示,该审计程序对应执行索引为其他应收款明细表,该表包含单位性质、期初余额、发生额、调整数、年末余额、账龄、款项性质等信息,但未见 YT 会计师事务所在该表中填列相关款项性质等信息,该审计程序执行存在缺陷。YT 会计师事务所上述行为不符合《中国注册会计师审计准则第 1301 号——审计证据》第十条和《中国注册会计师审计准则第 1312 号——函证》第十四条的规定,未获取充分的审计证据,审计结论不恰当。

5. 审计质量控制程序执行不到位

根据 YT 会计师事务所制定的 2017 年度总体审计策略,对 H 集团年度审计由项目经理实施详细复核、二级复核人实施一般性复核、三级复核人实施重点复核,以上复核程序应确认和关注的事项包括"对重要会计问题、重点审计领域、重要审计程序和重大调整事项的确认是否恰当""重点会计问题及重大事项的审计证据是否充分适当""审计过程是否存在重大遗漏,有无特别说明事项"等。经查,EK-2 项目经理复核核对表、EK-3 签字注师复核核对表、EK-4 签字注师(项目合伙人)复核核对表、EK-5 质量控制复核人核对表中各复核事项对应的"是/否/不适用"处均未填写具体复核情况,仅在表末端签字处签字,未见 YT 会计师事务所有关大额长期股权投资和投资收益审计等重要事项的复核记录。

根据 2017 年度总体审计策略和有关说明,YT 会计师事务所采用集团层面的复核审计策略,获取 H 集团单体及各子公司等审计报告和审计底稿,对重要的项目重新执行抽样、检查等审计程序,对审计报告和审计底稿进行复核分析。经查,YT 会计师事务所未审慎执行上述所指抽样、检查、复核等审计程序。YT 会计师事务所上述行为不符合《中国注册会计师审计准则第 1121 号——对财务报表审计实施的质量控制》第三十一条、第三十四条和第四十条的规定,导致未能发现 H 集团 2017 年年度报告存在虚假记载。

(三)YT 会计师事务所对 H 集团 2018 年财务报表的审计存在重大缺陷

1. 风险识别与评估程序未有效执行

2018 年 6 月,H 集团转让 L 汽车制造有限公司剩余 49% 股权,确认投资收益 771 040 317.53 元;2018 年 12 月,H 集团向 L 汽车制造有限公司转让 M 汽车有限公司 100% 股权,确认投资收益 1 885 081 638.66 元。扣除以上两项投资收益,H 集团 2018 年合并财务报表中归属于母公司所有者的净利润存在巨额亏损,以上股权转让事项存在一定舞弊风险。经查,在 2018 年审计过程中,YT 会计师事务所已经知悉以上事项,但 YT 会计师事务所汇总的重大错报风险等未包含长期股权投资和投资收益;在舞弊风险评估与应对审计底稿中,考虑舞弊风险因素的记录表显示,"从事重大、异常或高度复杂的交易(特别是临近期末发生的复杂交易,对该交易是否按照'实质重于形式'原则处理存在疑问)"对应"是否存在"栏目填写"否";可能表明存在重大错报风险的情况和事项应对表显示,YT 会计师事务所在"被审计单位发生重大变化,如发生重大收购、重组或其他异常的事项""发生大额非常规或非系统性交易(包括公司间的交易和在期末发生大量收入的交易)""按照管理层特定意图记录的交易(如债务重组、资产出售、交易性债券的分类)"等对应的"是否存在(简述)"栏目均填写"否",明显与事实不符。

YT 会计师事务所上述行为不符合《中国注册会计师审计准则第 1141 号——财务报表审计中与舞弊相关的责任》第二十五条和《中国注册会计师审计准则第 1211 号——通过了解被审计单位及其环境识别和评估重大错报风险》第三十一条、第三十四条的规定,导致未能设计和实施必要的审计程序,获取充分的审计证据,未能对 H 集团 2018 年年度报告发表恰当的审计意见,审计报告存在虚假记载。

2. 未对公司多次大额股权转让并确认大额投资收益保持应有的职业怀疑

经查审计底稿,2018 年末,公司长期股权投资科目金额减少 1 150 398 697.81 元,其中主要为 2018 年 6 月 21 日,H 集团董事会决议转让 L 汽车制造有限公司剩余 49% 股权,股权转让合同确定转让价格为 1 849 960 000 元,对应长期股权投资科目账面金额减少 1 078 919 682.47 元,据此确认投资收益 771 040 317.53 元;股权交割日为合同签订日,支付方式为合同生效后 180 日内支付全部款项,合同生效条件为双方法定代表人/授权代表签字并盖公章/合同章,但本合同仅盖公章和人名印章,未签署日期;股权转让对手方签字处人名印章为高某某,同作为长期股权投资科目审计底稿的多张 H 集团内部转账通知单、付款审批单上均有高某某签字。

2018 年 12 月 19 日,H 集团董事会决议向 L 汽车制造有限公司转让 M 汽车有限公司 100% 股权,对应长期股权投资科目账面金额减少 64 360 152.53 元,股权转让合同确定转让价格为 1 949 441 791.19 元,据此确认投资收益 1 885 081 638.66 元;股权交割日为合同签订日,支付方式为合同生效后 180 日内支付全部款项,合同生效条件为经双方法定代表人/授权代表签字并盖公章/合同章,但本合同仅盖公章,未经签字,且未签署日期;同时 YT 会计师事务所也未获取股权转让后的 M 汽车有限公司工商登记等资料。

YT 会计师事务所未对以上重大或异常情况保持必要的职业怀疑,未正确评价和分析已获取的审计证据,审计结论不恰当,其行为不符合《中国注册会计师审计准则第 1101 号——注册会计师的总体目标和审计工作的基本要求》第二十二条、第二十八条的规定和《中国注册会计师审计准则第 1141 号——财务报表审计中与舞弊相关的责任》第十三条、第三十三条的规定,导致未对 2018 年年度报告发表恰当的审计意见。

3. 未针对转让 L 汽车制造有限公司和 M 汽车有限公司股权确认的投资收益执行有效审计程序

经查 2018 年 YT 会计师事务所投资收益审计底稿,转让 L 汽车制造有限公司和 M 汽车有限公司股权确认的投资收益合计2 656 121 956.19元,占2018年合并报表母公司披露投资收益总额比例为92.30%,除投资收益审定表、明细表和凭证抽查表外,未见其他有关投资收益审计证据,YT会计师事务所未针对转让L汽车制造有限公司和M汽车有限公司股权确认的投资收益执行有效审计程序。YT会计师事务所上述行为不符合《中国注册会计师审计准则第1141号——财务报表审计中与舞弊相关的责任》第十三条、第三十三条的规定,导致未能对H集团2018年年度报告审计形成正确的审计结论,发表恰当的审计意见。

4.应收票据审计程序存在缺陷

审计底稿显示,2018年6月30日,H集团作借记应收票据1 900 000 000元的账务处理,该金额为H集团转让L汽车制造有限公司股权部分支付对价,记账日期与相关底稿显示出票日为2018年12月16日、到期日为2019年6月16日的应收票据出票日期差距较大,但YT会计师事务所未采取进一步审计程序,且与其所计划实施"对于大额票据,应取得相应销售合同或协议、销售发票和出库单等原始交易资料并进行核对,以证实是否存在真实交易"的审计程序要求不符。YT会计师事务所上述行为不符合《中国注册会计师审计准则第1101号——注册会计师的总体目标和审计工作的基本要求》第二十二条、第二十八条和《中国注册会计师审计准则第1301号——审计证据》第十条的规定,导致未能对H集团2018年年度报告审计形成正确的审计结论,发表恰当的审计意见。

5.其他应收款审计程序存在缺陷

2018年,H集团对出售L汽车制造有限公司股权交易对手方SY汽车销售有限公司其他应收款余额为2 155 430 000元,对L汽车制造有限公司其他应收款余额为2 012 237 769.80元。在对其他应收款执行审计程序时,发函情况表显示,YT会计师事务所均通过向出售L汽车制造有限公司股权交易对手方SY汽车销售有限公司、出售M汽车有限公司交易对手方L汽车制造有限公司发函确认余额,但是未见向出售L汽车制造有限公司股权交易对手方SY汽车销售有限公司有关发函等材料。YT会计师事务所计划执行"了解重大明细项目的其他应收款内容及性质,进行类别分析,重点关注是否存在资金被关联企业(或实际控制人)大量占用、变相拆借资金、隐形投资、误用会计科目、或有损失等现象"审计程序,审计底稿显示,该审计程序对应执行索引为其他应收款明细表,该表包含单位性质、期初余额、发生额、调整数、年末余额、账龄、款项性质等信息,但未见YT会计师事务所在该表中填列相关款项性质等信息,该审计程序执行不到位。YT会计师事务所上述行为不符合《中国注册会计师审计准则第1301号——审计证据》第十条和《中国注册会计师审计准则第1312号——函证》第十四条的规定,审计程序存在缺陷,审计结论不恰当。

6.未与管理层、治理层等就重大事项进行充分沟通

H集团转让L汽车制造有限公司和M汽车有限公司股权确认投资收益使H集团2018

年合并财务报表中归属于母公司所有者的净利润由巨额亏损变为大幅盈利,并综合 YT 会计师事务所审计底稿来看,长期股权投资等科目所涉业务为重大事项。YT 会计师事务所 2018 年年度财务报表审计总结记载,重大事项均与 H 集团管理层、治理层(审计委员会)交换了意见,详见与 H 集团管理层、治理层(审计委员会)沟通函。经查,未见 YT 会计师事务所与 H 集团管理层、治理层(审计委员会)关于上述长期股权投资、投资收益相关重大事项的沟通记录。YT 会计师事务所上述行为不符合《中国注册会计师审计准则第 1131 号——审计工作底稿》第十二条和《中国注册会计师审计准则第 1151 号——与治理层的沟通》第五条的规定,审计程序存在缺陷。

7. 审计质量控制程序执行不到位

根据 YT 会计师事务所制定的 2018 年度总体审计策略,对 H 集团年度审计由项目经理实施详细复核、二级复核人实施一般性复核、三级复核人实施重点复核,以上复核程序应确认和关注的事项包括"对重要会计问题、重点审计领域、重要审计程序和重大调整事项的确认是否恰当""重点会计问题及重大事项的审计证据是否充分适当""审计过程是否存在重大遗漏,有无特别说明事项"等。经查,EK-2 项目经理复核核对表、EK-3 签字注师复核核对表、EK-4 签字注师(项目合伙人)复核核对表、EK-5 质量控制复核人核对表中各复核事项对应的"是/否/不适用"处均未填写具体复核情况,仅在表末端签字处签字,未见 YT 会计师事务所有关大额长期股权投资和投资收益审计等重要事项的复核记录。YT 会计师事务所上述行为不符合《中国注册会计师审计准则第 1121 号——对财务报表审计实施的质量控制》第三十一条、第三十四条和第四十条的规定,导致未能发现 H 集团 2018 年年度报告存在虚假记载。

四、YT 会计师事务所的申辩与证监会对 YT 会计师事务所的处罚

(一)YT 会计师事务所向证监会申辩及证监会对申辩意见的受理

YT 会计师事务所和贾某某还提出以下申辩意见:

第一,在 2017 年年报审计过程中,项目组通过凭证抽查的方式查看了转让 L 汽车制造有限公司股权的记账凭证及原始凭证,并获取股权转让法律文书电子版,在整理底稿时漏打印。根据审计准则相关规定,注册会计师可以获取电子版档案和工作底稿。

第二,H 集团在 2017 年 12 月份转让 L 汽车制造有限公司 51% 股权后,L 汽车制造有限公司新的公司章程中所记录出资方式为实物的情况与事实相符,H 集团转让该股权不应改变原股东的出资方式。

第三,2018 年 6 月 30 日,H 集团作借记应收票据 1 900 000 000 元凭证所附承兑汇票清单中的信息均为 2018 年 6 月开具的承兑汇票信息。事先告知书中所指出票日期 2018 年 12 月 16 日、到期日为 2019 年 6 月 16 日的应收票据为应收票据明细表后附票据。

第四，会计准则对H集团2017年、2018年股权转让交易会计处理无明确规定，项目组与YT会计师事务所质量控制部门的专业人员进行了充分讨论，结合同行业和其他事务所意见，作出了恰当的职业判断和审计结论，与同行业类似交易会计处理判断结论一致，与H集团年报决算审计机构的职业判断一致，不存在过错。

第五，H集团股权转让交易事项是管理层集体舞弊的行为结果，YT会计师事务所无明显过错，部分程序方面瑕疵未对审计报告结论产生实质性影响，对其行政处罚不符合过罚相当原则。YT会计师事务所还提出，H集团2017年度、2018年度审计业务收费较低。

综上，YT会计师事务所、贾某某请求对2017年审计报告行为不予处罚，对2018年审计报告行为免于处罚或者减轻、从轻处罚；秦某某请求对2017年审计报告行为不予处罚；栗某某请求对2018年审计报告行为不予处罚。

经复核，证监会认为：一是YT会计师事务所出具的H集团2017年、2018年审计报告存在虚假记载事项仍在处罚时效内。《中华人民共和国行政处罚法》规定，违法行为有连续或者继续状态的，从行为终了之日起计算。2020年11月20日，H集团因信息披露违法违规被证监会立案调查，本案涉及的相关违法行为线索被发现。YT会计师事务所出具2017年、2018年审计报告的目的为债券发行使用，且H集团于2018年9月至2020年2月期间将2017年、2018年审计报告用于申报并发行公司债券，YT会计师事务所及相关当事人均已确认相关审计报告内容真实准确完整，并承诺承担相应法律责任，截至目前YT会计师事务所出具的H集团2017年、2018年审计报告仍未注销或改正，应认定相关违法行为存在"继续状态"，持续至今。

二是在YT会计师事务所已确认提供全部审计底稿中未见涉及L汽车制造有限公司51%股权转让的法律文书。YT会计师事务所及贾某某提供的电子证据规范性无法确认，亦不足以证明其履行了对该合同的核实程序。如YT会计师事务所适当地履行核实程序，即会关注到该合同中的重大异常情况。

三是H集团设立L汽车制造有限公司的出资方式是货币和实物出资两种方式。L汽车制造有限公司设立后，H集团转让51%股权不再涉及实物出资情形。

四是1 900 000 000元应收票据记账日期为2018年6月30日，与相关底稿显示出票日期2018年12月16日、到期日为2019年6月16日的应收票据出票日期差距较大，YT会计师事务所未执行进一步审计程序，与所计划审计程序不符。

五是相关证据显示，YT会计师事务所2017年、2018年在执行股权转让审计程序时存在重大缺陷，投资收益审计程序未有效执行，未保持应有的职业怀疑，其他审计机构判断及其他案例不影响YT会计师事务所的独立判断。

六是H集团管理层舞弊不能免除相关当事人在审计过程中应承担的法律责任。本案已充分考虑当事人违法行为的事实、性质、情节、社会危害程度、当事人主观状态、配合调查情形,量罚适当。YT会计师事务所关于审计收费较低故应从轻或减轻处罚的意见于法无据。

综上,除根据1 900 000 000元记账凭证后附材料为2018年6月份开具的承兑汇票清单对个别表述适当调整外,对当事人YT会计师事务所、贾某某、秦某某及栗某某的其他陈述申辩意见,证监会不予采纳。

(二)证监会对YT会计师事务所的处罚

根据当事人违法行为的事实、性质、情节与社会危害程度,依据2005年《中华人民共和国证券法》第二百二十三条,证监会决定:

(1)责令YT会计师事务所改正,没收其业务收入1 018 867.90元,并处以2 037 735.80元罚款;

(2)对贾某某、秦某某、栗某某给予警告,并分别处以6万元、4万元、4万元罚款。

【案例讨论问题】

1. H集团长期股权投资舞弊的迹象有哪些?
2. H集团长期股权投资舞弊的手段有哪些?
3. YT会计师事务所在H集团长期股权投资审计中审计程序存在哪些不足?
4. 证监会为什么不采纳YT会计师事务所关于长期股权投资审计的相关申诉意见?
5. 审计机构应如何开展长期股权投资舞弊审计?

第六节 营业收入舞弊审计案例

一、案例背景

T集团创建于1987年,业务板块涵盖金属制品、新材料、建筑安装等,曾是山东当地的知名大型民企。自2017年下半年起,受金融去杠杆影响,包括T集团在内的多家山东东营民企陷入资金链紧张,并先后爆发债务危机。2019年3月,T集团以不能清偿到期债务且资不抵债但具备重整条件为由,向法院申请重整。2020年5月31日,山东省东营市中级人民法院依法裁定批准T集团等11家公司合并重整计划。2021年4月28日,山东省东营市中级人民法院依法裁定批准T集团重整计划修正案。

中国证监会对T集团及对其服务的中介机构进行调查,于2021年7月27日发布《中国证监会行政处罚决定书(T集团、王某某等6名责任主体)》(〔2021〕58号),对T集团及其相关责任人进行处罚;于2021年11月2日发布《中国证监会行政处罚决定书(ZT会计师事务所、杨某某、张某某)》(〔2021〕91号),对ZT会计师事务所及其相关责任人进行处罚。

二、T集团营业收入舞弊的手段

(一)通过制作虚假财务账套等方式虚增收入和利润

因融资需要,2013 年至 2017 年,在 T 集团时任董事长、法定代表人及实际控制人王某某决策并组织下,T 集团以 SJ 钢帘线有限公司、SD 化工有限公司(该公司于 2013 年停产)和 GX 材料科技有限公司三家子公司为造假实体,通过复制真实账套后增加虚假记账凭证生成虚假账套及虚构购销业务等方式实施财务造假,T 集团将虚假账套数据提供给审计机构。

1. 虚增主营业务收入情况

2013 年度至 2017 年度,T 集团通过上述三家子公司虚增主营业务收入金额共计 615.40 亿元,各年度分别为 86.53 亿元、98.87 亿元、142.53 亿元、141.84 亿元、145.62 亿元,占当年对外披露营业收入的比例分别为 59.44%、67.30%、71.41%、70.20%、68.50%。

2. 虚增利润情况

2013 年度至 2017 年度,由虚增主营业务收入扣除虚增主营业务成本、税金及附加,T 集团虚增利润总额共计 113.00 亿元,各年度分别为 16.54 亿元、20.24 亿元、20.67 亿元、23.06 亿元、32.49 亿元,分别是当年对外披露利润总额的 121.61%、138.39%、142.23%、117.64%、164.24%。

(二)通过直接修改 2016 年度、2017 年度经审计后的合并会计报表的方式虚增利润

T 集团在审计机构 ZT 会计师事务所出具 2016 年度、2017 年度的审计报告后,直接修改经审计后的 T 集团合并会计报表,在修改后的财务报表上加盖虚假的 ZT 会计师事务所印章后将报表对外披露。通过该方式,T 集团 2016 年度虚减营业成本 4.41 亿元,导致虚增利润总额 4.41 亿元;2017 年度虚减销售费用 2.30 亿元,虚增财务费用 0.60 亿元,共计虚减费用总额 1.70 亿元,导致虚增利润总额 1.70 亿元。

通过上述两种方式,T 集团 2013 年度至 2017 年度累计虚增主营业务收入 615.40 亿元,累计虚增利润总额 119.11 亿元;扣除虚增利润后,T 集团各年利润状况为亏损。各年度虚增主营业务收入金额为 86.53 亿元、98.87 亿元、142.53 亿元、141.84 亿元、145.62 亿元,分别占当期对外披露收入的比例为 59.44%、67.30%、71.41%、70.20%、68.50%;各年度虚增利润总额为 16.54 亿元、20.24 亿元、20.67 亿元、27.47 亿元、34.19 亿元,分别是当期对外披露利润的 121.61%、138.39%、142.23%、140.14%、172.83%(见表 8-7)。上述行为导致 T 集团案涉募集说明书和案涉年度报告存在虚假记载。

表 8-7　2013 年度至 2017 年度虚增主营业务收入和利润总额

报告年度	虚增主营业务收入/亿元	占当期对外披露收入的比例/%	虚增利润总额/亿元	与当期对外披露利润总额的比例/%
2013	86.53	59.44	16.54	121.61
2014	98.87	67.30	20.24	138.39
2015	142.53	71.41	20.67	142.23
2016	141.84	70.20	27.47	140.14
2017	145.62	68.50	34.19	172.83

三、ZT 会计师事务所在 T 集团营业收入审计中存在的缺陷

(一)ZT 会计师事务所出具的 T 集团 2013 年至 2017 年年度审计报告存在虚假记载

ZT 会计师事务所作为 T 集团 2013 年度至 2017 年度财务报表的审计机构,均出具了标准无保留意见的审计报告,每年收费 115 万元,合计收费 575 万元,签字注册会计师为杨某某、张某某。

(二)ZT 会计师事务所在对 T 集团 2013 年至 2017 年年度财务报表审计时未勤勉尽责

1. 识别、评估重大错报风险因素方面存在缺陷

(1)SD 化工有限公司为 T 集团重要组成部分,ZT 会计师事务所未按照审计程序实地察看被审计单位主要生产经营场所,未发现 SD 化工有限公司实际已处于停产状态。

SD 化工有限公司构成 T 集团合并报表重要组成部分。在 2013 年度至 2017 年度审计期间,ZT 会计师事务所未执行"实地察看被审计单位主要生产经营场所"的审计程序,未能发现 SD 化工有限公司处于停产状态,进而未发现 SD 化工有限公司虚构销售和采购的事实。ZT 会计师事务所上述行为无法实现风险评估的审计目的,不符合《中国注册会计师审计准则第 1211 号——通过了解被审计单位及其环境识别和评估重大错报风险》第九条、《中国注册会计师审计准则第 1301 号——审计证据》第十条的规定。

(2)未对前五大供应商集中且同时为客户的异常情况保持职业怀疑并有效实施进一步审计程序。

SJ 钢帘线有限公司 2013 年度至 2017 年度前五大供应商集中且与 SD 化工有限公司前五大供应商存在重合,均有 HT 国际贸易有限公司、YF 商贸有限公司、RQ 商贸有限公司。并且供应商 HT 国际贸易有限公司、YF 商贸有限公司在 2015 年度至 2017 年度同时为 SJ 钢帘线

有限公司的客户且发生额较大,三个年度以HT国际贸易有限公司为客户共发生主营业务收入20.46亿元,以YF商贸有限公司为客户共发生主营业务收入21.96亿元。

依据上述三家公司与SJ钢帘线有限公司、SD化工有限公司的业务往来规模,审计过程中ZT会计师事务所应当获取上述三家公司的工商信息却未获取,并将有关函证交由被审计对象发送,其实施的审计程序不足以对三家公司与T集团之间的交易不存在重大错报风险予以合理保证。

作为T集团的全资子公司,HT国际贸易有限公司、YF商贸有限公司、RQ商贸有限公司均存在工商异常情况。HT国际贸易有限公司的法定代表人为SJ钢帘线有限公司会计人员胡某泉,RQ商贸有限公司法定代表人在2018年4月以前为GX材料科技有限公司总经理周某阳,YF商贸有限公司法定代表人为T集团办公室主任王某芝。鉴于胡某泉是SJ钢帘线有限公司的会计人员,项目组在审计时与胡某泉接触较多且相互认识,ZT会计师事务所应当对HT国际贸易有限公司的法定代表人为胡某泉的事项保持职业怀疑并实施进一步审计程序。综上,ZT会计师事务所未对HT国际贸易有限公司等三家公司存在重大错报风险保持职业怀疑,并有效实施进一步审计程序,未能发现HT国际贸易有限公司为T集团子公司以及T集团利用上述三家公司虚构销售和采购的事实。

ZT会计师事务所上述行为不符合《中国注册会计师审计准则第1101号——注册会计师的总体目标和审计工作的基本要求》第二十八条、《中国注册会计师审计准则第1141号——财务报表审计中与舞弊相关的责任》第二十三条的规定。

2.内部控制审计程序存在缺陷

ZT会计师事务所对T集团2013年度至2017年度审计时,只在T集团层面进行控制测试,没有在T集团各子公司实施控制测试,未在了解被审计单位及其环境、内部控制审计程序中获取SJ钢帘线有限公司、GX材料科技有限公司的ERP系统数据,没有对ERP系统实施内部控制审计程序,未获取充分适当的审计证据。

SJ钢帘线有限公司、GX材料科技有限公司的ERP系统数据均可反映两家公司的实际业务情况。通过获取SJ钢帘线有限公司、GX材料科技有限公司的ERP系统数据,可以发现SJ钢帘线有限公司、GX材料科技有限公司存在虚假采购、销售的事实。

ZT会计师事务所审计过程中未了解与财务报告相关的信息系统(包括相关业务流程),未进行重大业务内部控制测试,在控制测试环节的结论为"控制有效,可适当简化实质性测试",选择了对控制有效性的高度信赖,该评价没有充分、适当的审计证据支持,不符合《中国注册会计师审计准则第1211号——通过了解被审计单位及其环境识别和评估重大错报风险》第二十一条、《中国注册会计师审计准则第1231号——针对评估的重大错报风险采取的应对措施》第八条和第九条的规定。

3. 实质性审计程序存在缺陷

(1)应收账款审计程序存在缺陷。ZT会计师事务所在对SJ钢帘线有限公司、SD化工有限公司和GX材料科技有限公司应收账款进行审计时,对销售客户期末应收账款余额进行了函证。ZT会计师事务所在2013年度至2017年度应收账款函证程序的设计和实施中存在以下缺陷:

第一,函证设计存在缺陷。仅函证当期余额,未按照计划实施的审计程序选择主要客户函证当期销售额。

第二,未对函证实施过程保持控制。审计底稿中寄发的应收账款询证函均交由T集团的工作人员代为发出,审计人员除在填写现场函证工作记录中向企业获取个别被询证单位地址外,在其他审计过程中都没有取得被函证单位的地址,没有形成过函证地址或核对函证地址的审计底稿,没有填写过发函快递单。审计人员将询证函交给下属子公司的会计人员后至函证发出整个过程,都没有参与和监督T集团人员发函的过程,也没有向被函证单位以电话或其他形式问询或催收过函证(T集团后安排将虚假回函给ZT会计师事务所)。审计底稿中涉及的现场函证均不属实。ZT会计师事务所将应收账款函证交由T集团代为发出的行为,导致其未能发现应收账款期末余额与客户账面余额不符的异常情况,进而未能发现T集团利用下属三家子公司虚构销售的事实。

第三,未对取得的回函进行评价,无法保证回函的可靠性。审计底稿中部分回函由T集团人员提供,部分回函附有邮寄至ZT会计师事务所的快递单,但由于审计人员未直接发出函证,无法保证回函来源于被询证者或经其授权,同时未关注到询证函回函客户印章存在明显异常。

ZT会计师事务所在应收账款实质性程序中,未对函证保持控制,未对回函异常情况保持职业怀疑,实施函证程序的结果无法对应收账款和营业收入提供可靠的审计证据,违反《中国注册会计师审计准则第1101号——注册会计师的总体目标和审计工作的基本要求》第二十八条、《中国注册会计师审计准则第1301号——审计证据》第十条、《中国注册会计师审计准则第1312号——函证》第十四条和第二十三条的规定。

(2)营业收入实质性程序未保持职业怀疑。

①未对纳税申报资料异常情况保持职业怀疑。ZT会计师事务所取得的2013年度至2015年度SJ钢帘线有限公司的增值税纳税申报表、所得税纳税申报表为T集团伪造的纳税申报表。

2013年度,ZT会计师事务所取得的SJ钢帘线有限公司相关增值税纳税申报表中存在以下异常:第一,会计师取得2013年2月、4月、6月、9月的增值税纳税申报表的税务机关接收日期分别为2013年3月17日、2013年5月12日、2013年7月14日、2013年10月13日,上述日期皆为周日,2013年11月的增值税纳税申报表接收日期为2013年12月14日,该日期为周六;第二,相关纳税申报表的接收人员签字、接收日期、税务机关的盖章都未在指定位置。针对SJ钢帘线有限公司2013年度的所得税审计中,未见ZT会计师事务所取得税务部门出具的汇算清缴报告或者税务代理机构出具的纳税鉴证报告。并且ZT会计师事务所取得的年度所得税纳税申报表存在以下异常:第一,企业所得税年度纳税申报表(A类)相关金额只有审核数没有申报数,相关签名盖章部分没有"主管税务机关受理专用章""受理人""受理日期"相关栏目;第二,企业所得税申报表中无主管税务机关接收的相关填写内容,税务机关却有盖章。

2014年度,ZT会计师事务所取得相关增值税纳税申报表中存在以下异常:第一,增值税纳税申报表的主管税务机关接收人、接收日期均未签字或者签章;第二,SJ钢帘线有限公司提供的2014年6—12月的增值税纳税申报表的接收机关的印章与之前的印章有明显的区别,未见会计师就该变化对企业进行询问。针对SJ钢帘线有限公司2014年度的所得税审计中,未见ZT会计师事务所取得税务部门出具的汇算清缴报告或者税务代理机构出具的纳税鉴证报告。并且ZT会计师事务所取得的年度所得税纳税申报表存在以下异常:第一,企业所得税年度纳税申报表(A类)相关金额只有审核数没有申报数,相关签名盖章部分没有"主管税务机关受理专用章""受理人""受理日期"相关栏目;第二,企业所得税申报表中无主管税务机关接收的相关栏目,却有税务机关盖章签字。

2015年开始企业采用网上申报,但是ZT会计师事务所取得SJ钢帘线有限公司相关增值税纳税申报表中存在"档次"一列的行宽被人为压缩的情况,另外在网上申报的情况下,未见会计师将企业提供的资料与企业报税系统数据进行比对的审计过程。在网上申报的情况下,ZT会计师事务所取得SJ钢帘线有限公司、SD化工有限公司2015年度所得税纳税申报表,未见会计师将企业提供的资料与企业报税系统数据进行比对的审计过程,未见会计师取得企业的纳税申报鉴证报告。

ZT会计师事务所在获取相关资料时未能保持应有的职业怀疑,未能发现企业向其提供的纳税申报表存在异常情况,违反了《中国注册会计师审计准则第1101号——注册会计师的总体目标和审计工作的基本要求》第二十八条、《中国注册会计师审计准则第1141号——财务报表审计中与舞弊相关的责任》第十四条、《中国注册会计师审计准则第1301号——审计证据》第十条和第十一条的规定。

②未获取产能资料并执行产能分析程序。ZT会计师事务所在2013年度至2017年度审计过程中均未获取SJ钢帘线有限公司及GX材料科技有限公司的产能相关资料,也未对产能利用率与产成品入库当期增加进行分析,导致未能发现两家公司产能利用率大幅超过其实际最大产能的异常情况。

ZT会计师事务所未保持应有的职业怀疑，违反了《中国注册会计师审计准则第1101号——注册会计师的总体目标和审计工作的基本要求》第二十八条、《中国注册会计师审计准则第1301号——审计证据》第十条的规定。

③未对合同异常情况保持职业怀疑。SD化工有限公司账套中客户名称、SD化工有限公司2014年度和2015年度主营业务收入实质性测试审计底稿中SD赛托生物科技股份有限公司合同中印章均为"HZ塞托生物科技有限公司"，经查系"塞"字存在错误，名称应为"HZ赛托生物科技有限公司"。审计底稿中客户印章存在明显异常。

ZT会计师事务所在审计过程中未能发现上述异常，未保持应有的职业怀疑，违反了《中国注册会计师审计准则第1101号——注册会计师的总体目标和审计工作的基本要求》第二十八条、《中国注册会计师审计准则第1141号——财务报表审计中与舞弊相关的责任》第十四条、《中国注册会计师审计准则第1301号——审计证据》第十条和第十一条的规定。

④未对发票异常情况保持职业怀疑。SJ钢帘线有限公司2013年度审计工作底稿中，ZT会计师事务所抽取了SJ钢帘线有限公司对HY轮胎有限公司开具的增值税专用发票共计19张，合计金额为16 581万元，远大于2013年度SJ钢帘线有限公司对HY轮胎有限公司的真实销售收入632.85万元，且存在将销售发票的收票人地址"河南省焦作市"写成"河北省焦作市"的情况。经核实，上述发票及对应业务皆为虚构。

ZT会计师事务所在审计过程中对凭证附件的检查流于形式，未关注相关销售发票中的异常情况并保持职业怀疑，违反了《中国注册会计师审计准则第1101号——注册会计师的总体目标和审计工作的基本要求》第二十八条、《中国注册会计师审计准则第1141号——财务报表审计中与舞弊相关的责任》第十四条、《中国注册会计师审计准则第1301号——审计证据》第十条和第十一条的规定。

⑤未对上市公司客户、可比公司的公开资料进行查询并未对异常情况保持职业怀疑。S轮胎股份有限公司为SJ钢帘线有限公司2012年至2015年前五大客户，其公开披露的2013年度、2014年度向SJ钢帘线有限公司采购数据与SJ钢帘线有限公司提供的对S轮胎股份有限公司销售收入存在巨大差异。同时ZT会计师事务所未对钢帘线销售均价远超过同行业排名第一的异常保持职业怀疑，未能实施进一步的审计程序。

ZT会计师事务所未保持应有的职业怀疑，违反了《中国注册会计师审计准则第1101号——注册会计师的总体目标和审计工作的基本要求》第二十八条的规定。

(3)应付账款审计程序存在缺陷。ZT会计师事务所在对SJ钢帘线有限公司应付账款进行审计时，对供应商期末应付账款余额进行的函证程序存在以下缺陷：第一，未对函证实施过程保持控制,将供应商 HT 国际贸易有限公司、YF 商贸有限公司、RQ 商贸有限公司、SF 物资有限公司、WF 特钢集团有限公司询证函交由 T 集团的工作人员发出,具体过程与应收账款询证函代为发出情况一致(T 集团后安排将虚假回函给 ZT 会计师事务所)。第二,未对取得的回函进行评价,无法保证回函的可靠性。审计底稿中部分回函由 T 集团人员提供,部分回函附有邮寄至 ZT 会计师事务所的快递单,但由于审计人员未直接发出函证,无法保证回函来源于被询证者或经其授权。ZT 会计师事务所将应付账款函证交由 T 集团代为发出的行为,导致其未能发现应付账款期末余额与供应商账面余额不符的异常情况,进而未能发现 T 集团利用 SJ 钢帘线有限公司、SD 化工有限公司虚构采购的事实。

ZT 会计师事务所在应付账款实质性程序中,未对函证保持控制,实施函证程序的结果无法对应付账款提供可靠的审计证据,违反《中国注册会计师审计准则第 1101 号——注册会计师的总体目标和审计工作的基本要求》第二十八条、《中国注册会计师审计准则第 1301 号——审计证据》第十条、《中国注册会计师审计准则第 1312 号——函证》第十四条和第二十三条。

四、ZT 会计师事务所的申辩与证监会对 ZT 会计师事务所的处罚

签字注册会计师杨某某、张某某是 ZT 会计师事务所出具 2013 年度至 2017 年度虚假财务报表审计报告的直接负责的主管人员。

听证过程中,ZT 会计师事务所、杨某某、张某某提出以下申辩意见,并请求减轻处罚:

第一,ZT 会计师事务所为 T 集团提供的是年度财务报表审计业务,从未出具"两年一期"或"三年一期"的审计报告,告知书认定的 2013 年度至 2016 年度财务报表审计已经超过法定追溯时效,不应当予以行政处罚。

第二,本案中,T 集团属于有组织、有策划、有分工的系统财务造假,导致审计失败的主要原因是整个审计基础的虚假,申辩人对于 T 集团财务造假行为并未参与。

第三,T 集团发行中期票据、小公募债券、私募债券和后续信息披露均擅自修改了 ZT 会计师事务所的审计报告,对证券市场造成的负面影响很大程度上是由 T 集团造成的。

第四,ZT 会计师事务所及两位签字注册会计师在本案中一直积极配合证监会的调查工作,通过提供底稿等基础资料、梳理并提交大量情况说明及核查说明等文件,协助证监会快速查清 T 集团造假情况以及本案相关事实,具有法定的从轻或减轻处罚的情节。

第五,针对申辩人在 T 集团审计执业中涉嫌违规行为,申辩人已开展一系列整改工作,以进一步规范审计执业工作,避免未来再发生审计风险。

经复核,证监会认为,第一,ZT 会计师事务所连续 5 年出具含有虚假内容的审计报告,其违法行为主体及行为性质未发生变化,违法行为处于连续状态,应将其视为一个整体进行处

罚。其中就 2013 年度与其他年度出具审计报告的主体不同问题,虽然 T 集团 2013 年度审计报告作出主体是 ZT 会计师事务所有限公司,非 ZT 会计师事务所,但后者是由前者转制而来的。根据《财政部、证监会、国资委关于证券资格会计师事务所转制为特殊普通合伙会计师事务所有关业务延续问题的通知》(财会〔2012〕17 号)第一条以及《关于推动有限责任会计师事务所转制为合伙制会计师事务所的暂行规定》(财会〔2018〕5 号)第三条的规定,ZT 会计师事务所有限公司因执业质量可能引发的行政责任由转制后的 ZT 会计师事务所承担。因此,ZT 会计师事务所有限公司未勤勉尽责导致出具的 2013 年度审计报告虚假记载的行政违法责任,由 ZT 会计师事务所承担。综上,追究其 2013 年至 2017 年违法行为的责任并不违反《中华人民共和国行政处罚法》关于追责时效的规定。证监会对第一项申辩意见不予采纳。

第二,证监会严格按照《中华人民共和国证券法》等法律法规及中国注册会计师执业准则、规则等相关规定认定会计师事务所及其签字注册会计师的违法责任,并区分公司的会计责任与注册会计师的审计责任。T 集团财务造假的会计责任与注册会计师的审计责任是相互独立的,证监会追究注册会计师行政责任的依据并非是公司的财务造假行为,而是注册会计师自身在执业过程中未勤勉尽责,出具的文件存在虚假记载的行为。且 ZT 会计师事务所出具的审计报告存在虚假记载影响了投资者的判断,对资本市场健康发展产生了不利影响。证监会对第二、第三项申辩意见不予采纳。

第三,关于量罚幅度,证监会在量罚时已充分考虑当事人违法行为的事实、性质、情节与社会危害程度,量罚适当。

根据当事人违法行为的事实、性质、情节与社会危害程度,依据 2005 年《中华人民共和国证券法》第二百二十三条,证监会决定:

(1)对 ZT 会计师事务所责令改正,没收业务收入 575 万元,并处以 1 150 万元罚款;

(2)对杨某某、张某某给予警告,并分别处以 10 万元罚款。

【案例讨论问题】

1. T 集团营业收入舞弊的迹象有哪些?
2. T 集团营业收入舞弊的手段有哪些?
3. ZT 会计师事务所在 T 集团营业收入审计中审计程序存在哪些不足?
4. 证监会为什么不采纳 ZT 会计师事务所关于营业收入审计的相关申诉意见?
5. 审计机构应如何开展营业收入舞弊审计?

第七节 营业成本舞弊审计案例

一、案例背景

ZD公司始创于1958年,经营范围包括水产苗种生产、水产养殖、渔业捕捞、国际普通货船运输等许可项目。

2014年ZD公司公告称前三季度的业绩由预计盈利转变为亏损8亿元,这一消息在业内引起轩然大波,ZD公司对此解释称是遭遇了黄海冷水团导致公司播种大部分扇贝绝收所致。虽然证监会的调查中并未发现ZD公司存在播苗造假、领导层占用上市公司公用资金的行为,但是2016年ZD公司因《2000人实名举报称ZD"冷水团事件"系"弥天大谎"》而被社会关注。该篇文章直指2014年ZD公司所谓的"冷水团绝收事件"是一场财务造假的闹剧。文章发布后,证监会对ZD公司正式启动核查程序,先后对ZD公司的领导进行了约谈,对ZD公司财务数据进行取证等调查行为。而在证监会的核查期间,2018年1月30日ZD公司又发布公告称2017年公司预计亏损5.3亿~7.2亿元,再次发生由盈利到亏损的业绩大变脸现象,而发生这一现象的原因很可能是扇贝又跑了。在证监会的不断调查与不断取证的过程中,真相最终浮出水面。证监会于2020年6月15日发布《中国证监会行政处罚决定书(ZD公司、吴某某等16名责任人员)》(〔2020〕29号),对ZD公司及其相关责任人进行处罚;于2023年3月13日发布《中国证监会行政处罚决定书(DH所、董某、李某)》(〔2023〕18号),对DH会计师事务所及其相关责任人进行处罚。纵观ZD公司造假事件,ZD公司在公司连续亏损的情况下利用生物资产难盘点、难核查的特点,利用营业成本与营业外支出等科目进行财务报告造假;同时还通过将已采捕海域划入核销海域与减值海域来扩大公司亏损。除此之外,ZD公司还涉嫌业绩与盘点报告披露不真实等多项违法事实且情节严重,严重扰乱了市场秩序,损害了投资者利益,造成了严重的社会影响。

二、ZD公司营业成本舞弊的手段

(一)证监会对ZD公司营业成本舞弊手段的调查

1. ZD公司内部控制存在重大缺陷,其披露的2016年年度报告存在虚假记载

(1)虚减营业成本。ZD公司每月结转底播虾夷扇贝成本时,以当月虾夷扇贝捕捞区域(采捕坐标)作为成本结转的依据,捕捞区域系由人工填报且缺乏船只航海日志予以佐证。经比对底播虾夷扇贝捕捞船只的北斗导航定位信息,ZD公司结转成本时所记载的捕捞区域与捕捞船只实际作业区域存在明显出入。

以虾夷扇贝捕捞船只的北斗导航定位信息为基础，经第三方专业机构测算，ZD公司2016年度账面结转捕捞面积较实际捕捞面积少13.93万亩，由此，ZD公司2016年度虚减营业成本6 002.99万元。

(2)虚减营业外支出。经比对ZD公司2016年初、2017年初底播虾夷扇贝库存图和捕捞船只导航定位信息发现，部分2016年初库存区域未显示捕捞航行轨迹，而2016年底ZD公司在这部分区域进行了底播，根据会计核算一贯性原则，上述区域既往库存资产应作核销处理，由此，ZD公司2016年度虚减了营业外支出7 111.78万元。

综上，受虚减营业成本和营业外支出的影响，ZD公司2016年度虚增利润13 114.77万元，虚增利润是当期利润总额的158.11%，ZD公司2016年年度报告存在虚假记载。

2. ZD公司内部控制存在重大缺陷，其披露的2017年年度报告存在虚假记载

(1)虚增营业成本。经比对底播虾夷扇贝捕捞船只的北斗导航定位信息，ZD公司2017年度结转成本时所记载的捕捞区域与捕捞船只实际作业区域同样存在明显出入，经第三方专业机构测算，ZD公司2017年度账面结转捕捞面积较实际捕捞区域面积多5.79万亩，由此，ZD公司2017年度虚增营业成本6 159.03万元。

(2)虚增营业外支出。经比对ZD公司2016年初底播虾夷扇贝库存图、2016年及2017年虾夷扇贝底播图、捕捞船只导航定位信息发现，部分2016年初有记载的库存区域在2016年和2017年均没有显示捕捞轨迹，而该区域在2017年底重新进行了底播，根据会计核算一贯性原则，上述区域既往库存资产应作核销处理，由此，ZD公司2017年度虚减营业外支出4 187.27万元。

根据ZD公司2018年2月5日发布的《关于底播虾夷扇贝2017年终盘点情况的公告》(以下简称《年终盘点公告》)和2018年4月28日发布的《关于核销资产及计提存货跌价准备的公告》(以下简称《核销公告》)，核销区域与捕捞船只实际作业区域存在重合，经第三方专业机构测算，核销海域中2014年、2015年和2016年底播的虾夷扇贝分别有20.85万亩、19.76万亩和3.61万亩已在以往年度采捕，由此，ZD公司虚增营业外支出24 782.81万元。

综上，2017年度ZD公司合计虚增营业外支出20 595.54万元。

(3)虚增资产减值损失。根据ZD公司《年终盘点公告》和《核销公告》，减值区域与捕捞船只实际作业区域存在重合，经第三方专业机构测算，减值海域中2015年和2016年底播的虾夷扇贝分别有6.38万亩、0.13万亩已在以往年度采捕，由此，ZD公司虚增资产减值损失1 110.52万元。

综上，受虚增营业成本、虚增营业外支出和虚增资产减值损失影响，ZD公司2017年年度报告虚减利润27 865.09万元，占当期披露利润总额的38.57%，ZD公司2017年年度报告存在虚假记载。

3. ZD公司披露的《关于2017年秋季底播虾夷扇贝抽测结果的公告》(以下简称《秋测结果公告》)存在虚假记载

2017年10月25日,ZD公司披露的《秋测结果公告》称,ZD公司按原定方案完成了全部计划120个调查点位的抽测工作。

经与抽测船只秋测期间的航行定位信息对比,ZD公司记录完成抽测计划的120个调查点位中,有60个点位抽测船只航行路线并未经过,即ZD公司并未在上述计划点位完成抽测工作,占披露完成抽测调查点位总数的50%,《秋测结果公告》相关内容存在虚假记载。

4. ZD公司披露的《年终盘点公告》和《核销公告》存在虚假记载

2018年2月5日,ZD公司发布了《年终盘点公告》称"截至2月4日累计盘点点位326个,根据盘点结果,公司拟对107.16万亩海域成本为57 758.13万元的底播虾夷扇贝存货进行核销处理,对24.3万亩海域成本为12 591.35万元的底播虾夷扇贝存货计提跌价准备5 110.04万元,上述两项合计影响净利润62 868.17万元,全部计入2017年度损益"。

2018年4月28日,ZD公司发布了《核销公告》称"对2014年、2015年及2016年投苗的107.16万亩虾夷扇贝库存进行了核销,对2015年、2016年投苗的24.30万亩虾夷扇贝库存进行了减值,金额分别为57 757.95万元和6 072.16万元"。

经与虾夷扇贝采捕船的航行轨迹进行比对发现,ZD公司盘点的2014贝底播区域的70个点位已全部实际采捕,2015贝底播区域的119个点位中有80个点位已实际采捕。ZD公司核销海域中,2014年、2015年和2016年底播虾夷扇贝分别有20.85万亩、19.76万亩和3.61万亩已在以往年度采捕,致使虚增营业外支出24 782.81万元,占核销金额的42.91%;减值海域中,2015年、2016年底播虾夷扇贝分别有6.38万亩、0.13万亩已在以往年度采捕,致使虚增资产减值损失1 110.52万元,占减值金额的18.29%。

5. ZD公司未及时进行信息披露

不晚于2018年1月初,ZD公司财务总监勾某已知悉公司全年业绩与原业绩预测偏差较大,并向吴某某进行了汇报。2018年1月23日至24日,ZD公司陆续收到增殖分公司、广鹿公司等16家公司的四季度收益测算数据。根据2005年《中华人民共和国证券法》第六十七条第二款第十二项、《上市公司信息披露管理办法》第七十一条第二项和《深圳证券交易所股票上市规则》(2014年修订)第11.3.3条规定,ZD公司应及时披露业绩预告修正公告,该信息在2018年1月初勾某将全年业绩与预期存在较大差距情况向吴某某汇报时触及信息披露时点,应在2日内进行信息披露,但ZD公司迟至2018年1月30日方才予以披露。吴某某、勾某为直接负责的主管人员。

(二) ZD公司对财务舞弊行为的申辩及证监会对申辩意见的处理

1. ZD公司对财务舞弊行为的申辩

ZD公司在听证过程及听证会后,提出如下申辩意见:

其一,《中科宇图报告》不具备真实性、合法性,其根据采捕船的航行轨迹推算 ZD 公司的"采捕作业区域"和"采捕作业区域面积"的过程中存在诸多假设,不具备证明力,依法不能作为证据使用。具体包括:①中科宇图科技股份有限公司(以下简称中科宇图)无海洋测绘资质,出席听证会的证人未在《中科宇图报告》上签字。②报告中使用的是北斗星通导航技术股份有限公司(以下简称北斗星通)提供的北斗导航数据,ZD 公司北斗设备供应商并非北斗星通,可能存在数据缺失,且 3 分钟一个点位频率偏低,精度上不能用来判断船只作业状态。③报告中航速差 3.8 节和航速临界值 5.5 节的阈值是通过模型确定的,与 ZD 公司作业的实际情况存在明显差异,且报告参考的两位学者的研究结论并不适用扇贝的采捕。④采捕船还会承担其他任务,报告不能有效区分采捕扇贝和其他作业模式。⑤放网、拖网、收网和转弯等环节与采捕航速指标类似,但实际并未实施采捕。⑥报告所述方法在每次捕捞过程中获取的轨迹坐标数据过少,不足以作为绘制采捕船捕捞轨迹图的依据。⑦ZD 公司制作的库存图以及记录的库存坐标可能与实际情况存在偏差,依据库存区域示意图将库存区域之外的航行轨迹全部去掉,会导致依据拖网采捕航迹推算出的"实际采捕"面积不准确。⑧报告根据拖网航线面积比例对 2016 年、2017 年的捕捞面积进行了强行分配,与实际采捕情况不符。此外,2015 年、2016 年也会存在这些问题,但未对 2016 年数据进行修正剔除。⑨聚合面积受聚合参数等因素影响,通过聚合面积的计算结果不能等同于申辩人的实际拖网采捕面积。⑩报告与实际采捕情况存在矛盾,包括计算出的平均亩产与客观不符,报告显示采捕一龄贝,与事实不符。

其二,《东海所报告》所采用的方法是基于中国水产科学研究院东海水产研究所(以下简称东海所)张某茂发明专利"一种北斗船位数据提取拖网捕捞状态的方法"中所述的方法,该方法以捕鱼作业为实验模型,不适用于扇贝采捕,且该专利说明书和《东海所报告》均明确指出,即使作出相应的修正,船位点的提取方法也不可避免地会存在一定的错误率。张某茂后续参与撰写的论文指出,现在通过阈值判断获取的船位点的精度,仍然和人工阅读船位图、由专家根据点的分布对船位点状态进行判定的结果有少量偏差,一致率约为 74%。

其三,7 位学者出具的《意见书》认为《中科宇图报告》与《东海所报告》结论不具备科学性、合理性和准确性。

其四,采捕作业区域面积不能作为结转成本的采捕面积,采捕作业区域面积是基于数据推算出来的,不能将推算的数据用于结转成本并据此确定公司虚假记载的具体金额,且不符合收入与成本、费用配比的原则,ZD 公司在进行底播扇贝成本结转时,并非按实际采捕区域采捕面积进行结转成本,实际上是根据月度的底播扇贝的实际采捕量和生产过程中抽测的平均亩产计算确定月度采捕面积,同时结合采捕计划确定的采捕区域填写采捕记录表送财务部门,财务部门根据上述计算出来的采捕面积结转成本。

其五,根据上市公司信息披露的相关规定,底播扇贝春测和秋测的方案与结果并非法定的上市公司信息披露事项,且 ZD 公司披露的《秋测结果公告》关于申辩人底播扇贝尚不存在减值风险的秋测结论与客观事实相符,该公告不应认定为存在虚假记载。2017年秋测的调查点位的底稿记录情况与船舶航行的定位信息存在较大差异,需要考虑相关船只设备未开启,以及北斗星通设备记录的真实准确完整问题。

其六,2017年全年业绩的预计受到多方面因素的影响,并非刻意隐瞒预计本期业绩与已披露的业绩预告之间的差异,而是基于业绩预告修正的谨慎性原则,结合获悉相关业绩影响因素的具体情况,最终于2018年1月底披露业绩修正公告,不应被认定为未及时披露信息。

其七,如若处罚,ZD公司今后的财务核算工作面临巨大不确定性,上述处罚会对证券市场产生极大误导。

其八,ZD公司在2018年1月进行底播虾夷扇贝年末存量盘点时发现海洋牧场遭受了重大灾害,此次全海域受灾造成ZD公司底播虾夷扇贝大面积绝收、减产。

综上所述,证监会的处罚,违反了行政处罚法定及公开公正原则,ZD公司请求减免处罚。

2. 证监会对申辩意见的处理

经复核,证监会认为,第一,ZD公司每月虾夷扇贝成本结转的依据为当月捕捞区域,上述区域由负责采捕工作的赵某上报给于某某,再由于某某提供给财务人员,具体区域无逐日采捕区域记录可以核验,赵某称"签字的采捕记录和增殖分公司实际采捕的区域有时会有差异",这种无监督无核验的成本结转执行过程可能导致公司利润失真。证监会在调查过程中多次请ZD公司配合提供相关采捕船只的航海日志、逐日出海捕捞区域或位置等记录,以核实其捕捞状况与成本结转是否能够对应,但ZD公司均以未记录每日采捕区域为由未向证监会提供。为还原真实采捕情况,证监会请北斗星通提供了ZD公司相关船只的北斗定位信息。证监会认定逻辑为,通过北斗导航定位信息,分析捕捞船状态,确定拖网轨迹,进而确定实际采捕面积,在此基础上按ZD公司的成本结转方法进行成本结转,最终确定年度报告中成本、利润是否存在虚假记载。根据采捕人员所称采捕时一般都是反复拖网,证监会对导航定位数据进行了初步分析,发现各月实际采捕区域与结转区域明显不符,为保证数据使用的专业性、充分性、权威性,证监会委托两家第三方专业机构"东海所"和"中科宇图"共同完成相关分析和测算工作。经逐月对比采捕轨迹覆盖区域与ZD公司账面结转区域,二者之间看不出任何对应关系,多个月份存在有采捕轨迹的区域没有进行任何结转、进行结转的区域没有任何采捕轨迹的情形。在各月结转区域与实际采捕区域存在较大差异的情况下,年度报告真实性根本无法保证。

第二,无论是北斗定位信息,还是《中科宇图报告》和《东海所报告》,均由证监会依职权调取且取证过程合法有效。北斗导航定位信息系由北斗星通配合提供,《中科宇图报告》和《东海所报告》为第三方机构出具的专业意见。

北斗卫星导航系统是我国自主建设、独立运行的卫星导航系统,其数据具有很好的时空特征,民用定位数据的精度在10米以内,能够记录渔船位置、航速、航向等,可以用于捕捞作业分析。北斗星通作为北斗数据运营商,是首批获得授权的北斗卫星导航定位系统分理服务单位,作为中立的第三方,其提供的数据具有合法性和客观性;北斗星通与上海普适导航科技股份有限公司(以下简称上海普适)提供的情况说明也表明,北斗星通如实保存了ZD公司27条扇贝采捕船在航行过程中产生的北斗卫星定位信息,且与ZD公司船载设备安装商上海普适的数据一致,能够保证真实、准确、完整。其3分钟一个点位频率是北斗导航设备固有,也是现有取证条件下所能获取的最高精度,从东海所依据北斗导航定位信息进行的点位分析来看,完全可以用于识别判断船只的作业状态。

东海所隶属于农业农村部,是国家遥感中心渔业遥感业务部依托单位,在北斗渔船船位数据挖掘与信息增值服务研究方面居全国领先水平,拥有"北斗船位数据提取拖网作业点"等一系列共计7项发明专利。

《中科宇图报告》系依据船载北斗导航定位的地球经纬度和航速等信息进行的数据处理,依据国家测绘地理信息局公布的《测绘资质分级标准》,并不在海洋测绘的9个专业子项范围之内,因而无须海洋测绘资质。相反,中科宇图是中国领先的地理信息服务商,具有地理信息数据处理的甲级资质,其受托进行的导航定位信息数据处理在其资质范围之内。《中科宇图报告》系以中科宇图公司名义出具,出席听证会的证人系受该公司委托对报告内容进行解释和说明,该证人是否在《中科宇图报告》上签名并不影响报告本身的专业性。

第三,证监会并非单独使用《中科宇图报告》或《东海所报告》,而是把二者结合起来使用。两家权威机构采用不同的方法得出三版采捕区域图,结果差异不大,能够互相印证。最终选取中科宇图的结论是基于该结论认定的虚假记载金额最小。

第四,中科宇图根据采捕船的航行轨迹测算得出ZD公司的实际采捕面积,是以真实、客观的数据为基础,运用技术手段最大限度地还原客观事实,并不存在所谓的"诸多假设"。采捕船在捕捞扇贝过程中在特定海域内重复来回拖网作业,拖网作业点分布非常集中,足以作为绘制采捕船捕捞轨迹的依据。看护、防盗、捕鱼等非扇贝采捕作业与扇贝采捕行为模式不同,能够有效区分,清区作业可视为采捕作业的一部分,上述情况以及放网、收网和转弯等非采捕状态,中科宇图在数据处理过程中已予考虑,且能与东海所的数据识别结果相互印证。

第五,中科宇图将拖网状态最大航速确定为5.5节,一是《中科宇图报告》采用大数据分析中的数据统计方法,即根据所有船只所有航速数据总结出规律,再得出航速6节、航速差4节两个模糊临界值,在此基础上,不断测算,直至不符合规律的数据最少,最终确定航速5.5节和航速差3.8节两个阈值,是基于历史数据进行的分析判断,科学合理。二是通过直接对航行轨迹的分析,在底播区域来回拖网状态的数据包括航速为5.5节的数据。三是根据东海所点位提取报告,45船次年度拖网状态航速值显示,21船次拖网状态最大航速大于5.5节,22船次拖网状态最大航速在5至5.5节之间,仅有2船次拖网状态最大航速在5节以下,佐证了中科宇图阈值的合理性。

ZD公司在听证会上提供的证据中,大连海洋大学、航海与船舶工程学院以及杨某德团队关于《ZD公司虾夷扇贝采捕网具与拖网航速研发工作结题报告》所做试验与报告结论明显脱节。首先,试验时间是2012年11月,报告时间为2019年5月,间隔时间过长,ZD公司的网具、船装备均已进行了改进;其次,报告中认为ZD公司采捕船拖网最佳航速为4.1到4.2节,然而,其进行的11次拖网中,仅有一次拖网速度为4.1节,其余10次均为4.5、4.6节,不能根据试验结果得出报告结论。此外,报告所认为的最佳航速也并不等同于捕捞船只实际执行作业航速。

第六,对于库存外区域的采捕轨迹,因库存外区域无对应成本,没有结转成本的基础,因此不计入实际采捕面积。申辩意见中提到公司制作库存图与实际情况存在的偏差,恰恰说明公司财务信息缺乏可靠性。

第七,关于不同年度均有拖网轨迹的区域面积分配问题。证监会认定2016年、2017年年度报告的信息披露存在虚假,主要是基于申辩人2015年6月开始陆续安装北斗导航船载设备,2015年9月装置完毕,2015年导航数据不完整,无法还原实际采捕情况。证监会依据的2016年初库存图,是基于对申辩人2015年财务数据不予追究前提下的基础数据,故不应剔除亦无法剔除2015年与2016年重复数据。2016年和2017年分摊重合区域成本,有利于分清2016年和2017年申辩人在信息披露中存在的问题,通过拖网面积占比对两年重合面积进行按比例分配,是目前可以采取的最科学、合理的分配方式,符合财务会计核算的要求。同时,年度间重合面积占比非常小,对整体认定影响微乎其微。

第八,中科宇图在将拖网轨迹覆盖范围生成聚合面采用了空间分析工具中的聚合面工具,通过对比船位定位点之间的距离,参数设定为485米(捕捞状态下对应的两个北斗点位之间的最大距离),然后再将采捕点连成采捕线并聚合成面。根据海底养殖捕捞作业的客观需要,并结合ZD公司采捕船反复来回拖网作业方式及账面结转方式,且在不超过一个月将采捕海域的扇贝采捕干净的作业模式下,如若确实因为采捕海域海底扇贝较少、质量较差没有采捕价值等因素导致采捕轨迹间距较远,说明此部分海域底部已没有存货,也应进行相应的账务处理。

第九,关于《中科宇图报告》计算的平均亩产是否与申辩人记录的情况存在矛盾,证监会认为,申辩人记录的两年实际采捕情况本就与实际情况严重不符,二者不具备可比性。且证监会注意到,申辩人制作的"2016年与2017年账面核算亩产与中科宇图推算采捕面积计算亩产对比表"中,对亩产的计算只是简单地用采捕产量除以采捕面积,并没有考虑贝龄这一关键因素,不考虑贝龄因素计算的亩产并没有可比性。此外,关于认定的采捕区域涉及一龄贝,系基于客观数据分析的结果。

第十,东海所张某茂的研究成果并非仅限于捕鱼,同样适用于底栖贝类捕捞分析。申辩人提出的张某茂后续参与撰写的其他论文与本案没有关联性。一是两者的捕捞方式和网具有明显不同,本案所涉网具为横杆拖网(耙刺),耙刺网属于主动式捕捞,捕捞作业过程包括放网、拖网、收网三个阶段,三个阶段航速差非常明显,根据航速判断渔船状态的误差极小。论文所涉网具为流刺网,流刺网属于被动式捕捞,捕捞作业过程包括放网、等待、收网三个阶段,从航速来看,等待和收网容易和漂流状态混淆,按照航速提取收网状态存在判断错误的点,因此判断错误较大。二是作业特征不同,本案所涉耙刺作业海域范围固定,采捕船会在海域内重复来回拖网作业,长时间拖网作业点分布非常集中,采捕作业点即使不是非常多也能提取出来。本案采用百万级船位数据分析采捕海域,在固定海域范围内累计成非常密集的点,据此绘制出作业海域的误差很小。论文所涉流刺网捕捞既不会在相对固定海域捕捞,也不会来回拖网,作业点的错判率较高。三是两者分析工具不同,本案采用编程和手工操作相结合,论文在计算渔船捕捞努力量时,主要采用编程处理方式。

第十一,从 ZD 公司 2016 年和 2017 年年度报告记载情况上看,对各月成本结转依据的陈述分别为"实际收获亩数""捕捞面积""当期采捕亩数"等,相关陈述互相印证,表明公司成本结转的依据确为"当期实际采捕面积"而非"实际采捕量与平均亩数的比例"。ZD 公司每月财务记账凭证后都会附有各月结转的依据,即负责实施采捕作业的于某某、赵某上报的底播贝采捕记录表,该表格详细记述了当月各贝龄"作业区域坐标"、对应的"采捕亩数"及"产量",并未记述"平均亩产"及"总在养量"等指标,该"采捕亩数"与"作业区域坐标"存在对应关系,且结转成本使用的即为该表格提供的"采捕亩数",而非"实际采捕量与平均亩数的比例"。综上,证监会正是根据 ZD 公司确定的成本结转方式进行计算,并非未经实践检验的方法。

第十二,关于秋测,依据 2005 年《中华人民共和国证券法》的规定,上市公司披露的信息必须真实、准确、完整,即使是非法定披露事项,上市公司一旦披露相关公告,则应符合法律规定,ZD 公司认为不是法定披露事项则不需要满足真实、准确、完整的要求,系对法律规定的错误理解。

第十三,在案证据显示,截至 2017 年 11 月,勾某即知悉公司亏损进一步加大,合并后当年利润仅剩 5 000 万元左右。12 月收到的收益预测数据仍为亏损。2018 年 1 月初,勾某已知悉 2017 年净利润不超过 3 000 万元,与业绩预测偏差较大,此时,即应该进行披露。

第十四,2005 年《中华人民共和国证券法》规定了上市公司披露的信息必须真实、准确、完整,公司在日常作业和信息披露过程中完全有能力也有义务做到如实记录、客观计量、坦诚公开,证监会处罚符合行政处罚法定及公开、公正原则。

第十五,公司盘点未如实反映客观情况,核销海域和减值海域均有大面积海域在以往年度实施了采捕,特别是核销海域,有高达 42% 的核销金额是以往年度采捕造成的。至于公司提到大规模的灾情,与已采捕完毕的海域也没有直接关联性。

第十六,ZD 公司在 2014 年、2015 年已连续两年亏损的情况下,客观上利用海底采捕状态难调查、难核实、难发现的特点,不以实际采捕海域为依据进行成本结转,导致财务报告严重失真,2016 年通过少记录成本、营业外支出的方法将利润由亏损披露为盈利,2017 年将以前年度已采捕海域列入核销海域或减值海域,夸大亏损幅度,此外,公司还涉及《年终盘点报告》和《核销公告》披露不真实、秋测披露不真实、不及时披露业绩变化情况等多项违法事实,违法情节特别严重,严重扰乱证券市场秩序、严重损害投资者利益,社会影响极其恶劣。

综上所述,证监会对ZD公司的申辩意见不予采纳。

(三) ZD公司高管对财务舞弊行为的申辩及证监会对申辩意见的处理

时任ZD公司董事长、总裁吴某某在听证过程中,提出如下申辩意见:一是没有进行信息披露违法或者财务造假的动机,没有违法的主观故意;二是履职过程中已尽到勤勉尽责的义务,作为ZD公司董事长,主要负责规划公司战略、企业重大经营决策及协调股东等工作,不能苛求对已经经过专业会计机构认可的成本结转制度提出专业财务方面的意见,以及对采捕生产一线情况做到时刻监督与核查,对涉案成本核算差错等问题无任何过失与失误。自担任董事长以来,一直遵守有关法律法规及公司章程的规定,履行了对公司和股东的忠实义务。恳请减轻或免除行政处罚。

时任ZD公司董事、常务副总裁梁某在听证过程中,提出如下申辩意见:一是虽作为常务副总裁,但实际的工作职责与2016年年度报告、2017年年度报告、《年终盘点公告》和《核销公告》的形成没有直接关联,有关财务成本结转、资产盘点、信息披露等并非其分工范围,上述公告非董事会决议事项,因此其不是直接负责的主管人员;二是《秋测结果公告》不应认定为存在虚假记载。作为底播虾夷扇贝抽测小组组长,工作职责是方案审批,不负责现场工作。恳请免除行政处罚。

时任ZD公司财务总监勾某在听证过程中,提出如下申辩意见:①证监会认定的2016年和2017年年度报告虚假记载与事实不符。一是ZD公司计算的采捕面积截至目前是以实际采捕量为核心,结合采捕计划和海域环境等综合因素,参考盘点的平均亩产及抽测的平均亩产进行计算得出,再通过采捕面积乘以每亩平均成本计算结转产品成本,具有合理性和科学性,证监会在《事先告知书》中实际立论所主张的以船舶航迹计算实际采捕面积结转成本不具有可行性。二是证监会认定的采捕面积缺乏事实依据(同ZD公司意见)。三是记载库存区域与2016年的底播存在矛盾是ZD公司特有的财务成本结转方式造成的,并不导致营业外支出的虚减,2017年情况与2016年一致。②《事先告知书》认定ZD公司"涉嫌未及时披露信息"与事实不符。在2018年1月上旬无法达到对业绩变动幅度范围按披露要求进行估计,非刻意主观不披露本期业绩与已披露的业绩预告之间的差异。基于业绩预告修正的谨慎性原则,在1月底各公司结账数据陆续上传之后才进行最终业绩披露。ZD公司披露业绩修正公告的时间也并未违反交易所关于"年度业绩预告修正公告的披露时间最迟不得晚于1月31日"的规定,不应认定未及时披露信息。③在任职期间,已积极、主动、全面地履行了财务总监的职责和对ZD公司及其全体股东负有的忠实与勤勉义务,并没有参与造假的主观故意,恳请减轻或免除行政处罚。

时任 ZD 公司董事会秘书、副总裁孙某某在听证过程中，提出如下申辩意见：一是对涉嫌虚假记载的事项不知情，不参与 ZD 海洋牧场业务群的具体生产经营活动，不参与公司财务核算；其负责的对外披露信息的基本内容均系事先经过 ZD 公司业务、财务等相关责任部门层层审批或经会计师事务所等外部专业机构审计。本人没有相关资料和信息来评判已经专业审计的财务报告的真实性，不具有专业的审查能力、途径和方法，更没有对海洋牧场存货进行复查的专业手段。没有参与违法行为，不存在主观故意。二是本人对涉案事项进行了关注，信息披露行为及内容均在披露前经过业务部门、财务部门、董事长的审批和确认。三是在任职期间一贯忠实和勤勉尽责，不参与秋季抽测方案的制订，也不负责实施，不具备识别或调查秋季抽测方案与结果是否存在问题的条件，不具备向监管部门报告的条件。恳请不予处罚或减轻处罚。

董事邹某、王某、赵某某、罗某某、陈某某、陈某某、吴某某、丛某某在听证过程中，提出如下申辩意见：一是对涉案违法事项不知情，且完全未参与，无法通过审查年度报告的方式发现存在的问题；二是在任职期间，已经按照法律法规的规定，忠实、勤勉地履行了董事的职责。

此外，邹某、王某、陈某洲、陈某文、丛某某申辩还称：一直在关注 ZD 公司海洋牧场的经营和财务审计，并提出相关意见和建议。在参加的 2017 年年度报告编制暨年度审计工作安排的沟通会上，邹某、王某、丛某某对包括海洋牧场的盘点方法与手段在内的库存盘点充分表述了意见，并强调盘点应准确反映企业真实库存的意见；王某还参加了 2016 年年度报告编制暨年度审计工作安排的沟通会。

罗某某还称：其在任职期间曾多次在董事会上就审议事项投反对票或弃权票。

陈某洲还称：其本人作为质量检验、食品安全和加工出口方面的专业人士被股东大会选举为独立董事，不具备财务方面的专业审查能力。

陈某文还称：其本人是作为管理专业人士被股东大会选举为独立董事的，不具备财务方面的专业审查能力。主要是依据会计师事务所出具的审计报告以及审计委员会提供的意见和建议作出决定。其曾就公司总经理更换频繁、公司冷链物流系统建设以及一些战略发展和人力资源方面提出过意见。

吴某某还称：其积极主动进行现场调研，了解海洋牧场的周边海洋环境以及海洋牧场业务群的情况，并在董事会进行反映。其一直关注到海洋牧场的库存盘点和盘点手段及方法，并对此提出相关意见和建议。在 2016 年、2017 年的年度报告编制暨年度审计工作安排的沟通会上，其明确提出应该合理运用相关方法，完整、准确计算海洋牧场的库存成本和经营成果，并强调盘点应准确反映企业真实库存的意见。其本人是作为财务管理方面的人员被股东大会选举为独立董事的。虽然具备基础的财务知识，但并不是财务方面的专家，不具备对 ZD 公司所涉虚假记载事项的审查能力。

丛某某还称：其对公司信息披露事项极为关注，曾就部分涉案事项与公司高层沟通相关情况。此外，主动调研、了解公司的组织架构及业务布局情况，主持召开两次海洋牧场领导力发展项目的研讨会,并对公司相关人员进行培训、辅导,辅导 ZD 公司进行 2018 年度绩效管理优化工作。其本人是作为人力资源管理方面的专家被股东大会选举为独立董事的,不是财务方面的专家,无法通过审查年度报告的方式发现存在的问题。

上述董事恳请证监会依法不予处罚或减轻处罚。

于某某提出如下申辩意见:一是其负责的增殖分公司未能准确记载每日作业区域,并非主观懈怠或者故意,而是由于海上作业的特点导致的,主观上没有故意;二是涉及成本结转方面,没有参与,也无法判断;三是拖网生产船兼具多功能性,因此不能单纯以航迹确定所有船只作业类型及采捕面积;四是在工作岗位上一直勤勉尽责。恳请证监会不予行政处罚。

赵某提出如下申辩意见:一是负责安排采捕船出海作业,除主观上管理上精细化程度不够外,也由于海上作业的特点,没有能够按照证监会的要求精确记载每日船只出勤和采捕区域,但并没有参与证监会认定的涉嫌财务造假事项;二是在工作岗位上一直勤勉尽责。恳请证监会不予行政处罚。

石某某提出如下申辩意见:一是同意公司关于所涉事项的申辩意见,配合调查,态度良好。二是《秋测结果公告》不存在虚假记载,且不是法定披露事项。三是秋测轨迹与记录偏差并非蓄意造假,系工作疏忽及海上作业特性导致;证监会质疑的 19 个未抽测点位已被 2018 年 2 月盘点记录证实当时抽测记录准确,未记录原因是导航未开;证监会质疑的 2017 年 10 月 5 日、6 日共计 7 个点位已经在 10 月 18 日的轨迹周边覆盖,实际完成抽测;10 月 19 日抽测执行方案存在误差,误差半径在 2000 米左右;《事先告知书》中 9 月 28 日到港时间为 11:15,按时间推断,最少 6 个点位存在抽测可能。因此,上述 36 个点位应从质疑的 66 个点中扣除,且从执行效果看,达到监测扇贝生长状况目的。四是在任职期间,积极、主动、全面地履行了管理人员的职责和对 ZD 公司的忠实与勤勉义务。恳请证监会减轻或免除行政处罚。

经复核,证监会认为:①2005 年《中华人民共和国证券法》第六十八条明确规定了董事和高级管理人员对信息披露真实、准确、完整所负有的法定保证义务,不知情、未参与、不具备相关专业背景、依赖外部审计等不是法定免责事由。②当事人提出的已尽勤勉尽责义务,但并未提供足以证明勤勉尽责的证据。证监会在本案量罚幅度上已充分考虑了当事人的职务、具体职责、专业背景、主动调查获取决策所需资料以及是否存在主观故意等因素,对部分责任人员的罚款金额进行了调整。③吴某某作为公司董事长、总裁,是公司主要负责人和信息披露第一责任人;梁某作为公司董事、常务副总裁,分管海洋牧场业务群,涉案采捕、秋测、年终盘点均由该业务群负责,ZD 公司用于成本结转的采捕区域和面积随意、秋测流于形式,其对此具有不可推卸的责任。④于某某、赵某上报给财务部门的采捕区域与实际不符,造成公司成本结转不实,其行为与公司 2016 年年报、2017 年年报等虚假记载事项具有直接因果关系,应作为责任人员予以处罚。⑤证监会并未对包括 9 月 28 日在内的等没有导航记录的秋测点位进行处罚,10 月 19 日秋测并未在《秋测结果公告》中披露,亦不属于处罚范围;在 10 月 18 日覆盖的 10

月5日和6日的7个点位,并不能等同于秋测记录的真实准确。此外,证监会对10月7日和18日晚于导航记录的6个点位予以排除,已在本处罚决定书中调整。综上,石某某具体负责秋测工作,其在秋测过程中记录的完成抽测计划的120个调查点位中,有60个点位抽测船只航行路线并未经过,其行为与公司《秋测结果公告》存在虚假记载具有直接因果关系,应作为责任人予以处罚。

三、DH会计师事务所在ZD公司营业成本审计中存在的缺陷

(一)DH会计师事务所出具的ZD公司2016年年度审计报告存在虚假记载

经证监会查明,ZD公司2016年度结转成本时所记载的捕捞区域与捕捞船只实际作业区域存在明显出入,2016年账面结转捕捞面积较实际捕捞面积少13.93万亩,虚减营业成本6 002.99万元。同时,ZD公司未如实将年底新底播区域作为既往库存资产核销,虚减营业外支出7 111.78万元。ZD公司案涉年度报告存在虚假记载。

DH会计师事务所作为ZD公司2016年度财务报表的审计机构,出具了标准无保留意见的审计报告,收费130万元,签字注册会计师为董某、李某。

(二)DH会计师事务所在对ZD公司2016年年度财务报表审计时未勤勉尽责

1. 执行存货有关实质性审计程序时未勤勉尽责

(1)未针对ZD公司存货特殊性进行充分考虑并制订合理的监盘计划。针对存货特别是消耗性生物资产这一识别出的高风险领域,DH会计师事务所计划执行存货监盘等实质性程序。DH会计师事务所在识别出消耗性生物资产具有较高错报风险、以往年度存在大规模核销减值、ZD公司抽盘比例较低的情况下,应当更加审慎,对这一特殊类型资产的盘点方法进行充分考虑,并制订相应的监盘策略和计划。但在DH会计师事务所收集的关于存货监盘底稿中,仅在ZD公司制定的《2016年度消耗性生物资产盘点计划》(以下简称《盘点计划》)中提及DH会计师事务所负责"在存量图的基础上设定盘点站位;现场监盘;对盘点核算资料进行复核",未收集任何能够体现对底播虾夷扇贝这一特殊类型存货的盘点方法进行评估,以及对监盘具体安排进行考虑的相关证据,未对ZD公司存货特殊性进行充分考虑并制订合理的监盘计划和具体监盘程序。

(2)未对相关审计证据的可靠性进行评价。《2016年期末各年底播虾夷扇贝存量定点采集记录》(以下简称《定点采集记录》)显示,盘点期间,ZD公司使用科研19号船于2017年1月8日、1月11日、1月12日、1月16日、1月17日、1月23日、1月24日、1月25日、2月3日、2月7日、2月12日和2月13日,合计12天,在130个点位对增殖分公司外区虾夷扇贝进行了抽样盘点。DH会计师事务所参与ZD公司2016年虾夷扇贝盘点的项目组最早于2017年1月7日乘船登岛执行现场审计工作,最晚于2017年1月22日离岛。这一期间,ZD公司在1月8日、1月11日、1月12日、1月16日和1月17日,共计在54个点位进行了存量定点采集工作。2017年1月28

日至2月3日,DH会计师事务所项目组处于放假阶段,并未在岛执行任何审计工作。

综上,DH会计师事务所没有执行2017年1月23日至2月13日共计7天的现场监盘工作,同时,证监会另案查明,经对比北斗导航卫星定位数据,执行盘点任务的海测船在2017年1月23日、1月24日、1月25日、2月3日和2月7日并没有航行轨迹。但DH会计师事务所项目组成员在所有整理打印的《定点采集记录》上签字确认,认可了所有ZD公司盘点结果并收入审计工作底稿。对于DH会计师事务所未参与现场监盘的7天《定点采集记录》,DH会计师事务所未获取该部分盘点信息的准确性和完整性相关的审计证据,未对该部分《定点采集记录》的可靠性进行评价。

(3)监盘程序执行不规范,收集的审计证据不充分。《盘点计划》显示,ZD公司对于增殖分公司虾夷扇贝盘点采取抽样盘点的方式进行,但审计底稿仅收录了盘点计划的总体原则,未收集抽样选取原则,也未记录抽样数量、点位位置等任何与抽样点位有关的具体信息,未收集航海日志、海底摄像录影等盘点及监盘过程的相关资料,既无法证明ZD公司对虾夷扇贝这一特殊资产实施了有效的管理控制,也无法证明DH会计师事务所按照规定执行了监盘工作。

综上,DH会计师事务所在识别出消耗性生物资产具有较高错报风险,且以往年度存在大规模核销减值、ZD公司抽盘比例较低的情况下,应当更加审慎,严格执行相关程序。但DH会计师事务所未充分考虑ZD公司存货特殊性并制订合理的监盘计划,未规范执行监盘程序,未对底播虾夷扇贝的存在和状况获取充分、适当的审计证据,导致未能发现部分区域,尤其是大量2013年、2014年底播贝,已被实施采捕,相关存货不存在以及ZD公司实际采捕区域与账面记载严重不一致的情况。

DH会计师事务所上述行为不符合《中国注册会计师审计准则第1311号——对存货、诉讼和索赔、分部信息等特定项目获取审计证据的具体考虑》第四条、《中国注册会计师审计准则第1231号——针对评估的重大错报风险采取的应对措施》第五条、《中国注册会计师审计准则问题解答第3号——存货监盘》、《中国注册会计师审计准则第1301号——审计证据》第十条和第十三条的有关规定。

2. 执行成本结转有关实质性程序时未勤勉尽责

(1)未对成本结转设计专门的控制测试。DH会计师事务所在ZD公司2016年年报审计中将增殖分公司的成本列为重大错报风险领域,DH会计师事务所在了解和评价内部控制环节,实施了材料验收与仓储、计划与生产安排、生产与发运、存货管理等子程序。在相关证据部分,DH会计师事务所仅留存了测试程序和过程的记录以及RC食品有限公司财务科长的内部访谈记录。上述记录主要反映了2016年三级苗的监测和采捕活动,对采捕活动主要测试了5个月份的水产品成交确认单、移库单、交接确认单是否经过恰当人员签字确认,成本结转方法是否保持一贯性,采捕单据是否完整,是否支付已结转成本的采捕量,采捕成本是否计入恰当账户。根据ZD公司虾夷扇贝成本结转方式,其成本的主要部分均与"当期采捕亩数占期初留存亩数的比例"相关,上述测试程序并没有考虑到 ZD 公司对各月采捕面积的控制,DH 会计师事务所没有对虾夷扇贝的成本结转设计专门的控制测试。

(2)未针对成本结转获取充分审计证据。在对增殖分公司的审计中,DH 会计师事务所对扇贝、鲍鱼、海参的成本核算执行了进一步审计程序。其中,对扇贝进行了 2016 年虾夷贝播苗归集成本检查,近两年采捕面积统计、本期采捕出入库统计(重量、金额)、出入库与 ZD 公司每月采捕记录表进行核对,每月采捕记录表与采捕区域图进行核对,获取成本结转表,对各年份底播贝近两年亩产成本和亩产量进行比较等实质性程序。上述程序与成本结转相关的部分,DH 会计师事务所主要获取了采捕面积、出入库流水、采捕记录表(以月为单位)、采捕区域图、成本结转表等 ZD 公司内部数据,在此基础上进行了简单的汇总、核对和分析,并未获取 ZD 公司采捕船航行日志、采捕计划、日采捕实施位置记录等能够验证采捕实施过程的相关审计证据,就作出"未见异常可以确认"的审计结论。

审计底稿显示,ZD 公司消耗性生物资产成本的归集与分配主要核算苗种费、资产折旧、人工、看护费、采捕费、海域使用费、海域租费、物流运输费等,海域租费中包含外部租赁运输船、播苗船的租赁费,总体上除运输费按采捕产量分摊外,其他各明细项按照当期采捕亩数占期初留存亩数的比例分摊。由于 ZD 公司成本结转项的绝大部分均取决于采捕面积而非采捕产量(即与订单量、销售量不直接挂钩),而采捕面积直接来源于采捕区域,因此对采捕区域真实性的核实显得尤为重要。DH 会计师事务所获取的不仅多为以月为单位的内部汇总数据,缺乏证据支持;且其对亩产成本的分析也是对既定账面成本与亩数的简单平均计算,取得的"出入库流水"等原始数据反映的是采捕后的暂养情况,这些都与成本结转没有直接关系。

综上,DH 会计师事务所在成本核算相关审计过程中,未考虑虾夷扇贝成本核算的特殊性并设计相应的控制测试,未获取足够的审计证据证明 ZD 公司对虾夷扇贝成本结转控制是有效的,未获取足够的审计证据验证 ZD 公司对虾夷扇贝成本结转的真实性、适当性和准确性,导致未发现 ZD 公司在 2016 年未如实记录采捕区域、未如实结转成本的有关情况。

DH 所上述行为违反了《中国注册会计师审计准则第 1101 号——注册会计师的总体目标和审计工作的基本要求》第三十条、《中国注册会计师审计准则第 1231 号——针对评估的重大错报风险采取的应对措施》第七条和第八条、《中国注册会计师审计准则第 1301 号——审计证据》第十条和第十三条的有关规定。

四、DH 会计师事务所的申辩与证监会对 DH 会计师事务所的处罚

(一)DH 会计师事务所的申辩及证监会对 DH 会计师事务所申辩意见的处理

DH 会计师事务所、董某、李某在陈述申辩及听证中提出:

其一,DH 会计师事务所已按审计准则的规定执行了监盘程序,为 ZD 公司存货的存在和状况获取了充分、适当的审计证据。一是 ZD 公司的存货盘点方法自上市起一贯执行,且 ZD

公司存货的盘点和监盘是应DH会计师事务所要求，由海洋专家全程参与。存货盘点方法的确定，是在综合考虑时间因素影响、成本效益原则的基础上，最大限度抽取足够的样本规模。二是《定点采集记录》由ZD公司、外部专家等共计7人签字确认，且在DH会计师事务所参与盘点的54个点位中，并未发现ZD公司的盘点程序出现异常和偏差。DH会计师事务所基于对ZD公司存货盘点控制运行有效的信赖，确认了未参与监盘的7天相关的盘点结果。三是ZD公司的存货盘点计划历来均未体现"抽样选取原则""抽样点位有关的具体信息""航海日志"等盘点相关信息，没有保存"海底摄像录像"，故DH会计师事务所在监盘时无法监督复核这些信息和资料。DH会计师事务所在审计过程中按照审计准则执行监盘程序，这些资料的获取与否不影响审计结论。

其二，DH会计师事务所已按审计准则的规定对成本结转进行了检查、分析性复核，并已获取了充分适当的审计证据。一是在DH会计师事务所2016年审计底稿"生产与仓储循环控制测试汇总表"和"测试程序和过程记录-成本计算"中，对关键控制点的描述均提到了按采捕面积结转成本。在实质性程序中，DH会计师事务所获取并复核了12个月的采捕记录表，且考虑到该表由跨部门多人签字确认，故在控制测试中不需要再专门针对采捕面积进行相应的测试。二是ZD公司结转成本时原始凭证自上市起至2016年均保持了一贯性，2014年证监会现场检查及历年深交所关于成本核算的问询函均未提出疑义。告知书中提出的"采捕船航行日志"等资料在ZD公司当时的控制活动中并没有形成有效的证据，也未向DH会计师事务所提供。

其三，对DH会计师事务所的处罚不当且处罚过重。一是对于是否存在"提前采捕"的情形，项目组无其他手段印证。二是认定DH会计师事务所130万元的业务收入金额不准确，应扣除销项税额、差旅费、外聘专家的费用以及DH会计师事务所单独为子公司出具审计报告的费用。三是已过两年的处罚时效。四是DH会计师事务所积极配合证监会的调查工作。

经复核，证监会得出以下结论。

1. 针对存货实质性审计程序

(1)监盘计划的合理性。《中国注册会计师审计准则第1311号——对存货、诉讼和索赔、分部信息等特定项目获取审计证据的具体考虑》(2010年修订)第四条规定："如果存货对财务表是重要的，注册会计师应当实施下列审计程序，对存货的存在和状况获取充分、适当的审计证据：(一)在存货盘点现场实施监盘(除非不可行)；(二)对期末存货记录实施审计程序，以确定其是否准确反映实际的存货盘点结果。在存货盘点现场实施监盘时，注册会计师应当实施下列审计程序：(一)评价管理层用以记录和控制存货盘点结果的指令和程序；(二)观察管理层制订的盘点程序的执行情况；(三)检查存货；(四)执行抽盘。"DH会计师事务所有关ZD公司存货盘点方法自上市起一贯执行、证监会发审委和大连局从未对ZD公司存货盘点方法提出质疑、专家参与盘点和监盘等申辩意见，都不足以成为DH会计师事务所免于独立承担监盘责任的理由。尤其在DH会计师事务所已识别出消耗性生物资产具有较高错报风险、以往年度存在大规模核销减值、ZD公司抽盘比例较低的情况下,更加应当审慎考虑并制定相应的监盘策略和计划。

《中国注册会计师审计准则第1421号——利用专家的工作》(2010年修订)第三条规定"注册会计师对发表的审计意见独立承担责任,这种责任不因利用专家的工作而减轻",第十三条规定"注册会计师应当评价专家的工作是否足以实现审计目的,包括:(一)专家的工作结果或结论的相关性和合理性,以及与其他审计证据的一致性;(二)如果专家的工作涉及使用重要的假设和方法,这些假设和方法在具体情况下的相关性和合理性;(三)如果专家的工作涉及使用重要的原始数据,这些原始数据的相关性、完整性和准确性"。证监会认为,DH会计师事务所对专家专业能力的评价不能替代对专家工作结果的评价,借助专家工作不能替代DH会计师事务所独立制订监盘计划和评价监盘结果的责任。

(2)相关审计证据的可靠性。《定点采集记录》上签字确认的7人中,6人是ZD公司的内部工作人员,1名外部专家长期受雇于ZD公司,故该份证据本身的可靠性较低。DH会计师事务所在仅对部分盘点日期参与监盘的情况下,申辩称因信赖被审计单位控制运行的有效性、信赖被审计单位内部生成的证据,就对其未实际参与监盘的7天的盘点结果在《定点采集记录》上亦做了签字确认。经对比北斗导航卫星定位数据,原本该执行盘点任务的海测船在2017年1月23日、1月24日、1月25日、2月3日和2月7日DH会计师事务所未参与监盘期间并没有航行轨迹。

(3)监盘程序的执行和审计证据的收集情况。根据《盘点计划》,海上盘点工作完成以后,ZD公司相关工作人员、DH会计师事务所人员和外部专家应先在盘点表上签字确认,再据此测算各底播海域的虾夷扇贝存量,但所有盘点现场手写的《定点采集记录》中(含测算的存量亩产)均没有DH会计师事务所监盘人员的签名,仅事后整理打印的《定点采集记录》上出现DH会计师事务所监盘人员的签字确认。此外,底稿中仅收录了11张无任何特征信息的照片以证明DH会计师事务所执行了监盘程序,未收集航海日志、海底摄像录影等能客观证明盘点过程的相关审计证据。在DH会计师事务所参与盘点的54个点位中,自称曾经保留了其中20个左右点位的海底摄像录影,但因保存不当无法向证监会提供,另34个点位的海底摄像录影未保留也未解释原因。

综上,DH会计师事务所过度依赖专家结论,未独立审慎评价专家工作的结果,未对《定点采集记录》地理坐标、航行距离等内容进行有效复核分析,未能发现ZD公司部分海域的底播虾夷扇贝资产已实施采捕,相关资产与账面记载明显不一致的情况。

2.关于成本结转有关实质性审计程序

首先,根据《中国注册会计师审计准则第1231号——针对评估的重大错报风险采取的应对措施》(2010年修订)第八条"当存在下列情形之一时,注册会计师应当设计和实施控制测试,针对相关控制运行的有效性,获取充分、适当的审计证据:(一)在评估认定层次重大错报风险时,预期控制的运行是有效的(即在确定实质性程序的性质、时间安排和范围时,注册会计师拟信赖控制运行的有效性);(二)仅实施实质性程序并不能够提供认定层次充分、适当的审计证据",在增殖分公司的成本被列为重大错报风险领域的情况下,针对采捕面积这一影响成本结转的重要指标,DH会计师事务所未进行控制测试,仅实施了实质性程序,但未在底稿中说明原因。

其次,不管DH会计师事务所前述行为是因为认定相关内部控制运行失效,或认为仅依靠实质性程序就足以获得成本结转的充分、适当的审计证据,根据《中国注册会计师审计准则第1231号——针对评估的重大错报风险采取的应对措施》(2010年修订)第七条,DH会计师事务所在针对成本结转实施实质性审计程序时,均应当获取更具说服力的审计证据。而DH会计师事务所仅以"一贯性"、监管机构"未提出疑义"以及ZD公司在当时的管理和内部控制活动中未形成有效证据为由,在未能获取能客观反映采捕坐标位置、行驶轨迹,以进一步反映捕捞面积的关键审计证据的前提下,发表了无保留意见的审计结论。

综上,DH会计师事务所未考虑ZD公司成本核算的特殊性并设计相应的控制测试,未获取足够的审计证据验证成本结转的真实性、适当性和准确性,导致所出具的文件存在虚假记载。

3. 关于量罚是否适当

(1)采纳当事人有关没收的业务收入应扣除增值税的申辩意见。

(2)根据2005年《中华人民共和国证券法》第二百二十三条规定,对证券服务机构未勤勉尽责的行政处罚是没收"业务收入",而非"利润",故不应当扣除相关成本、费用。

ZD公司与DH会计师事务所签订的《审计业务约定书》中约定的审计费用130万元,未明确约定为单独子公司出具审计报告的费用,且对ZD公司各子公司的审计是对合并报表进行审计并发表审计结论的基础和必要组成,故为子公司出具审计报告的费用不应单独扣除。

(3)2017年3月19日,DH会计师事务所为ZD公司出具2016年财务报表审计报告,2018年9月14日,证监会发现违法行为并向DH会计师事务所出具监督检查文书,未超过两年的行政处罚时效。

(4)证监会对DH会计师事务所的量罚已考虑审计的局限性及当事人积极配合调查的行为。

综上,证监会对DH会计师事务所、董某、李某的陈述申辩意见,除有关增值税扣除外,其余部分均不予以采纳。

(二)证监会对DH会计师事务所的处罚

根据当事人违法行为的事实、性质、情节与社会危害程度,依据2005年《中华人民共和国证券法》第二百二十三条的规定,证监会作出决定:

(1)责令DH会计师事务所改正,没收业务收入1 226 415.09元,并处以2 452 830.18元的罚款;

(2)对董某、李某给予警告,并分别处以5万元的罚款。

【案例讨论问题】

1. ZD 公司营业成本舞弊的迹象有哪些？
2. ZD 公司营业成本舞弊的手段有哪些？
3. DH 会计师事务所在 ZD 公司营业成本审计中审计程序存在哪些不足？
4. 证监会为什么不采纳 DH 会计师事务所关于营业成本审计的相关申诉意见？
5. 审计机构应如何开展营业成本舞弊审计？

第八节　政府补助舞弊审计案例

一、案例背景

XN 公司成立于 2003 年，注册地在山东省诸城市，主营业务是中高档男士西服的设计、生产和销售。XN 公司依据"高点起步，高层定位"的经营理念，主打中高档男士西服，依托北方核心城市商场进行销售，很快形成了品牌效应。XN 公司在做大国内业务的同时，利用多种渠道加强与国外客户合作，被评为"山东省重点培育和发展的国际知名品牌"。2010 年 XN 公司在深圳证券交易所上市。

但是随着经济环境和居民消费选择的变化，新一代的年轻人追求消费差异化和个性化，XN 公司西服的市场需求减少，加上 XN 公司自身的产品定价较高，中高档男士西服的价格增长空间有限，公司经营业绩持续走低。2013 年公司营业收入为 12.59 亿元，净利润为 0.71 亿元；2014 年营业收入 10.29 亿元，净利润为－0.47 亿元；2015 年营业收入为 10.13 亿元，净利润为 0.23 亿元。2015 年 XN 公司发布公告称计划通过发行股份和支付现金的方式收购一家互联网公司，预计交易价格在 110 亿元，之后收到深圳证券交易所问询函，询问收购对象作为互联网创业投资企业的业务模式和评估价值等，随后，XN 公司以市场和行业环境发生重大变化为由，终止了此次重组。服装业务业绩低迷，XN 公司继续寻找合适的重组机会。2017 年 XN 公司与 XS 文化旅游投资有限公司进行了资产重组，2017 年 6 月，XS 文化旅游投资有限公司成为 XN 公司的新任控股股东，相比原股东，XS 文化旅游投资有限公司的股份更加集中，超过了 60%。XS 文化旅游投资有限公司的主要经营范围是小镇开发和景区管理，XN 公司被 XS 文化旅游投资有限公司控股后对外宣称未来会同时做优服装业务和旅游业务。

中国证监会对 XN 公司及其审计机构 ZXH 会计师事务所进行调查，于 2022 年 9 月 28 日发布《中国证监会行政处罚决定书（XN 公司、段某某、洪某、成某某）》（〔2022〕56 号），对 XN 公司及其相关责任人进行处罚；于 2023 年 11 月 3 日发布《中国证监会行政处罚决定书（ZXH 所及相关责任人员）》（〔2023〕79 号），对 ZXH 会计师事务所及其相关责任人进行处罚。

二、XN公司政府补助舞弊的手段

(一)XN公司开发诸城恐龙大世界旅游项目情况

2018年1月16日,诸城市政府与XS文化旅游投资有限公司(系XN公司控股股东)签订了《诸城恐龙大世界旅游项目投资协议书》及其补充协议,约定由XS文化旅游投资有限公司或其指定的关联方开发建设诸城恐龙大世界旅游项目,诸城市政府同意将第一期出让用地相当于竞得用地所缴纳的全部费用在扣除土地成本部分后的剩余部分(下称"返还费用"),由诸城市政府以符合法律法规及当地政策的方式(包括但不限于奖励、补贴、产业发展基金扶持、提供规划服务等方式)支付给XS文化旅游投资有限公司或其指定的关联方,并承诺不少于6亿元。补充协议中明确约定"第一期出让用地返还费用后实际土地取得成本折算在11.50万元/亩",自XS文化旅游投资有限公司或其指定的关联方"缴清土地出让金及税费之日起30个工作日内向乙方支付返还费用的50%,首期工程开工之日起30个工作日内向乙方支付剩余的50%"。

2018年2月,XN公司设立全资子公司SL恐龙文化旅游公司,负责开发建设诸城恐龙大世界旅游项目。7月20日,XS文化旅游投资有限公司与诸城市政府另行签订了《关于〈诸城恐龙大世界旅游项目投资协议书〉的第二补充协议》,约定了项目所涉恐龙文化旅游度假区保护区域内建设设施的资产权属。至2021年10月21日,该项目仍在施工建造中。

(二)2018年、2019年SL恐龙文化旅游公司收到政府补助情况

1.诸旅字〔2018〕12号、17号政府补助

2018年6月,SL恐龙文化旅游公司购得两宗地块,缴纳购地款83 151 750.00元,缴纳契税、印花税3 367 645.90元。2018年7月6日,SL恐龙文化旅游公司向诸城市旅游局(以下简称旅游局)申请拨付诸城恐龙园旅游专项支持资金合计33 697 447.95元;7月18日、19日,旅游局向诸城市财政局(以下简称财政局)申请"按照《诸城恐龙大世界旅游项目投资协议书补充协议》约定,向SL恐龙文化旅游公司返还购地款剩余部分(缴纳的购地款扣除土地成本部分后)的50%,以及返还SL恐龙文化旅游公司缴纳的购地税费(契税和印花税)的50%";7月27日,财政局以"其他城乡社区支出"预算科目下达该经费;8月2日,旅游局发布诸旅字〔2018〕12号文,向SL恐龙文化旅游公司下发3 369.72万元的旅游产业发展奖励资金。

2018年8月15日,SL恐龙文化旅游公司启动了诸城恐龙大世界旅游项目的建设;8月15日,SL恐龙文化旅游公司向旅游局申请诸城恐龙园旅游专项支持资金合计33 697 695.90元;8月21日,旅游局向财政局申请"按协议约定于首期工程开工之日起30个工作日内返还剩余部分3 369.76万元";8月29日,财政局以"其他城乡社区公共设施支出"预算科目下达该经费;9月20日,旅游局发布诸旅字〔2018〕17号文,向SL恐龙文化旅游公司下发3 369.72万元的旅游产业发展奖励资金。

2. 诸旅字〔2018〕20 号政府补助

2018 年 9 月 13 日,SL 恐龙文化旅游公司向旅游局申请"按照《诸城恐龙大世界旅游项目投资协议书补充协议》约定,拨付诸城恐龙大世界旅游项目扶持资金(策划费)1.05 亿元";10 月 23 日,旅游局向财政局申请拨付该旅游项目扶持资金 1.05 亿元,财政局以"暂付款"预算科目下达 3 000 万元。10 月 31 日,旅游局发布诸旅字〔2018〕20 号文,给予 SL 恐龙文化旅游公司 3 000 万元的旅游产业发展奖励资金。经证监会走访财政局,获悉上述资金"来源为 XS 文化旅游投资有限公司旗下房地产开发有限公司上缴入库的土地出让金,用于兑现诸城市政府与 XS 文化旅游投资有限公司签订的《诸城恐龙大世界旅游项目投资协议书补充协议》约定的扶持政策,支持恐龙大世界旅游项目建设"。

3. 诸文旅字〔2019〕16 号、诸文旅字〔2019〕17 号政府补助

2019 年 7 月 19 日,文化和旅游局向财政局申请"按照《诸城恐龙大世界旅游项目投资协议书补充协议》《关于〈诸城恐龙大世界旅游项目投资协议书〉的第二补充协议》约定,拨付该旅游项目产业扶持专项资金 6 477 万元";7 月 30 日,财政局以"征地和拆迁补偿支出"预算科目向市文化和旅游局下达 6 477 万元的经费指标,8 月 16 日,文化和旅游局发布诸文旅字〔2019〕16 号文给予 SL 恐龙文化旅游公司 2 077 万元旅游产业发展奖励资金;8 月 29 日,旅游局发布诸文旅字〔2019〕17 号文给予 SL 恐龙文化旅游公司 4 400 万元旅游产业发展奖励资金。经证监会走访财政局,获悉上述资金"来源为 XS 文化旅游投资有限公司旗下房地产开发有限公司上缴入库的土地出让金,用于兑现诸城市政府与 XS 文化旅游投资有限公司签订的《诸城恐龙大世界旅游项目投资协议书补充协议》约定的扶持政策,支持恐龙大世界旅游项目建设"。

综上,诸旅字〔2018〕12 号、17 号、20 号、诸文旅字〔2019〕16 号、17 号政府补助均已在《诸城恐龙大世界旅游项目投资协议书》以及其补充协议中约定,发放原因是支持诸城恐龙大世界项目的建设,应当认定为与资产相关。

(三)XN 公司对上述政府补助的会计处理及信息披露情况

2018 年,在收到上述政府补助资金后,公司分别发布编号为 2018 - 051、2018 - 075、2018 - 082、2018 - 085、2018 - 106 的《XN 公司:关于全资子公司获得政府补助的公告》的临时公告,公告中称子公司 SL 恐龙文化旅游公司收到的政府补助与收益相关,上述资金将直接计入营业外收入,相关的会计处理以会计师年度审计确认后的结果为准。2019 年 4 月 16 日,XN 公司公告 2018 年年度报告,其中记载 2018 年营业外收入 10 180.86 万元,含前述 2018 年收到的政府补助收入 9 739.44 万元。

2019 年,在收到上述政府补助资金后,公司分别发布编号为 2019 - 042、2019 - 053 的

《XN公司:关于全资子公司获得政府补助的公告》的临时公告,公告中称子公司 SL 恐龙文化旅游公司收到的政府补助与收益相关,上述资金将直接计入营业外收入,相关的会计处理以会计师年度审计确认后的结果为准。2020 年 4 月 28 日,XN 公司公告 2019 年年度报告,其中记载 2019 年营业外收入 6 648.84 万元,含前述 2019 年收到的政府补助收入 6 477 万元。

2021 年 4 月 29 日,XN 公司发布《XN 公司关于前期差错更正的公告》,将上述 XS 文化旅游投资有限公司 2018 年度和 2019 年度收到的政府补助确认为与资产相关,计入递延收益,并追溯调整了相应财务报表。

XN 公司将前述政府补助计入当期营业外收入并直接计入当期损益的行为不符合《企业会计准则第 16 号——政府补助》第八条的规定,导致 2018 年年度报告虚增营业外收入 9 739.44 万元,虚增利润总额 9 739.44 万元,占当期利润总额的比例为 51.29%;2019 年年度报告虚增营业外收入 6 477 万元,虚增利润总额 6 477 万元,占当期利润总额的比例为 27.68%(见表 8-8)。XN 公司的行为违反了 2005 年《中华人民共和国证券法》第六十三条、《中华人民共和国证券法》第七十八条第二款的规定,构成 2005 年《中华人民共和国证券法》第一百九十三条第一款、《中华人民共和国证券法》第一百九十七条第二款所述情形。段某某、洪某、成某某是对其任期内信息披露违法事项直接负责的主管人员。

表 8-8 2018—2019 年虚增营业外收入和利润总额明细表

年份	虚增营业外收入/万元	虚增利润总额/万元	虚增利润总额占当期利润总额的比例/%
2018 年	9 739.44	9 739.44	51.29
2019 年	6 477	6 477	27.68

三、ZXH 会计师事务所在 XN 公司政府补助审计中存在的缺陷

(一)ZXH 会计师事务所为 XN 公司提供审计服务情况

ZXH 会计师事务所为 XN 公司 2018 年至 2019 年年度财务报表提供审计服务,均出具了无保留意见审计报告,审计报告的签字会计师均为谭某某、杜某,审计报告项目质量控制复核人均为杨某。李某某参与了 XN 公司 2018 年、2019 年年度部分审计和复核工作。ZXH 会计师事务所 2018 年年度审计业务收入约为 103.77 万元,2019 年年度审计业务收入约为 122.64 万元,合计约 226.41 万元。

(二)ZXH 会计师事务所对 XN 公司 2018 年财务报表审计时,未勤勉尽责,出具的审计报告存在虚假记载

1. ZXH 会计师事务所未结合对被审计单位及其环境的了解,保持应有的职业怀疑和职业谨慎,未获取充分适当的审计证据,风险应对措施不到位

ZXH 会计师事务所对 XN 公司 2018 年财务报表审计时,在整体审计策略中将政府补助列为可能存在较高重大错报风险的领域,在了解被审计单位及其环境时,将"政府补助错误列报风险"识别为重大错报风险。

ZXH 会计师事务所在审计时,未结合对被审计单位及其环境的了解和评估的错报风险,保持应有的职业怀疑和职业谨慎,未关注到以下异常情况:一是 SL 恐龙文化旅游公司系专门为开发建设恐龙项目(XN 公司实际控制人 XS 文化旅游投资有限公司与诸城市政府约定开发建设的旅游项目)设立的项目公司,项目建设工作涉及的原场馆拆除、施工建设、保护区内建筑设施归属等需诸城市政府授权批准,但 XN 公司却未提供相关项目投资或建设协议。二是 SL 恐龙文化旅游公司于 2018 年成立后未开展旅游经营活动,已开展的恐龙项目在建工程余额仅 211.70 万元,却收到 9 739.44 万元政府补助奖励。三是访谈诸城市旅游局时,旅游局工作人员提到政府补助与恐龙项目的进展情况相关。

ZXH 会计师事务所在审计时,未审慎评价其获取审计证据的充分性,未发现并获取重要审计证据。ZXH 会计师事务所在对 SL 恐龙文化旅游公司在建工程审计过程中,获取了《诸城恐龙文化旅游度假区一、二级保护区项目合作经营协议》(以下简称《合作经营协议》),未关注到该协议缺失关键要素。该协议约定了 LC 旅游投资有限责任公司将保护区内项目的运营管理交由 SL 恐龙文化旅游公司负责,期限为 480 个月,但未约定原有场馆的拆建分工;未说明 LC 旅游投资有限责任公司是否是保护区的所有权人;未明确保护区的概念;未约定保护区的范围;未明确保护区内新建设备、设施的归属问题。上述问题在《诸城恐龙大世界旅游项目投资协议书》及其补充协议中进行了约定。SL 恐龙文化旅游公司收到的政府补助系根据《诸城恐龙大世界旅游项目投资协议书》及其补充协议返还相应的购地款,为认定政府补助性质的重要审计证据。但 ZXH 会计师事务所未关注并获取公司内部与政府补助相关的各项流程文件,包括与政府补助相关的申请文件、政府有权部门批复文件等,亦未关注、了解外部与重大错报风险相关的公开信息,未发现《诸城恐龙大世界旅游项目投资协议书》曾被披露于公开渠道,从而未发现或获取《诸城恐龙大世界旅游项目投资协议书》及其补充协议。

ZXH 会计师事务所在审计时,未能恰当应对评估的重大错报风险,审计程序执行不到位。在政府补助的实质性审计程序方面,ZXH 会计师事务所主要执行了检查政府补助下发文件和银行回单、走访诸城市旅游局的审计程序。ZXH 会计师事务所执行的上述审计程序,获取的审计证据与政府补助的真实性相关,但不足以判断政府补助列报的恰当性,不足以应对评估的重大错报风险。

ZXH会计师事务所未保持职业怀疑和职业谨慎，未获取充分、适当的审计证据，未能恰当应对评估的重大错报风险，违反了《中国注册会计师审计准则第1211号——通过了解被审计单位及其环境识别和评估重大错报风险》（2010年修订）第七条"注册会计师的目标是，通过了解被审计单位及其环境，识别和评估财务报表层次和认定层次的重大错报风险（无论该错报由于舞弊或错误导致），从而为设计和实施针对评估的重大错报风险采取的应对措施提供基础"，第十四条"注册会计师应当从下列方面了解被审计单位及其环境……（二）被审计单位的性质，包括经营活动、所有权和治理结构、正在实施和计划实施的投资（包括对特殊目的实体的投资）的类型、组织结构和筹资方式。了解被审计单位的性质，可以使注册会计师了解预期在财务报表中反映的各类交易、账户余额和披露……"；违反了《中国注册会计师审计准则第1101号——注册会计师的总体目标和审计工作的基本要求》（2010年修订）第二十八条"在计划和实施审计工作时，注册会计师应当保持职业怀疑，认识到可能存在导致财务报表发生重大错报的情形"；违反了《中国注册会计师审计准则第1231号——针对评估的重大错报风险采取的应对措施》（2010年修订）第二十六条"注册会计师应当确定是否已获取充分、适当的审计证据……"；违反了《中国注册会计师审计准则第1301号——审计证据》（2016年修订）第十条"注册会计师应当根据具体情况设计和实施恰当的审计程序，以获取充分、适当的审计证据"。

2. ZXH会计师事务所对XN公司2018年年报审计项目质量控制执行不到位

ZXH会计师事务所在XN公司2018年年报审计项目质量控制过程中，对SL恐龙文化旅游公司政府补助的复核程序执行明显不到位。ZXH会计师事务所未关注到SL恐龙文化旅游公司在建工程审计底稿收集的《合作经营协议》缺失关键性条款。ZXH会计师事务所未了解恐龙项目建设情况，未发现《诸城恐龙大世界旅游项目投资协议书》及其补充协议的缺失。ZXH会计师事务所未审慎复核政府补助列报的恰当性，未考量SL恐龙文化旅游公司在当地承建恐龙项目与其获取大额政府补助之间的相关性，未对审计证据的充分性和适当性进行审慎判断。

ZXH会计师事务所在XN公司2018年年报审计项目质量控制过程中，对XN公司项目其他方面的复核程序明显不到位。项目负责人质量复核核对表、业务质量复核记录——项目组执行人复核记录、项目负责合伙人复核核对表的签字人均为谭某某，不符合ZXH会计师事务所内部制度《项目质量控制及复核管理办法》。

ZXH会计师事务所在XN公司2018年年报审计项目质量控制过程中，未关注到时任项目质量控制复核人杨某在审计底稿中无复核记录，应由其签字的复核核对表由李某某签字。李某某为XN公司项目2013年至2017年的签字会计师，参与XN公司2018年的项目审计并对XN公司项目开展部分复核工作，负责执行了诸城市旅游局的走访工作（该程序为应对政府补助重大错报风险的重要应对措施），主要负责对XN公司年审项目中政府补助的会计处理进行复核。

ZXH会计师事务所上述行为违反了《中国注册会计师审计准则第1121号——对财务报表审计实施的质量控制》（2010年修订）第四十条"针对已复核的审计业务，项目质量控制复核人员应当就下列事项形成审计工作底稿……";违反了《质量控制准则第5101号——会计师事务所对执行财务报表审计和审阅、其他鉴证和相关服务业务实施的质量控制》(2010年修订)第四十八条"会计师事务所在安排工作时,应当由项目组内经验较多的人员复核经验较少的人员的工作……",第六十一条"会计师事务所应当制定政策和程序,以满足下列要求……(二)保证业务工作底稿的完整性……",第七十二条"会计师事务所应当制定政策和程序,要求形成适当的工作记录,以对质量控制制度的每项要素的运行情况提供证据"的规定;违反了《中国注册会计师职业道德守则第4号——审计和审阅业务对独立性的要求》(2009年修订)第八十八条"如果审计客户属于公众利益实体,执行其审计业务的关键审计合伙人任职时间不得超过五年。在任期结束后的两年内……不得有下列行为:(一)参与该客户的审计业务;(二)为该客户的审计业务实施质量控制复核……"的规定。

(三)ZXH会计师事务所对XN公司2019年财务报表审计时,未勤勉尽责,出具的审计报告存在虚假记载

1. ZXH会计师事务所未结合对被审计单位及其环境的了解,保持应有的职业怀疑和职业谨慎,未获取充分适当的审计证据,风险应对措施不到位

ZXH会计师事务所对XN公司2019年财务报表审计时,在整体审计策略中将政府补助列为可能存在较高重大错报风险的领域。ZXH会计师事务所在审计时,未结合对被审计单位及其环境的了解和评估的错报风险,保持应有的职业怀疑和职业谨慎,未关注到以下异常情况:一是SL恐龙文化旅游公司系专门为开发建设恐龙项目设立的项目公司,项目建设工作涉及的原场馆拆除、施工建设、保护区内建筑设施归属等需诸城市政府授权批准,但XN公司却未提供相关项目投资或建设协议。二是2018年及2019年SL恐龙文化旅游公司累计收到约1.62亿元的政府补助奖励,但截至2019年末SL恐龙文化旅游公司恐龙项目的在建工程余额仅3 220.79万元,也未开展其他旅游经营活动。三是2019年审计底稿收集的诸城市文化和旅游局下发政府补助金额2 077.00万元,银行回单备注为"恐龙大世界专项资金",与ZXH会计师事务所将政府补助性质判断为与收益相关相矛盾。

ZXH会计师事务所在审计时,未审慎评价其获取审计证据的充分性,未获取并核对重要审计证据《诸城恐龙大世界旅游项目投资协议书》及其补充协议,未能对政府补助系与资产相关作出正确列报。ZXH会计师事务所未关注并获取公司内部与政府补助相关的各项流程文件,包括与政府补助相关的申请文件、政府有权部门批复文件等。在深圳证券交易所已对XN公司2018年收到的9 739.44万元政府补助收入确认是否合理进行问询后,仍未执行进一步的审计程序获取更为充分的审计证据。

ZXH会计师事务所在审计时,未能恰当应对评估的重大错报风险,审计程序执行不到位。在政府补助的实质性审计程序方面,ZXH会计师事务所主要执行了检查政府补助下发文件、银行回单等审计程序,不足以判断政府补助列报的恰当性。

ZXH会计师事务所未保持职业怀疑和职业谨慎,未获取充分、适当的审计证据,未能恰当应对评估的重大错报风险。上述行为违反了《中国注册会计师审计准则第1211号——通过了解被审计单位及其环境识别和评估重大错报风险》(2019年修订)第七条、第十四条,违反了《中国注册会计师审计准则第1101号——注册会计师的总体目标和审计工作的基本要求》(2019年修订)第二十八条,违反了《中国注册会计师审计准则第1231号——针对评估的重大错报风险采取的应对措施》(2019年修订)第二十六条,违反了《中国注册会计师审计准则第1301号——审计证据》(2016年修订)第十条。

2. ZXH会计师事务所对XN公司2019年年报审计项目质量控制执行不到位

ZXH会计师事务所在XN公司2019年年报审计项目质量控制过程中,对SL恐龙文化旅游公司政府补助的复核程序执行明显不到位。ZXH会计师事务所在深交所已对XN公司2018年收到的9 739.44万元政府补助收入确认是否合理进行问询后,2019年年报审计复核过程中仍未审慎判断该政府补助的性质及列报是否准确,未要求项目组进一步获取更为充分适当的审计证据;未了解恐龙项目建设情况,未发现《诸城恐龙大世界旅游项目投资协议书》及其补充协议的缺失;未关注已获取的审计证据与其对政府补助与收益相关的性质判断相矛盾;未审慎复核政府补助列报的恰当性,未考量SL恐龙文化旅游公司在当地承建恐龙项目与其获取大额政府补助之间的相关性,未对审计证据的充分性和适当性进行审慎判断。

ZXH会计师事务所在XN公司2019年年报审计项目质量控制过程中,对XN公司项目其他方面的复核程序明显不到位。项目负责人质量复核核对表、业务质量复核记录——项目组执行人复核记录、项目负责合伙人复核核对表的签字人均为谭某某,不符合ZXH会计师事务所内部制度《项目质量控制及复核管理办法》。

ZXH会计师事务所在XN公司2019年年报审计项目质量控制过程中,未关注到时任项目质量控制复核人杨某在审计底稿中无复核记录,应由其签字的复核核对表由李某某签字。李某某参与XN公司2019年的项目审计并对XN公司项目开展部分复核工作。

ZXH会计师事务所上述行为违反了《中国注册会计师审计准则第1121号——对财务报表审计实施的质量控制》(2019年修订)第四十条,违反了《质量控制准则第5101号——会计师事务所对执行财务报表审计和审阅、其他鉴证和相关服务业务实施的质量控制》(2019年修订)第四十八条、第七十二条,违反了《中国注册会计师职业道德守则第4号——审计和审阅业务对独立性的要求》(2009年修订)第八十八条。

四、ZXH会计师事务所的申辩与证监会对ZXH会计师事务所的处罚

(一)ZXH会计师事务所向证监会的申辩及证监会对申辩意见的受理

1. ZXH会计师事务所向证监会的申辩

ZXH会计师事务所、谭某某、杜某在其申辩材料及听证过程中提出以下申辩意见:

第一,《行政处罚事先告知书》(以下简称《告知书》)所述的"异常情况"均不存在,相应违法事实亦不存在。一是《合作经营协议》约定 LC 旅游投资有限责任公司将保护区的运营管理交由 SL 恐龙文化旅游公司负责,协议内容完整。SL 恐龙文化旅游公司已取得恐龙项目运营权限,无须另行获取政府审批。二是 ZXH 会计师事务所已关注到在建工程余额较小,但考虑到与扶持奖励资金在会计上和法律上无对应关系,且 SL 恐龙文化旅游公司 2018 年在建工程的建设尚处于前期勘察设计阶段,所以不认为异常。三是审计人员曾向 SL 恐龙文化旅游公司索取拨付申请书,但 SL 恐龙文化旅游公司未提供,因此 ZXH 会计师事务所追加了对诸城市文化和旅游局负责人员进行访谈的审计程序。相关工作人员对政府补助的定性陈述清楚明确,答复重点为"扶持奖励资金"。四是审计准则未要求审计机构关注公开信息,且即使关注到公开信息,也会因《诸城恐龙大世界旅游项目投资协议书》及其补充协议存在保密条款而无法获取。五是政府补助性质判断以政府拨款文件为准,财政部门银行回单填写为"恐龙大世界专项资金"系因政府部门填写随意,不能据此认定与资产相关。

第二,审计 2018 年至 2019 年年报时,ZXH 会计师事务所基于当时实际情况,已按照《财务报表审计工作底稿编制指南(第二版)》(2012 年 1 月 1 日起施行)、《会计监管风险提示第 1 号——政府补助》(证监办发〔2012〕22 号)的相关要求,严格执行了必要审计程序并获得充分审计证据,保持了必要职业谨慎,审计程序和审计证据充分合理。相关审计程序符合《上市公司执行企业会计准则案例解析(2017)》中相关案例的认定逻辑,无充分证据表明与资产相关时应认定为与收益相关。

第三,ZXH 会计师事务所 2018 年至 2019 年年度审计项目的质量控制执行均已执行到位,《告知书》所述"异常情况"及复核底稿存在的问题均不存在。其中,《告知书》所述复核底稿中签字人为谭某某或李某某的问题,系底稿整理差错,不影响底稿复核程序。

第四,ZXH 会计师事务所坚持要求 XN 公司主动、及时进行差错更正,本次差错更正不影响 XN 公司扣非后净利润,未对公司股价产生影响,属于没有危害后果或后果明显轻微。

第五,参照监管部门近期对相关案例的处理情况,不应对 ZXH 会计师事务所予以行政处罚。

综上,ZXH 会计师事务所、谭某某、杜某请求免予行政处罚。

李某某在其申辩材料及听证过程中提出:第一,李某某因参与项目而出现的独立性瑕疵问题,属于 ZXH 会计师事务所安排欠周,并非李某某过错,且属于行业惯常做法。第二,李某某签字的"其他合伙人复核意见表"属于二级复核加强层次的复核表,并非应由质控复核人签字的三级层次的复核表,是 ZXH 会计师事务所额外增加的复核程序。第三,参照监管部门近期对相关案例的处理情况,不应对李某某予以行政处罚。第四,李某某已勤勉尽责,不存在重大过错,也没有导致严重后果。综上,李某某请求免予行政处罚。

杨某在其申辩材料及听证过程中提出:第一,杨某在 2018 年、2019 年年报审计复核工作中已按照准则要求进行质控复核并形成相应底稿。第二,杨某关注到项目组已将政府补助作为重大错报风险领域进行识别并予以应对,执行了充分的相应审计程序,已保持必要的职业谨慎。第三,《告知书》所述部分质控复核程序不到位的事实不存在。第四,杨某作为质控复核人员在质控过程中虽有不严谨、不规范之处,但并无重大过错,已按照审计准则要求勤勉尽责。综上,杨某请求免予行政处罚。

2. 证监会对申辩意见的受理

经复核,针对ZXH会计师事务所、谭某某、杜某的申辩意见,证监会认为:

第一,ZXH会计师事务所没有保持职业怀疑以及基本的职业审慎,获取的审计证据不充分、不适当。一是XN公司设立全资子公司SL恐龙文化旅游公司负责开发建设恐龙项目,而非仅是运营工作。SL恐龙文化旅游公司作为项目公司开发建设恐龙项目,需有相关投资或开发建设协议,才符合基本的商业合作规范。二是SL恐龙文化旅游公司当年没有开展其他与旅游相关的业务,难以看出对当地旅游发展有贡献,未对诸城市旅游业作出贡献而收到共计9 739.44万元的扶持奖励,与常理不符。另外,在建工程余额比较小,不能得出政府补助与在建工程没有关联的结论,存在在建工程余额反而更应该保持相应职业怀疑。三是实施的走访程序仅能证实政府补助的真实性,不能说明政府补助的性质与列报。旅游局工作人员称"SL恐龙文化旅游公司打造的诸城恐龙园项目""将在以后年度视财政预算及恐龙项目进展情况,继续按市里要求给予该公司扶持奖励资金,以进一步促进我市旅游产业的发展",均表明该补助性质可能系与资产相关,XH会计师事务所未就政府补助与恐龙项目间的联系进行追问、了解、核实。四是《再落一子! 诸城恐龙大世界项目今日签约》被各大媒体平台转载,明确提到投资协议书。五是对银行回单"恐龙大世界专项资金"备注,审计人员未保持职业怀疑;对于银行回单备注不同的情况,审计人员未论证是否代表每笔银行回单对应的政府补助性质可能不同;审计人员未采取进一步的审计程序即认可了"回单填写较为随意"的解释,明显未保持职业怀疑。

第二,当事人所提及的相关业务规则与案例解析明确列举了政府补助判断依据,但当事人执行的审计程序明显不符合相关要求。

第三,ZXH会计师事务所在质量控制环节存在明显不到位情形。一是ZXH会计师事务所明知李某某参与审计项目违反审计准则相关规定,仍让其参与并担任重要的项目合伙人角色。二是时任项目质量控制复核人杨某在审计底稿中无复核记录,应由其签字的复核核对表由李某某签字。三是质量控制环节未充分关注政府补助性质认定的关键证据,未保持职业谨慎。

第四,本案不属于《中华人民共和国行政处罚法》第三十三条第一款所述"违法后果轻微并及时改正"的情形。证监会在量罚时已充分考虑ZXH会计师事务所违法行为的事实、性质、情节与社会危害程度,量罚适当。

第五,不同案件之间的违法事实和情节不同,不具可比性。

针对李某某的申辩意见,经复核,证监会认为:第一,李某某作为前任签字会计师,违反审计准则关于签字会计师独立性的要求,在复核核对表上签字,显属未勤勉尽责。第二,李某某所述额外增加复核程序未有相关证据支持,且未见杨某在相关复核材料中签字。第三,不同案件之间的违法事实和情节不同,不具可比性。第四,现有证据不能证明李某某已勤勉尽责,证监会充分考虑了李某某违法行为的事实、性质、情节与社会危害程度,量罚适当。

针对杨某的申辩意见,经复核,证监会认为:第一,未见杨某在相关复核底稿上签字,且其提交的证据材料不能证明其尽到复核义务。第二,ZXH会计师事务所对政府补助列报的相关审计程序明显不到位,质量控制环节未予以充分关注。第三,现有证据不能证明杨某已勤勉尽责。第四,证监会充分考虑了杨某违法行为的事实、性质、情节与社会危害程度,量罚适当。

综上,对上述当事人提出的2019年重大错报风险识别等相关申辩意见,证监会予以采纳,并已在决定书中事实部分进行调整,调整后不影响对相关当事人的量罚。对上述当事人提出的其他申辩意见,证监会不予采纳。

(二)证监会对ZXH会计师事务所的处罚

根据当事人违法行为的事实、性质、情节与社会危害程度,依据《中华人民共和国证券法》第二百一十三条第三款的规定,证监会作出以下决定:

(1)责令ZXH会计师事务所改正违法行为,没收业务收入226.41万元,并处以226.41万元罚款;

(2)给予谭某某、杜某警告,并分别处以25万元罚款;

(3)给予杨某、李某某警告,并分别处以20万元罚款。

【案例讨论问题】

1. XN公司政府补助舞弊的迹象有哪些?
2. XN公司政府补助舞弊的手段有哪些?
3. ZXH会计师事务所在XN公司政府补助审计中审计程序存在哪些不足?
4. 证监会为什么不采纳ZXH会计师事务所关于政府补助审计的某些相关申诉意见?
5. 审计机构应如何开展政府补助舞弊审计?

第九节 关联方交易舞弊审计案例

一、案例背景

GN公司是一家以生产、销售钴、镍及其相关产品为主的公司。GN公司并未在上市后达成其2013年的业绩承诺,且因未披露重要信息多次被临时停牌。2015年,GN公司因涉嫌大股东挪用资金以及违法隐瞒资金占用行为而受到证监会的立案调查,此后股价一直处于跌停状态。2016年5月,GN公司股票被实施退市风险警示。2017年5月,证监会查实该公司大股东存在违规占资、违规担保等相关事实。2018年7月13日,公司股票被暂停上市;2019年5月,公司股票被终止上市。

中国证监会对 GN 公司及其审计机构 RH 会计师事务所进行调查,于 2018 年 1 月 23 日发布《中国证监会行政处罚决定书(GN 公司、王某、王某某等 18 名责任人员)》(〔2018〕8 号),对 GN 公司及其相关责任人进行处罚;于 2018 年 12 月 29 日发布《中国证监会行政处罚决定书(RH 会计师事务所、王某某、刘某某、张某某)》(〔2018〕126 号),对 RH 会计师事务所及其相关责任人进行处罚。

二、GN 公司关联方交易舞弊的手段

(一)2013 年、2014 年及 2015 年上半年 GN 公司未在相关年报中披露关联方非经营性占用资金及相关的关联交易情况

1.GN 公司、HZ 金属有限公司、TM 商贸有限责任公司、ZT 工贸有限公司、XW 集团有限公司构成关联方

王某、其父亲、其妹妹(以下简称王某家族)分别担任 GN 公司董事长、副董事长和董事。王某和其妹妹分别持有 GN 公司 15.49% 和 19.77% 股份,为控股股东。GN 公司持有 HZ 金属有限公司的全部股权。王某家族持有 XW 集团有限公司全部股权,法定代表人、董事长、总经理或执行董事始终由王某或其父亲担任。

TM 商贸有限责任公司和 ZT 工贸有限公司的注册由王某授意,注册资金和注册经办人分别来自王某家族控制的 DB 矿业开发有限公司和 XW 集团有限公司。TM 商贸有限责任公司和 ZT 工贸有限公司的工商登记经办人,银行账户和网银开立、保管和使用人,以及各类印章的保管人,均来自王某家族控制的相关企业。

根据《中华人民共和国公司法》第二百一十六条"(四)关联关系,是指公司控股股东、实际控制人、董事、监事、高级管理人员与其直接或者间接控制的企业之间的关系,以及可能导致公司利益转移的其他关系"以及《上市公司信息披露管理办法》第七十一条"(三)上市公司的关联交易,是指上市公司或者其控股子公司与上市公司关联人之间发生的转移资源或者义务的事项。关联人包括关联法人和关联自然人"的规定,GN 公司的关联法人是 TM 商贸有限责任公司、ZT 工贸有限公司、XW 集团有限公司,HZ 金属有限公司与上述企业之间的交易构成关联交易。

2.关联方非经营性占用资金及相关的关联交易情况

(1)HZ 金属有限公司与 TM 商贸有限责任公司、ZT 工贸有限公司进行关联交易,进而向 XW 集团有限公司提供资金。

王某安排 HZ 金属有限公司通过 TM 商贸有限责任公司、ZT 工贸有限公司向关联方提供资金,HZ 金属有限公司与 TM 商贸有限责任公司、ZT 工贸有限公司之间无商品购销出入库记录,往来凭证所附的购销合同未实际履行。资金划转方式为银行存款转账和少量库存现金转款。

2013年9月18日至12月31日，HZ金属有限公司向ZT工贸有限公司支付528 882 430元，同期收到ZT工贸有限公司自银行转款159 660 000元和现金还款22 430元。截至2013年末，通过ZT工贸有限公司占用的资金余额为369 200 000元。

2014年度，HZ金属有限公司向TM商贸有限责任公司支付1 225 251 285元，同期收到TM商贸有限责任公司自银行转款501 256 683元和现金还款5 882元。截至2014年末，通过TM商贸有限责任公司占用的资金余额为723 988 720元；HZ金属有限公司向ZT工贸有限公司支付1 768 532 430元，同期收到ZT工贸有限公司自银行转款2 106 250 000元和现金还款82 430元。截至2014年末，通过ZT工贸有限公司占用的资金余额为31 400 000元。

2015年1月1日至6月30日，HZ金属有限公司向TM商贸有限责任公司支付1 487 086 184元，同期TM商贸有限责任公司归还1 311 900 000元，截至2015年6月30日通过TM商贸有限责任公司占用的资金为899 174 904元。

(2)HZ金属有限公司借用SH有色金属有限公司、QR工贸有限责任公司、TG工贸有限责任公司的名义，向关联方提供资金。

王某安排HZ金属有限公司通过SH有色金属有限公司、QR工贸有限责任公司、TG工贸有限责任公司向关联方提供资金，HZ金属有限公司与上述三家公司之间无真实业务往来。HZ金属有限公司划转资金的主要方式为：开立本票支付资金，该部分资金均于开立当日即背书转让给XW集团有限公司并于当日兑付；开立银行承兑汇票支付资金；通过代上述三家公司支付资金的名义，向关联方转账或转让银行承兑汇票等。截至2013年9月18日，GN公司关联方分别通过SH有色金属有限公司、QR工贸有限责任公司、TG工贸有限责任公司非经营性占用资金1 990万元、10 092万元和4 100万元，合计161 820 000元。

2013年9月18日至12月31日，HZ金属有限公司分别通过SH有色金属有限公司、QR工贸有限责任公司、TG工贸有限责任公司名义向关联方提供资金142 743 000元、132 500 000元、86 577 000元，同期分别收到还款1 600万元、2 700万元、2 960万，截至2013年末占用余额为14 664.3万元、20 642万元、9 797.7万元。

2014年度，HZ金属有限公司分别通过SH有色金属有限公司、QR工贸有限责任公司名义向关联方提供资金20 904 170.27元和21 623 572.73元，同期分别收到还款62 952 526元和2 700万元，截至2014年末占用余额为104 594 644.27元和201 043 572.73元。同期，收到TG工贸有限责任公司还款485万元，截至2014年末占用余额为9 312.7万元。

综上，HZ金属有限公司通过TM商贸有限责任公司、ZT工贸有限责任公司、SH有色金属有限公司、QR工贸有限责任公司、TG工贸有限责任公司在2013年9月18日至12月31日累计发生向关联方提供资金的关联交易890 702 430元，同期收到还款232 282 430元，截至2013年末占用余额820 240 000元。2014年年度，累计发生向关联方提供资金的关联交易3 036 311 458元，同期收到还款2 702 397 521元，截至2014年末占用余额1 154 153 937元。

2015年1月1日至6月30日,累计发生向关联方提供资金的关联交易1 487 086 184元,同期收到还款1 311 900 000元,截至2015年6月30日占用余额1 329 340 121元。

根据《深圳证券交易所股票上市规则》(2012年和2014年修订)10.2.4"上市公司与关联法人发生的交易金额在三百万元以上,且占上市公司最近一期经审计净资产绝对值0.5%以上的关联交易,应当及时披露",9.1"本章所称'交易'包括下列事项……(三)提供财务资助",9.2"上市公司发生的交易达到下列标准之一的,应当及时披露……(四)交易的成交金额(含承担债务和费用)占上市公司最近一期经审计净资产的10%以上,且绝对金额超过一千万元"的规定,HZ金属有限公司在2013年、2014年及2015年的调查期内发生的关联交易金额,以及向关联方提供资金的金额均达到应当及时披露的标准。

根据《公开发行证券的公司信息披露内容与格式准则第2号——年度报告的内容与格式》(证监会公告〔2012〕22号、证监会公告〔2014〕21号)第二十七条"上市公司发生控股股东及其关联方非经营性占用资金情况的,应当充分披露相关的决策程序,以及占用资金的期初金额、发生额、期末余额、占用原因、预计偿还方式及清偿时间"和第三十一条"公司应当披露报告期内发生的累计关联交易总额高于3 000万元且占公司最近一期经审计净资产值5%以上的重大关联交易事项……(四)公司与关联方存在债权债务往来等事项的,应当披露形成原因,债权债务期初余额、本期发生额、期末余额及其对公司的影响"的规定,GN公司应当将关联方非经营性占用资金及关联交易情况在相关年报中予以披露。

根据《公开发行证券的公司信息披露内容与格式准则第3号——半年度报告的内容与格式》(证监会公告〔2014〕22号)第二十八条"公司应当按照以下关联交易的不同类型分别披露……(四)公司与关联方存在非经营性债权债务往来等事项的,应当披露形成原因及其对公司的影响"的规定,GN公司应当将相关情况在2015年半年报中予以披露。

GN公司未在2013年年报、2014年年报和2015年半年报中披露关联方非经营性占用资金及相关的关联交易情况。

(二)GN公司将无效票据入账,2013年年报、2014年年报和2015年半年报存在虚假记载

为掩盖关联方长期占用资金的事实,王某安排人员搜集票据复印件,将无效票据入账充当还款。GN公司2013年应收票据的期末余额为1 325 270 000元,其中1 319 170 000元为无效票据;2014年应收票据的期末余额为1 363 931 170元,其中1 361 531 170元为无效票据;2015年上半年应收票据的期末余额为1 099 000 000元,其中1 098 700 000元为无效票据。

(三)GN公司2015年未及时披露且未在2015年年报中披露XW集团有限公司与HZ金属有限公司签订代付新材料项目建设款合同及GN公司为XW集团有限公司融资提供担保的情况

2015年7月15日,HZ金属有限公司与XW集团有限公司签署《项目建设代付协议》(以

下简称《代付协议》),约定 XW 集团有限公司无偿代 HZ 金属有限公司支付新材料项目的 6 亿元土地款和设备采购款,HZ 金属有限公司向 XW 集团有限公司开具等额由 GN 公司承兑的商业承兑汇票,用于质押融资,双方随后签订委托付款函。

2015 年 11 月 10 日,XW 集团有限公司向赖某某借款 3 亿元,款项划转至 XW 集团有限公司的指定收款账户 XY 创业投资有限公司和 TS 投资管理有限公司,XY 创业投资有限公司和 TS 投资管理有限公司再将 3 亿元转入两者共同在 AX 财富管理(深圳)有限公司设立的专项资产管理计划,该计划的投资范围是委托长安银行向 XW 集团有限公司发放累计不超过 6 亿元贷款。11 月 12 日,该专项资产管理计划委托长安银行向 XW 集团有限公司发放 3 亿元委托贷款,XW 集团有限公司收款后于 11 月 13 日通过下属 XH 资源开发集团有限公司账户将 3 亿元资金转回至 XY 创业投资有限公司、TS 投资管理有限公司账户,最后转回赖某某控制的账户。

2015 年 11 月 16 日,HZ 金属有限公司根据《代付协议》向 XW 集团有限公司开具 3 亿元商业承兑汇票,GN 公司出具保兑函承诺无条件兑付或按票面记载金额支付,GN 公司和 HZ 金属有限公司向 AX 财富管理(深圳)有限公司、TS 投资管理有限公司出具承诺函,承诺以该商业承兑汇票为本次融资提供担保。同日,XW 集团有限公司将前述 3 亿元商业承兑汇票质押给 AX 财富管理(深圳)有限公司,后者委托长安银行进行审验、保管及托收。

此后受多种因素影响,XY 创业投资有限公司、TS 投资管理有限公司认购的上述专项资产管理计划份额未能实现转让,XW 集团有限公司并未向 HZ 金属有限公司代付新材料项目建设款。因各方存在较大分歧,3 亿元商业承兑汇票尚未收回。

根据《深圳证券交易所股票上市规则》(2014 年修订)10.2.4 "上市公司与关联法人发生的交易金额在三百万元以上,且占上市公司最近一期经审计净资产绝对值 0.5% 以上的关联交易,应当及时披露",9.11 "上市公司发生本规则 9.1 条规定的'提供担保'事项时,应当经董事会审议后及时对外披露"以及《中华人民共和国证券法》第六十七条第二款"(三)公司订立重要合同……"的规定,GN 公司应当将上述情况及时披露。

根据《公开发行证券的公司信息披露内容与格式准则第 2 号——年度报告的内容与格式》(证监会公告〔2015〕24 号)第四十条"公司应当披露报告期内发生的重大关联交易事项"和第四十一条"公司应当披露重大合同及其履行情况,包括但不限于……(二)重大担保……公司及其子公司为股东、实际控制人及其关联方提供担保的余额"的规定,GN 公司应当在 2015 年年报中披露上述情况。

GN 公司 2015 年未及时披露上述事项,2015 年年报仅对 3 亿元商业承兑汇票进行简略说明。

三、RH 会计师事务所在 GN 公司关联方交易审计中存在的缺陷

(一)GN 公司 2013 年、2014 年年报存在虚假记载

为掩盖关联方长期占用资金的事实,GN 公司搜集票据复印件,将无效票据入账充当还款。GN 公司 2013 年应收票据的期末余额为 1 325 270 000 元,其中 1 319 170 000 元为无效票据;2014 年应收票据的期末余额为 1 363 931 170 元,其中 1 361 531 170 元为无效票据。

(二)RH 会计师事务所在对 GN 公司 2013 年度、2014 年度财务报表审计过程中未勤勉尽责,出具了存在虚假记载的审计报告

1. 未能实施有效程序对公司舞弊风险进行识别,未直接与公司治理层沟通关于治理层了解公司是否存在舞弊及治理层如何监督管理层对舞弊风险的识别和应对过程等

RH 会计师事务所在 2013 年和 2014 年年度报告审计过程中,未直接与公司治理层沟通关于治理层了解公司是否存在舞弊及治理层如何监督管理层对舞弊风险的识别和应对过程等,而是分别询问 GN 公司财务总监郭某红和发展部经理王某锋以履行这一询问程序。但根据 GN 公司所公布的 2013 年和 2014 年年度报告,郭某红、王某锋并非公司治理层成员。因此 RH 会计师事务所未与治理层进行沟通,无法了解在此过程中治理层所发挥的作用,可能导致会计师错误评估舞弊风险。RH 会计师事务所上述行为不符合《中国注册会计师审计准则第 1141 号——财务报表审计中与舞弊相关的责任》第二十一条和第二十二条的规定。

2. 未对应收票据余额在审计基准日前后激增又剧减的重大异常情况保持必要的职业怀疑,未能及时识别财务报告的重大错报风险

GN 公司 2013 年应收票据期末余额为 1 325 270 000 元,占其 2013 年总资产的 38.84%,具有重大性。相应票据于期前 2013 年 11 月、12 月集中背书转入,并于期后 2014 年 1 月、2 月集中背书转出,截至审计盘点日 2014 年 3 月 7 日,实存票据余额为零,具有异常性。GN 公司 2014 年应收票据期末余额为 1 363 931 170 元,占其 2014 年总资产的 32.43%,具有重大性。相应票据于期前 2014 年 11 月、12 月集中背书转入,并于期后 2015 年 1 月、2 月、3 月集中背书转出,截至审计盘点日 2015 年 3 月 26 日,实存票据余额为零,具有异常性。前述重大异常情况与 2013 年高度一致。

RH 会计师事务所对 GN 公司 2013 年、2014 年应收票据审计过程中,未对票据余额在审计基准日前后激增又剧减的重大异常情况保持必要的职业怀疑,未能及时识别财务报告的重大错报风险。在未获取充分适当的审计证据的情况下,认定 HZ 金属有限公司在期末对票据享有权益。

上述行为不符合《中国注册会计师审计准则第 1101 号——注册会计师的总体目标和审计

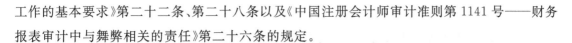

工作的基本要求》第二十二条、第二十八条以及《中国注册会计师审计准则第1141号——财务报表审计中与舞弊相关的责任》第二十六条的规定。

3.未对询证函回函的异常情况保持应有的关注

GN公司2013年年报审计工作底稿显示,RH会计师事务所通过传真取得的9家不同单位的询证函回函上所记录时间,最早为2014年4月17日下午3:44,最晚为同日下午3:49,中间间隔仅5分钟。针对询证函回函(均系传真件)时间高度集中的异常现象,会计师未给予应有的关注,未对回函的来源进行核验,所获取的审计证据可靠性低。上述行为不符合《中国注册会计师审计准则第1312号——函证》第十七条、第十八条的规定。

GN公司2014年年报审计底稿显示,RH会计师事务所在进行函证程序收到6家单位的询证函回函中,有4家盖章为非"鲜章",2家为"鲜章"。但RH会计师事务所并未对上述异常情况进行关注,也未设计和实施必要的审计程序予以核验,审计底稿中亦未见任何对此异常情况予以关注的说明以及实施审计程序的任何证据资料。上述行为不符合《中国注册会计师审计准则第1301号——审计证据》第十五条、第二十三条的规定。

4.RH会计师事务所实施的审计程序不足以获取充分适当的审计证据

RH会计师事务所通过期后盘点票据并倒轧计算票据期末余额。倒轧程序需依赖与应收票据相关的内部控制得到有效执行,RH会计师事务所不恰当地依赖内部控制,对应收票据实施盘点和倒轧程序,所获取的审计证据可靠性低。上述行为违反了《中国注册会计师审计准则第1301号——审计证据》第十条的规定。

四、RH会计师事务所的申辩与证监会对RH会计师事务所的处罚

(一)RH会计师事务所向证监会申辩及证监会对申辩意见的受理

听证会上,RH会计师事务所及其代理人主要提出以下申辩意见:

第一,GN公司年报虚假记载的原因是GN公司故意实施的舞弊行为导致应收票据期末余额错误,并非RH会计师事务所未勤勉尽责导致审计报告存在虚假记载,不应由RH会计师事务所承担责任。

第二,"未能实施有效程序对公司舞弊风险进行识别,未直接与公司治理层沟通关于治理层了解公司是否存在舞弊及治理层如何监督管理层对舞弊风险的识别和应对过程等"认定不符合事实,多次与GN公司法定代表人、实际控制人王某进行了访谈。

第三,认定RH会计师事务所未勤勉尽责不符合事实,缺乏准则依据。①应收票据余额先"激增"后"剧减"有合理解释,并非重大异常。②审计时执行的"函证、盘点、检查其后支付以及检查当期发生情况"等程序已经达到"恰当"标准,足以获取充分适当的审计证据。③在已经决定对应收票据实施全面的实质性测试程序的前提下,再去做穿行测试和控制测试已经没有必要。

第四,事先告知书引用的多条准则,特别是关于应当保持职业怀疑态度的要求,皆为原则

性条款,没有强制性具体规则依据。

第五,2013年年报审计已超过处罚追责时效。

经复核,证监会认为,第一,《中华人民共和国证券法》第二百二十三条明确规定,"证券服务机构未勤勉尽责,所制作、出具的文件有虚假记载、误导性陈述或重大遗漏的",经查,RH会计师事务所在对GN公司2013年、2014年年报审计过程中未勤勉尽责,出具的文件存在虚假记载,应当依法承担责任。

第二,关于听证中提到的与GN公司法定代表人、实际控制人王某进行访谈,经核实,与王某的访谈是在应收票据审计过程中针对被审计单位与其他两家公司发生大量无购销业务实质的票据及资金往来进行的访谈,其目的是核实票据往来的实质,并非针对舞弊风险的评估与应对过程的访谈。

第三,GN公司2013年应收票据期末余额为1 325 270 000元,占其2013年总资产的38.84%,2014年应收票据期末余额为1 363 931 170元,占其2014年总资产的32.43%,具有重大性。相应票据均于期前集中背书转入,期后集中背书转出,连续两年盘点日的实存票据余额为零,具有异常性。RH会计师事务所对上述重大异常情况未保持职业怀疑,未能识别出财务报告的重大错报风险。在盘点日应收票据余额为零、2013年未实施与应收票据相关的控制测试,2014年已经发现银行承兑汇票的背书转让无贸易合同和相关人员签字的资金审批表并得出控制不可信赖的情况下,RH会计师事务所通过倒轧的方法确定2013年、2014年应收票据余额,其获取的审计证据不可靠。即便如RH会计师事务所所说其实施了全面的实质性测试,其对实质性测试中函证过程的异常情况也未予以应有的关注,如2013年9家单位询证函回函均为传真件且收到传真时间集中在5分钟之内,9家单位涉及金额高达1 294 270 000元。

第四,关于2013年审计报告追责时效问题,证监会已于2015年12月18日向RH会计师事务所调取了2013年、2014年年报审计工作底稿的电子版,未过追责时效。

(二)证监会对RH会计师事务所的处罚

根据当事人违法行为的事实、性质、情节与社会危害程度,依据《中华人民共和国证券法》第二百二十三条规定,证监会作出以下决定:

(1)没收RH会计师事务所业务收入130万元,并处以390万元的罚款;

(2)对王某某、刘某某、张某某给予警告,并分别处以10万元的罚款。

【案例讨论问题】

1. GN公司关联方交易舞弊的迹象有哪些?
2. GN公司关联方交易舞弊的手段有哪些?
3. RH会计师事务所在GN公司关联方交易审计中审计程序存在哪些不足?
4. 证监会为什么不采纳RH会计师事务所关于关联方交易审计的相关申诉意见?
5. 审计机构应如何开展关联方交易舞弊审计?

第十节　减值准备及会计差错舞弊审计案例

一、案例背景

YT公司的主营业务频繁变动,公司名称发生了多次变更,但企业多次转型未果。YT公司从2010年开始进入房地产的开发与销售行业,主营业务是房地产的开发与销售。

中国证监会对YT公司及其审计机构RH会计师事务所进行调查,于2016年1月26日发布《中国证监会行政处罚决定书(YT公司、梁某某、龚某某等24名责任人员)》(〔2016〕12号),对YT公司及其相关责任人进行处罚;于2017年1月6日发布《中国证监会行政处罚决定书(RH会计师事务所、温某某、秦某)》(〔2017〕1号),对RH会计师事务所及其相关责任人进行处罚。

二、YT公司减值准备及会计差错舞弊的手段

(一)YT公司投资持股企业GD电子器件有限公司对质量索赔款会计处理不当,导致YT公司2012年虚减净利润、2013年虚增净利润

GD电子器件有限公司系YT公司的投资持股企业,2012年、2013年YT公司持有GD电子器件有限公司48%股权。

2012年,GD电子器件有限公司根据客户DN科技股份有限公司(记账显示为旭福电子)向其出具的扣款通知单,将质量索赔款5 355 085.00元(原币金额为85万美元)确认为营业外支出。

2013年10月,鉴于质量索赔款未实际支付且具体赔偿金额尚不能合理确定,GD电子器件有限公司认为2012年确认营业外支出时会计估计不准确,遂冲减2013年营业外支出5 355 085.00元。2013年12月31日,GD电子器件有限公司冲回2013年10月所做凭证,并在下一个凭证中冲减当期营业成本5 300 000.00元,对应调增产成品5 300 000.00元,并将剩余55 085.00元通过借记"本年利润红字55 085.00元",贷记"利润分配——未分配利润红字55 085.00元"进行会计处理。该会计处理方式导致GD电子器件有限公司2012年虚减净利润5 355 085.00元、2013年虚增净利润5 355 085.00元(未考虑所得税因素)。

2012年、2013年,YT公司对所持GD电子器件有限公司股权实行权益法核算长期股权投资,GD电子器件有限公司会计处理不当导致YT公司2012年虚减净利润2 570 440.80元、2013年虚增净利润2 570 440.80元(未考虑所得税因素),分别是YT公司当期净利润的227.48%、97.87%。

(二)YT 公司 2013 年未计提所持 GD 电子器件有限公司长期股权投资减值准备,导致 2013 年虚增净利润

2013 年 12 月 31 日,YT 公司董事会决议通过《关于转让 GD 电子器件有限公司 21%股权的议案》,披露的股权转让价格为 875.00 万元,定价依据为截至 2012 年 12 月 31 日 YT 公司所持 GD 电子器件有限公司股权的账面价值 20 017 561.21 元。2014 年 1 月 20 日,YT 公司临时股东大会决议通过《关于转让 GD 电子器件有限公司 21%股权的议案》。

2013 年,YT 公司未根据前述定价依据对所持 GD 电子器件有限公司 48%股权对应的长期股权投资计提减值准备 2 377 904.37 元。2014 年底,YT 公司根据前述定价依据对仍持有的 27%GD 电子器件有限公司股权计提 1 027 064.92 元长期股权投资减值准备,并于 2015 年 1 月以同一定价依据确定交易价格,转让了 GD 电子器件有限公司 9.36%股权。

YT 公司未对所持 GD 电子器件有限公司 48%股权对应的长期股权投资计提减值准备的行为导致其 2013 年虚增净利润 2 377 904.37 元(未考虑所得税因素)。

(三)YT 公司控股子公司 JY 房地产开发有限公司未按披露的会计政策和企业会计准则确认收入,导致 YT 公司 2010 年、2011 年、2012 年、2014 年虚增营业收入,2013 年虚减营业收入

JY 房地产开发有限公司是 YT 公司的控股子公司。YT 公司 2010 年、2011 年、2012 年和 2013 年年度报告中披露的确认销售收入的条件为:房产完工并验收合格,签订了销售合同,取得了买房付款证明并交付使用。2014 年年度报告披露的确认销售收入的条件为:已经完工并验收合格,签订了销售合同并履行了合同规定的义务。

JY 房地产开发有限公司开发建设的××××玫瑰园项目共有住宅 486 套和商铺若干。2012 年,××××玫瑰园开始陆续办理交房手续。2012 年 12 月 31 日,JY 房地产开发有限公司取得了 4 号楼、5 号楼、6 号楼(一期)的竣工验收备案表。截至证监会调查人员先后于 2015 年 4 月 17 日和 6 月 11 日两次实地走访甘肃省永登县建筑工程质量监督站时,3 号楼(二期)尚未取得竣工验收备案表。

证监会对××××玫瑰园项目已完工住房和商铺销售收入确认是否同时满足收入确认条件进行了逐一核实,发现 JY 房地产开发有限公司对 215 套住房和 6 间商铺存在提前或延迟确认销售收入的情形,导致 JY 房地产开发有限公司 2010 年、2011 年、2012 年、2014 年分别虚增营业收入 9 714 582.00 元、41 226 983.00 元、10 559 252.00 元、20 431 612.00 元,2013 年虚减营业收入 9 741 483.00 元。因 YT 公司持有 JY 房地产开发有限公司 84.16%股权,合并报表后,导致 YT 公司 2010 年、2011 年、2012 年、2014 年分别虚增营业收入 9 714 582.00 元、41 226 983.00 元、10 559 252.00 元、20 431 612.00 元,分别占其当期营业收入的 100%、100%、21.78%、59.53%,2013 年虚减营业收入 9 741 483.00 元,占其当期营业收入的 43.31%。

三、RH会计师事务所在YT公司减值准备及会计差错舞弊审计中存在的缺陷

(一)RH会计师事务所未合理考虑已识别的期后事项对长期股权投资减值准备的影响,未对相应错误予以识别和采取适当措施

2012年、2013年YT公司持有GD电子器件有限公司48%股权。2013年12月31日,YT公司董事会决议通过《关于转让GD电子器件有限公司21%股权的议案》,披露的股权转让价格为8 750 000.00元,定价依据为截至2012年12月31日YT公司所持GD电子器件有限公司股权的账面价值20 017 561.21元。2014年1月20日,YT公司临时股东大会决议通过《关于转让GD电子器件有限公司21%股权的议案》。YT公司未根据前述定价依据对所持GD电子器件有限公司48%股权对应的长期股权投资计提减值准备2 377 904.37元,导致其2013年虚增净利润2 377 904.37元(未考虑所得税因素),占当期净利润的90.54%。

RH会计师事务所在出具审计报告前知悉了YT公司股权转让的事宜,在仅取得YT公司大股东出具承诺函的情况下,未合理考虑该事项对长期股权投资减值准备的影响,未对相应错误予以识别和采取适当措施。上述行为违反了《中国注册会计师审计准则第1332号——期后事项》第十一条的规定和《中国注册会计师审计准则第1101号——注册会计师的总体目标和审计工作的基本要求》第二十八条的规定。

(二)RH会计师事务所对于已识别的GD电子器件有限公司质量索赔款会计差错,未采取适当措施予以处理

2012年GD电子器件有限公司将质量索赔款5 355 085.00元确认为营业外支出。2013年10月,鉴于质量索赔款未实际支付且具体赔偿金额尚不能合理确定,GD电子器件有限公司认为2012年确认营业外支出时会计估计不准确,遂冲减2013年营业外支出5 355 085.00元。RH会计师事务所在审计中发现该会计差错后,并未要求GD电子器件有限公司按照企业会计准则进行追溯调整,而是要求GD电子器件有限公司直接调减本期营业成本,虚增产成品。2013年12月31日,GD电子器件有限公司冲回2013年10月所做凭证,并根据RH会计师事务所要求在下一个凭证中冲减当期营业成本5 300 000.00元,对应调增产成品5 300 000.00元,并将剩余55 085.00元通过借记"本年利润红字55 085.00元",贷记"利润分配——未分配利润红字55 085.00元"进行会计处理。该会计处理方式导致YT公司2013年虚增净利润2 570 440.80元(未考虑所得税因素),占YT公司当期净利润的97.87%。

RH会计师事务所的上述行为违反了《中国注册会计师职业道德守则第1号——职业道德基本原则》第七条、第十条的规定以及《中国注册会计师审计准则第1251号——评价审计过程中识别出的错报》第九条的规定。

四、RH会计师事务所的申辩与证监会对RH会计师事务所的处罚

(一)RH会计师事务所向证监会申辩及证监会对申辩意见的受理

当事人及其代理人提出如下申辩意见:第一,YT公司转让GD电子器件有限公司21%股权的期后事项并不足以构成《企业会计准则第8号——资产减值》所规定的"资产可能发生减值的迹象"。事先告知书中将YT公司转让GD电子器件有限公司21%股权的价格8 750 000.00元视为"资产的公允价值",进而按照股权比例关系计算出转让GD电子器件有限公司48%股权的价格为20 000 000.00元。这种计算方法既没有现行有效的会计准则的依据,又不符合YT公司的客观情况。第二,2012年度GD电子器件有限公司将质量索赔款确认为营业外支出属于符合会计准则要求的会计估计;2013年度GD电子器件有限公司鉴于质量索赔款未实际支付且具体赔偿金额尚不能确定的原因,又对营业外支出进行冲减的行为属于会计估计变更,而不是发生了会计差错。第三,事先告知书中所列明的拟处罚依据存在明显错误或不足,被告知人的行为也没有违反拟处罚依据的相关要求,处罚依据不足。

证监会认为:第一,2013年12月31日,YT公司对GD电子器件有限公司所持48%长期股权投资的账面价值为22 377 904.37元(披露《关于转让GD电子器件有限公司21%股权的议案》之前)。2013年12月31日,YT公司董事会决议披露《关于转让GD电子器件有限公司21%股权的议案》,将YT公司对GD电子器件有限公司所持48%长期股权投资定价为2 001.76万元。YT公司以875万元出售所持GD电子器件有限公司21%股权,按该价格测算,YT公司2013年末持有的GD电子器件有限公司48%股权的账面价值为2 000万元。无论是依据公告议案对48%股权的定价还是根据21%股权的出售价测算48%股权账面价值,该金额均低于披露议案之前此项长期股权投资的账面价值,属于"资产可能发生减值的迹象",注册会计师应当关注上述减值迹象,分析判断是否应计提减值准备,并将分析判断过程归入审计底稿。经查阅RH会计师事务所提交的审计底稿,并未查找到注册会计师如何分析判断长期股权投资是否发生减值迹象的记录,RH会计师事务所将长期股权投资列为重大错报风险领域,对可能发生错报的重大风险领域并未保持应有的谨慎和怀疑。此外,温某某在询问笔录中称:"在与公司管理层沟通时,我们要求上市公司请大股东作出承诺函,对GD电子器件有限公司可回收金额作出保证,若低于账面价值,由大股东补足给上市公司,保证上市公司利益。"注册会计师要求YT公司大股东出具承诺函的行为在一定程度上表明注册会计师对于长期股权投资账面金额低于可回收金额的担心,间接证明了资产可能发生减值的迹象。综上所述,对当事人及其代理人第一项申辩意见不予采纳。

第二,会计估计的变更要有事实、协议等新的证据支撑,不能任意作出变更。GD电子器件有限公司在未取得新的证据之前对质量索赔款的调整,不属于会计估计变更。GD电子器件有限公司对涉案索赔款项的会计处理方式与其对其他类似索赔款项的处理方式明显不同,

违背了会计处理的一贯性原则,对质量索赔款的调整属于前期差错,应追溯调整,不应影响 2013 年的净利润。注册会计师未要求 GD 电子器件有限公司作出正确的会计调整,未做到勤勉尽责。综上所述,对当事人及其代理人第二项申辩意见不予采纳。

第三,当事人未遵守相关准则的要求,未勤勉尽责导致出具的审计报告含有虚假记载的内容,违反了《中华人民共和国证券法》第一百七十三条"证券服务机构为证券的发行、上市、交易等证券业务活动制作、出具审计报告、资产评估报告、财务顾问报告、资信评级报告或者法律意见书等文件,应当勤勉尽责,对所依据的文件资料内容的真实性、准确性、完整性进行核查和验证"的规定,构成《中华人民共和国证券法》第二百二十三条所述"证券服务机构未勤勉尽责,所制作、出具的文件有虚假记载、误导性陈述或者重大遗漏"的情形,证监会适用法律正确。综上所述,对当事人及其代理人第三项申辩意见不予采纳。

(二)证监会对 RH 会计师事务所的处罚

根据当事人违法行为的事实、性质、情节与社会危害程度,依据《中华人民共和国证券法》第二百二十三条的规定,证监会作出以下决定:

(1)对 RH 会计师事务所责令改正,没收业务收入 39 万元,并处以 78 万元罚款;
(2)对秦某、温某某给予警告,并分别处以 5 万元罚款。

【案例讨论问题】

1. YT 公司减值准备及会计差错舞弊的迹象有哪些?
2. YT 公司减值准备及会计差错舞弊的手段有哪些?
3. RH 会计师事务所在 YT 公司减值准备及会计差错审计中审计程序存在哪些不足?
4. 证监会为什么不采纳 RH 会计师事务所关于减值准备及会计差错审计的相关申诉意见?
5. 审计机构应如何开展减值准备及会计差错舞弊审计?

第十一节 商誉舞弊审计案例

一、案例背景

S 公司自 2007 年起获准在动车组列车上免费摆放《和谐之旅》杂志。2012 年末全国高铁列车杂志摆放权由免费上车方式变更为全国统一招标方式,中标企业须缴纳一定的渠道费用。2013 年 1 月,S 公司董事会审议通过 S 公司 2012 年度报告,并于同日召开专题会议决定退出参与摆放权招标,安排铁道媒体业务部门进行善后事宜。作为对 S 公司 2012 年度财务报表进行审计的会计师事务所,LA 会计师事务所在出具审计报告前知悉上述事项。然而,LA 会计师事务所在审计 S 公司 2012 年度财务报表时,主要利用 ZT 资产评估有限责任公司在未考虑摆放权招标事项影响的情况下出具的关于商誉的资产评估咨询报告,确认 S 公司 2012 年末不需对商誉计提减值准备。LA会计师事务所对S公司2012年度财务报表出具标准无保留意见的审计报告,签字注册会计师为汪某某、雷某某。

中国证监会对S公司及其审计机构LA会计师事务所进行调查,于2015年9月17日发布《中国证监会行政处罚决定书(S公司、周某某、董某某等10名责任人员)》(〔2015〕32号),对S公司及其相关责任人进行处罚。同时,中国证监会于2016年2月5日发布《中国证监会行政处罚决定书(LA会计师事务所、汪某某、雷某某)》(〔2016〕20号),对LA会计师事务所及其相关责任人进行处罚。

二、S公司商誉舞弊的手段

(一)S公司未按照规定披露信息

2007年5月,经原铁道部授权,S公司主办刊物《和谐之旅》杂志获准在动车组列车上免费摆放。2011年度,由《和谐之旅》产生的业务收入占S公司经审计主营业务收入的29.65%。

2012年11月29日,受全国18个铁路局(旅客列车产权局)委托,中国广告协会铁路分会(以下简称铁广协)发布《全国铁路旅客列车杂志摆放权联合招商公告》(以下简称《招商公告》),对全国铁路旅客列车车厢专用读物即杂志广告媒体的摆放权(以下简称摆放权)进行全国统一招标。11月30日,S公司知悉上述摆放权招标事项。12月5日、12日,铁广协召开推介会,明确提出参与招标并中标是杂志在动车组列车上摆放的必备前提条件,S公司派人参会并知悉该事项。S公司按期递交投标文件但未缴纳保证金。12月27日,此次招标因交纳保证金企业家数不足而流标,后延期至2013年1月19日开标。

2012年12月28日,原铁道部发函废止部分宣传品在动车组列车上发行,但未写明废止发行的宣传品中是否包括《和谐之旅》。

2013年1月17日,S公司决定退出参与摆放权招标,并安排铁道媒体业务部门进行善后事宜;1月18日,S公司首次公开披露铁广协招标事项及其影响;1月19日,铁广协确定中标企业,S公司未能中标;1月21日,S公司披露关于退出参与摆放权招标的公告。

证监会认为,2012年11月29日《招商公告》发布,摆放权由免费上车方式变更为全国统一招标方式,使S公司生产经营的外部条件发生重大变化。此时《和谐之旅》原授权文件虽未被明文废止,但存在不参与招标就不能在列车上继续摆放的可能性,且无论中标与否,该事件都将对S公司铁道媒体业务产生重大影响,属于可能对上市公司股票交易价格产生较大影响的重大事件,S公司应当报送临时报告并予公告,但S公司直至决定退出参与招标后才披露上述事项。

以上违法事实,有中国铁路总公司办公厅和铁广协提供的相关资料、铁路旅客列车杂志摆放权联合招商资料、S公司对深圳证券交易所问询函的回复文件、S公司相关会议资料、相关人员询问笔录等证据证明,足以认定。

S公司的上述行为违反了《中华人民共和国证券法》第六十七条第二款第(六)项的规定,构成《中华人民共和国证券法》第一百九十三条第一款所述"未按照规定披露信息"的情形。对S公司的上述违法行为,直接负责的主管人员为S公司时任董事长周某某、总经理董某某、董事会秘书瞿某。

(二)S公司2012年年度报告未按规定披露信息且存在虚假记载

2012年年度报告批准报出当日,S公司董事会决定退出参与摆放权招标并安排善后事宜,其铁道媒体业务停顿已基本确定。但在2012年年度报告中,S公司仍仅披露因摆放权的统一招标导致"铁道媒体业务未来发展面临较大的不确定性",而未披露董事会已决定退出参与招标的事实,其所披露的信息与事实不符。同时,该年度报告还存在未充分披露退出参与摆放权招标事项对商誉资产的影响、未计提商誉减值的理由及判断依据等内容。S公司2012年年度报告对摆放权招标事项及其影响的披露不准确、不完整。

S公司追溯调整前的2012年年度报告披露,S公司2012年末商誉9 434.59万元、无形资产8 636.41万元,2012年度实现净利润114.93万元。在对2012年末商誉减值测试时,S公司未考虑退出参与摆放权招标事项对未来收入及盈利状况的影响,未对商誉计提减值,致使其2012年年度报告存在虚假记载。

2013年10月28日,S公司重新对商誉减值测试并追溯调整了2012年年度报告,调减商誉9 434.59万元,调减无形资产5 798.63万元,共计调减资产15 233.22万元,调减资产额是当期披露资产额的200.28%。由于调减资产,S公司相应调增资产减值损失15 233.22万元,其净利润由盈利114.93万元调减为亏损15 118.29万元。

三、LA会计师事务所在S公司商誉审计中存在的缺陷

2007年5月,S公司主办刊物《和谐之旅》杂志获准在动车组列车上免费摆放。此后,铁道媒体业务逐步发展为S公司主营业务之一。2011年度,由《和谐之旅》产生的业务收入占S公司经审计营业收入的29.65%。2012年11月29日,全国高铁列车杂志摆放权(以下简称摆放权)由免费上车方式变更为全国统一招标方式,中标企业须缴纳一定的渠道费用(据测算,S公司如中标则每年将额外支付约2 450万元渠道费用)。2013年1月17日,S公司董事会审议通过S公司2012年度报告,并于同日召开专题会议决定退出参与摆放权招标,安排铁道媒体业务善后事宜。作为对S公司2012年度财务报表进行审计的会计师事务所,LA会计师事务所在出具审计报告前知悉上述事项。

2012年12月20日,ZT资产评估有限责任公司对S公司2012年末股东权益进行评估,为商誉减值测试工作提供价值参考依据。2013年1月6日,在未考虑摆放权招标事项影响的情况下,ZT资产评估有限责任公司出具了关于商誉的资产评估咨询报告。LA会计师事务所在审计S公司2012年度财务报表时,主要利用该资产评估咨询报告,确认S公司2012年末不

需对商誉计提减值准备。2013年1月17日,LA会计师事务所对S公司2012年度财务报表出具标准无保留意见的审计报告,签字注册会计师为汪某某、雷某某。

2013年10月28日,S公司重新对商誉减值进行测试并追溯调整2012年年度报告,调减商誉9 434.59万元,调减无形资产5 798.63万元,共计调减资产15 233.22万元;调增资产减值损失15 233.22万元,净利润由盈利114.93万元调减为亏损15 118.29万元。

摆放权由免费上车方式变更为全国统一招标方式对S公司2012年度财务报表产生重大影响,S公司决定退出参与摆放权招标属于资产负债表日后调整事项。根据《中国注册会计师审计准则第1332号——期后事项》第九条、第十一条,《中国注册会计师审计准则第1421号——利用专家的工作》第十三条、第十四条的规定,LA会计师事务所在审计过程中应考虑上述事项对财务报表影响并做出审计调整;同时,LA会计师事务所应当恰当利用专家工作,在ZT资产评估有限公司出具的资产评估咨询报告不足以实现审计目的的情况下,执行必要的审计程序,以获取充分、适当的审计证据。LA会计师事务所未恰当执行上述审计程序,致使其未发现S公司资产和业绩的重大错报,为S公司2012年度财务报表出具了无保留意见的审计报告,发表了不恰当的审计意见。LA会计师事务所的上述行为,违反了《中华人民共和国证券法》第一百七十三条的规定,构成《中华人民共和国证券法》第二百二十三条所述证券服务机构未勤勉尽责,出具的文件有虚假记载的情形。对LA会计师事务所的违法行为,在相关审计报告上签字的注册会计师汪某某、雷某某是直接负责的主管人员。

四、LA会计师事务所的申辩与证监会对LA会计师事务所的处罚

(一)LA会计师事务所向证监会申辩及证监会对申辩意见的受理

听证中,LA会计师事务所提出以下申辩意见,请求证监会对LA会计师事务所和签字注册会计师免除处罚:其一,LA会计师事务所和签字注册会计师对S公司2013年1月17日召开专题会议并决定退出参与摆放权招标事项不知情。其二,S公司2013年1月21日才公开披露其决定退出参与摆放权招标的信息,该事项属于期后非调整事项。其三,LA会计师事务所执行商誉减值审计程序时,系"参考"而非"依据"ZT资产评估有限责任公司出具的资产评估咨询报告,LA会计师事务所对S公司2012年末商誉进行了减值测试,取得了充分、适当的审计证据。其四,LA会计师事务所、汪某某、雷某某因S公司2012年年度报告审计项目的执业问题,已在2014年7月被中国证监会出具警示函,现在处罚违背了"一事不二罚"的行政处罚基本原则。

证监会认为,LA会计师事务所的上述申辩理由不能成立:其一,现有证据证明,LA会计师事务所在出具审计报告前,已知悉S公司决定退出参与招标事项。首先,LA会计师事务所审计工作底稿明确记载,其与S公司曾就退出参与摆放权招标事宜进行沟通,并将书面沟通函作为底稿留存,该函提到"2013年1月17日,(S公司)董事会专题讨论了招标事宜,最终决定

退出此次招标";其次,LA会计师事务所在接受证监会调查时提交的书面说明中明确提到,"我所于2013年1月17日出具了S公司2012年度财务报表审计报告,在出具审计报告前,我所获悉S公司董事会决议退出参与全国铁路旅客列车杂志摆放权招标";最后,S公司财务总监刘某称,专题会结束当日即通知了签字注册会计师汪某某。汪某某在首次接受证监会询问时,也明确承认出具审计报告前已获悉S公司退出参与摆放权招标的事项。

其二,LA会计师事务所在知悉S公司决定退出参与摆放权招标的情况下,仍以S公司延迟披露信息为由,认定该事项发生在审计报告日后(审计报告日与财务报告批准报出日为同一日),不属于资产负债表日后调整事项的做法,不符合《中国注册会计师审计准则1101号——注册会计师的总体目标和审计工作的基本要求》第二十八条、第三十条关于注册会计师应当保持职业怀疑,获取充分、适当的审计证据,以将审计风险降至可接受的低水平的规定。

其三,LA会计师事务所在知悉摆放权招标变更为全国统一招标方式及S公司决定退出参与摆放权招标后,仍主要利用ZT资产评估有限责任公司出具的资产评估咨询报告结论,测算并确认S公司2012年末商誉未发生减值,其商誉减值的审计程序存在缺陷。根据审计工作底稿,LA会计师事务所对S公司2012年末商誉减值执行的审计程序包括:检查ZT资产评估有限责任公司的资质,复核资产评估咨询报告中引用的财务数据,了解评估师采用的评估方法、评估过程及主要参数选取等内容,利用资产评估咨询报告结论,计算并确认S公司商誉不减值。LA会计师事务所听证中所称其"参考资产评估咨询报告,由会计师对商誉进行减值测试并取得充分、适当的审计证据"的说法与事实不符。

其四,证监会对LA会计师事务所出具的警示函系行政监管措施,而非行政处罚。因此,证监会目前作出行政处罚并不违反《中华人民共和国行政处罚法》第二十四条关于"对当事人的同一个违法行为,不得给予两次以上罚款的行政处罚"的规定。

(二)证监会对LA会计师事务所的处罚

根据当事人违法行为的事实、性质、情节与社会危害程度,依据《中华人民共和国证券法》第二百二十三条的规定,证监会作出决定:

(1)没收LA会计师事务所业务收入35万元,并处以35万元罚款。

(2)对汪某某、雷某某给予警告,并分别处以5万元罚款。

【案例讨论问题】

1. S公司商誉舞弊的迹象有哪些?
2. S公司商誉舞弊的手段有哪些?
3. LA会计师事务所在S公司商誉审计中审计程序存在哪些不足?
4. 证监会为什么不采纳LA会计师事务所关于商誉审计的相关申诉意见?
5. 审计机构应如何开展商誉舞弊审计?

参考文献

[1] 孙青霞,韩传模. 会计舞弊识别研究经典文献导读[M]. 北京:经济科学出版社,2012.

[2] ALBRECHT W S, ROMNEY M B. Red-flagging management fraud: a validation[J]. Advances in Accounting,1986,3:323-333.

[3] BOLOGNA G J, LINDQUIST R J, WELLS J T. The accountant's handbook of fraud and commercial crime[M]. New York: John Wiley & Sons Inc. ,1993.

[4] BOLOGNA G J, LINDQUIST R J. Fraud auditing and forensic accounting: new tools and techniques[M]. 2nd ed. New York: John Wiley & Sons Inc. ,1995.

[5] 唐华. 舞弊审计与财务报表审计审计程序差异分析[J]. 财会通讯,2015(19):99-101.

[6] 程凯.《2020年ACFE全球舞弊调查报告》主要观点及对人民银行内审工作的启示[J]. 审计与理财,2021(3):20-21.

[7] 施利特. 财务骗术[M]. 吴谦立,译. 上海:上海远东出版社,2003.

[8] BENEISH M D. The detection of earnings manipulation[J]. Financial Analysts Journal,1999,55(5):24-36.

[9] 李延喜,高锐,包世泽,等. 基于贝叶斯判别的中国上市公司利润操纵识别模型研究[J]. 预测,2007,26(3):56-60.

[10] GREEN B P, CHOI J H. Assessing the risk of management fraud through neural network technology[J]. Auditing,1997,16(1):25-28.

[11] 蔡志岳,吴世农. 基于公司治理的信息披露舞弊预警研究[J]. 管理科学,2006,19(4):79-90.

[12] PURDA L, SKILLICORN D. Accounting variables, deception, and a bag of words: assessing the tools of fraud detection[J]. Contemporary Accounting Research,2015,32(3):1193-1223.

[13] EL-BANNANY M, DEHGHAN A H, KHEDR A M. Prediction of financial statement fraud using machine learning techniques in UAE[C]//IEEE. 18th International Multi-Conference on Systems, Signals & Devices(SSD),2021:649-654.

[14] MOHAMED A H A, SUBRAMANIAN S. Fraud classification in financial statements using machine learning techniques[C]//IEEE. International Conference on IT Innovation and

Knowledge Discovery(ITIKD),2023:1-4.

[15] 中国注册会计师协会. 审计[M]. 北京:中国财政经济出版社,2023.

[16] 中国注册会计师协会. 公司战略与风险管理[M]. 北京:中国财政经济出版社,2023.

[17] 习近平. 之江新语[M]. 杭州:浙江人民出版,2007.

[18] 黄世忠,叶钦华,叶凡,等. 财务舞弊识别与审计失败防范[M]. 北京:中国财政经济出版社,2022.

[19] 崔齐. 舞弊审计研究[M]. 北京:企业管理出版社,2022.

[20] 袁小勇. 上市公司财务舞弊审计研究与案例解析[M]. 北京:中国财政经济出版社,2018.

[21] 李华,王素梅. 舞弊审计学[M]. 2版. 北京:中国时代经济出版社,2018.

[22] 胡顺淙. 舞弊审计实务指南[M]. 北京:人民邮电出版社,2021.

[23] 张庆龙. 内部审计学[M]. 2版. 北京:中国人民大学出版社,2020.

[24] 陈程. 会计舞弊识别与审计应对:基于2019年财务暴雷的案例[J]. 中国注册会计师,2022(6):116-119.

[25] 张军,孙瀚博. 数据资产的财务舞弊风险及审计应对[J]. 中国注册会计师,2024(5):91-94.

[26] 杨寅,刘勤. 人工智能时代的会计变革:演进逻辑与分析框架[J]. 会计研究,2024(3):3-20.

[27] 程平,邓天雨. 基于AIGC的数智化内部审计研究[J]. 财务与会计,2024(5):54-57.

[28] 秦荣生. 数据导向审计体系构建:风险模型、方法体系与实现路径[J]. 审计研究,2023(5):3-10.

[29] 陈汉文,韩洪灵. 审计理论与实务[M]. 北京:中国人民大学出版社,2019.

[30] 周芳. 应用数据挖掘技术识别财务报表舞弊的方法研究[J]. 财务与金融,2010(3):39-43.